South American Archaeology Series No 20
Edited by Andrés D. Izeta

Artefactos Líticos, Movilidad y Funcionalidad de Sitios: Problemas y Perspectivas

Lithic Artefacts, Mobility and Site Functionality: Problems and Perspectives

Edited by

Patricia Susana Escola
Salomón Hocsman

BAR International Series 2628
2014

Published in 2016 by
BAR Publishing, Oxford

BAR International Series 2628

South American Archaeology Series 20
Edited by Andrés D. Izeta

Artefactos Líticos, Movilidad y Funcionalidad de Sitios: Problemas y Perspectivas

ISBN 978 1 4073 1265 1

BAR Publishing is the trading name of British Archaeological Reports (Oxford) Ltd.
British Archaeological Reports was first incorporated in 1974 to publish the BAR
Series, International and British. In 1992 Hadrian Books Ltd became part of the BAR
group. This volume was originally published by Archaeopress in conjunction with
British Archaeological Reports (Oxford) Ltd / Hadrian Books Ltd, the Series principal
publisher, in 2014. This present volume is published by BAR Publishing, 2016.

Printed in England

PUBLISHING

BAR titles are available from:

BAR Publishing
122 Banbury Rd, Oxford, OX2 7BP, UK
EMAIL   info@barpublishing.com
PHONE +44 (0)1865 310431
FAX   +44 (0)1865 316916
www.barpublishing.com

ÍNDICE
CONTENTS

Artefactos Líticos, Movilidad y Funcionalidad de Sitios.
Problemas y Perspectivas

PREFACIO DE LOS EDITORES
PREFACE

En este libro interesa discutir la relación entre movilidad y/o funcionalidad de sitios arqueológicos y artefactos líticos, tallados o por picado/abrasión y/o modificados por uso, y los problemas registrados a la hora de abordar tales temas, desde distintas perspectivas teóricas y/o metodológicas, considerando diferentes escalas espaciales y temporales.

Existe el consenso de que, a partir del análisis de la tecnología y de la tipología lítica, es posible inferir estrategias de movilidad y funcionalidad diferencial. Pero también es notorio que se ha llegado a un estancamiento en cuanto a lo que se puede decir acerca de ellas desde los artefactos líticos, siguiendo las líneas directrices que marcan la investigación arqueológica en la Argentina; por ejemplo, el modelo forager-collector y sus derivaciones o el de bases residenciales-puestos. Por esto, consideramos relevante el aporte de abordajes desde perspectivas diacrónicas y sincrónicas, así como desde escalas espaciales que vayan de lo macrorregional a aproximaciones micro, centradas en la variabilidad del registro arqueológico y en la información de sitios o conjuntos de sitios.

La idea presente en este libro fue proveer un espacio de debate donde se propusiesen nuevas ideas y soluciones para el tratamiento de estos temas que son recurrentes en la arqueología argentina actual y que no cuentan con un lugar concreto de discusión. Al respecto, debemos destacar que se recibió una respuesta sumamente positiva a la propuesta realizada ya que el volumen cuenta con diez ponencias correspondientes a diferentes regiones del país.

De esta forma, un grupo de trabajos, a través de casos arqueológicos, han puesto su mirada en la relevancia del análisis de los artefactos líticos para inferir funcionalidad diferencial en diferentes situaciones de asentamiento/ subsistencia. Así, el trabajo de Rivero y Srur evalúa esta problemática para regiones que cuentan con amplia disponibilidad de materias primas. En este sentido, presentan los resultados obtenidos en el análisis de dos conjuntos artefactuales, de diferente cronología, provenientes del sitio El Alto 3 (Pampa de Achala, Córdoba). Fundamentalmente, trabajan en base a la propuesta de un modelo acerca de la estructura esperada de los conjuntos líticos en sitios que responden a las características de bases residenciales y a sitios logísticos y discuten si las diferencias observadas son producto de cambios en la funcionalidad del sitio o responden a estrategias tecnológicas diacrónicas distintas. Por su parte, Hermo se centra en el análisis de la variabilidad y distribución de materias primas así como en el análisis tecno-morfológico artefactual para generar información válida para discutir cuestiones relativas a la funcionalidad de los sitios analizados y examinar algunos problemas metodológicos en el abordaje de esta problemática. Al respecto, presenta como caso arqueológico distintos conjuntos artefactuales de fines del Holoceno Medio-

Holoceno Tardío provenientes de sitios estratificados en cuevas de la Meseta Central santacruceña y discute la vinculación entre materias primas y diseño en áreas con rocas aptas para la talla con buena disponibilidad. Siguiendo esta línea temática, Escola, Hocsman y López Campeny abordan el análisis tecno-morfológico de conjuntos artefactuales líticos recuperados en contextos residenciales agro-pastoriles de Antofagasta de la Sierra datados entre ca. 2100-500 AP. El objetivo central de este estudio es examinar las variables arqueológicas sobre las cuales discutir un modelo de asentamiento-subsistencia regional; primordialmente, en lo que respecta a la existencia de diferentes categorías de sitios -bases residenciales y puestos de actividades específicas- y la variabilidad que presentan los mismos, en relación con la dinámica estacional de los grupos agro-pastoriles. Finalmente, Zubimendi, Mazzitelli y Ambrústolo, para la localidad de Punta Guanaco (costa norte de Santa Cruz), llevan adelante análisis artefactuales líticos, en conjunto con otros indicadores no líticos, a fin de establecer la funcionalidad de sitios y poder discutir la distribución de los mismos y el uso del espacio en esta localidad.

Otro grupo de trabajos, también con casos arqueológicos, enfocan el problema de la funcionalidad en relación a sitios cantera, cantera-taller o áreas de abastecimiento. Así, Bonomo y Prates, evalúan las actividades vinculadas a la explotación de rodados por parte de grupos cazadores-recolectores para el valle del río Negro, en Norpatagonia, y en el litoral marítimo de la Región Pampeana. En esta tarea utilizan como información de base los datos artefactuales procedentes de sitios arqueológicos y de las fuentes naturales de materias primas disponibles en dichas áreas, estableciendo que la secuencia de reducción de los rodados presente en los sitios del valle del río Negro y del litoral marítimo muestra procedimientos tecnológicos particulares, vinculados con las características de los nódulos. A este trabajo se suma el artículo de Chaparro y Avalos que dirigen su mirada a la problemática de la producción y circulación de artefactos y recursos líticos no locales en el marco de una economía estatal. Presentan el análisis tecno-tipológico de dos conjuntos líticos procedentes de los sitios Los Amarillos y Esquina de Huajra, situados en la Quebrada de Humahuaca (Noroeste de Argentina), que presentan componentes inkaicos.

Un último grupo de trabajos aborda la temática de la movilidad. Babot analiza las características de los artefactos de molienda que pueden ser empleadas como indicadores de variantes en la organización de los asentamientos. Para ello, toma como caso de estudio a Antofagasta de la Sierra, en el Noroeste de Argentina, desde una perspectiva diacrónica, considerando tres momentos que implican contextos cazadores-recolectores plenos, cazadores-recolectores transicionales y agro-pastoriles. Por otra parte, Franco realiza una evaluación de la movilidad y de los rangos de acción de las poblaciones humanas a partir de los artefactos líticos. Para ello conjuga información regional de recursos líticos con una serie de variables tecnológicas aplicadas a conjuntos artefactuales registrados dentro de una escala de trabajo regional en el Lago Argentino (Patagonia) con evidencias de ocupación desde *ca.*9700 años AP. Mediando un cambio de escala, Martínez, plantea y explora la hipótesis sobre probables interrelaciones sincrónicas de movilidad y complementariedad logística a nivel micro entre dos sitios arqueológicos próximos, correspondientes al Holoceno Medio inicial, relativamente sincrónicos, ubicados en Antofagasta de la Sierra, a saber: Quebrada Seca 3 y Peñas de la Cruz 1; a través del estudio tecnológico y tipológico de puntas de proyectil. Finalmente, desde una perspectiva de sitio, Yacobaccio, Catá, Morales, Joly, Solá, Cáceres, Oxman y Samec analizan los cambios en la movilidad, el aprovechamiento de recursos y la funcionalidad del sitio Hornillos 2, localizado en Susques, en el Noroeste de Argentina y su asociación con condiciones paleoambientales fluctuantes, de manera de entender las variaciones en el tiempo de la utilización del espacio regional, ya que dicho sitio cuenta con una serie de ocupaciones que comprenden el Holoceno Temprano y Medio.

Retomando el hilo del comienzo de la presentación, los distintos casos de estudio que se incluyen permiten hacer un recorrido por distintas maneras de abordar la movilidad y funcionalidad desde los artefactos líticos en Argentina, por lo que este libro puede constituirse en una obra de consulta tanto para especialistas como para público en general.

LISTA DE AUTORES
LIST OF CONTRIBUTORS

Pablo AMBRÚSTOLO
Consejo Nacional de Investigaciones Científicas y
Técnicas - Departamento Científico de
Arqueología, Museo de Ciencias Naturales de La
Plata, Universidad Nacional de La Plata
Paseo del bosque s/n, La Plata (CP 1900), Buenos
Aires, Argentina
E-mail: pambrustolo@hotmail.com

Julio César ÁVALOS
Instituto Nacional de Antropología y Pensamiento
Latinoamericano
3 de Febrero 1370, Buenos Aires (CP 1426),
Buenos Aires, Argentina
E-mail: avalosjuliocesar@gmail.com

María del Pilar BABOT
Consejo Nacional de Investigaciones Científicas y
Técnicas - Instituto Superior de Estudios Sociales,
Consejo Nacional de Investigaciones Científicas y
Técnicas-Universidad Nacional de Tucumán -
Instituto de Arqueología y Museo, Facultad de
Ciencias Naturales e Instituto Miguel Lillo,
Universidad Nacional de Tucumán
San Martín 1545, San Miguel de Tucumán (CP
4000), Tucumán, Argentina
E-mail: shypb@arnet.com.ar

Mariano BONOMO
Consejo Nacional de Investigaciones Científicas y
Técnicas - Facultad de Ciencias Naturales y
Museo, Universidad Nacional de La Plata
Calle 23 Nº 945, La Plata (CP 1900), Buenos
Aires, Argentina
E-mail: mbonomo@fcnym.unlp.edu.ar

Melisa CÁCERES
Instituto de Arqueología, Facultad de Filosofía y
Letras, Universidad de Buenos Aires
25 de Mayo 217 3° Piso, Capital Federal (C1002
ABE), Buenos Aires, Argentina
E-mail: antropomeli@hotmail.com

María Paz CATÁ
Instituto de Arqueología, Facultad de Filosofía y
Letras, Universidad de Buenos Aires
25 de Mayo 217 3° Piso, Capital Federal (C1002
ABE), Buenos Aires, Argentina
E-mail: mariapazcata@gmail.com

María Gabriela CHAPARRO
Consejo Nacional de Investigaciones Científicas y
Técnicas - Departamento de Arqueología, Facultad
de Ciencias Sociales Universidad Nacional del
Centro de la Provincia de Buenos Aires
Avenida del Valle 5737, Olavarría (7400), Buenos
Aires, Argentina
E-mail: chaparro@soc.unicen.edu.ar

Patricia Susana ESCOLA
Consejo Nacional de Investigaciones Científicas y
Técnicas - Escuela de Arqueología, Universidad
Nacional de Catamarca
Avenida Belgrano 300 -Predio Universitario Ala
Norte, San Fernando del Valle de Catamarca (CP
4700), Catamarca, Argentina
E-mail: suyu@arnet.com.ar

Nora Viviana FRANCO
Consejo Nacional de Investigaciones Científicas y
Técnicas - Instituto Multidisciplinario de Historia y
Ciencias Humanas, Consejo Nacional de
Investigaciones Científicas y Técnicas - Facultad
de Filosofía y Letras, Universidad de Buenos Aires
Saavedra 15, 5to. Piso, Capital Federal (CP 1083),
Buenos Aires, Argentina
E-mail: nvfranco2008@gmail.com

Darío Omar HERMO
Consejo Nacional de Investigaciones Científicas y
Técnicas - División Arqueología del Museo de La
Plata, Facultad de Ciencias Naturales y Museo,
Universidad Nacional de La Plata
Paseo del bosque s/n, La Plata (CP 1900), Buenos
Aires, Argentina
E-mail: dhermo@fcnym.unlp.edu.ar

Salomón HOCSMAN
Consejo Nacional de Investigaciones Científicas y
Técnicas - Instituto Superior de Estudios Sociales,
Consejo Nacional de Investigaciones Científicas y
Técnicas-Universidad Nacional de Tucumán -
Instituto de Arqueología y Museo, Facultad de
Ciencias Naturales e Instituto Miguel Lillo,
Universidad Nacional de Tucumán
San Martín 1545, San Miguel de Tucumán (CP
4000), Tucumán, Argentina
E-mail: shypb@arnet.com.ar

Delphine JOLY
Universite de Rennes 1-UMR 6566-CNRS, Francia

Sara María Luisa LÓPEZ CAMPENY
Consejo Nacional de Investigaciones Científicas y
Técnicas - Instituto Superior de Estudios Sociales,
Consejo Nacional de Investigaciones Científicas y
Técnicas-Universidad Nacional de Tucumán -
Instituto de Arqueología y Museo, Facultad de
Ciencias Naturales e Instituto Miguel Lillo,
Universidad Nacional de Tucumán
San Martín 1545, San Miguel de Tucumán (CP
4000), Tucumán, Argentina
E-mail: saralopezc62@arnet.com.ar

Jorge Gabriel MARTÍNEZ
Consejo Nacional de Investigaciones Científicas y
Técnicas - Instituto Superior de Estudios Sociales,
Consejo Nacional de Investigaciones Científicas y
Técnicas-Universidad Nacional de Tucumán -
Instituto de Arqueología y Museo, Facultad de
Ciencias Naturales e Instituto Miguel Lillo,
Universidad Nacional de Tucumán
San Martín 1545, San Miguel de Tucumán (CP
4000), Tucumán, Argentina
E-mail: jormartin1969@yahoo.com.ar

Lucia Cecilia MAZZITELLI
Departamento Científico de Arqueología, Museo
de Ciencias Naturales de La Plata, Universidad
Nacional de La Plata
Paseo del bosque s/n, La Plata (CP 1900), Buenos
Aires, Argentina
E-mail: lulamazzi@hotmail.com

Marcelo Raúl MORALES
Consejo Nacional de Investigaciones Científicas y
Técnicas - Instituto de Arqueología, Facultad de
Filosofía y Letras, Universidad de Buenos Aires
25 de Mayo 217 3° Piso, Capital Federal (C1002
ABE), Buenos Aires, Argentina
E-mail: marcelo_morales@hotmail.com

Brenda OXMAN
Instituto de Arqueología, Facultad de Filosofía y
Letras, Universidad de Buenos Aires
25 de Mayo 217 3° Piso, Capital Federal (C1002
ABE), Buenos Aires, Argentina
E-mail: oxmanbrenda@yahoo.com.ar

Luciano PRATES
Consejo Nacional de Investigaciones Científicas y
Técnicas - Facultad de Ciencias Naturales y
Museo, Universidad Nacional de La Plata
Calle 50 Nº 1181 1° B, La Plata (CP 1900), Buenos
Aires, Argentina
E-mail: lprates@fcnym.unlp.edu.ar

Diego Eduardo RIVERO
Consejo Nacional de Investigaciones Científicas y
Técnicas - Cátedra de Prehistoria y Arqueología,
Facultad de Filosofía y Humanidades, Universidad
Nacional de Córdoba
Raúl Casariego 4096, Córdoba (CP 5008),
Córdoba, Argentina
E-mail: ayampitin@uol.com.ar

Celeste Tamara SAMEC
Instituto de Arqueología, Facultad de Filosofía y
Letras, Universidad de Buenos Aires
25 de Mayo 217 3° Piso, Capital Federal (C1002
ABE), Buenos Aires, Argentina
E-mail: celestesamec@gmail.com

Patricia SOLÁ
Consejo Nacional de Investigaciones Científicas y
Técnicas - Instituto de Arqueología, Facultad de
Filosofía y Letras, Universidad de Buenos Aires
25 de Mayo 217 3° Piso, Capital Federal (C1002
ABE), Buenos Aires, Argentina
E-mail: patriciasola@gmail.com

María Gabriela SRUR
Cátedra de Prehistoria y Arqueología, Facultad de
Filosofía y Humanidades, Universidad Nacional de
Córdoba
Paso de Uspallata 2699 Bª Lomas de San Martín,
Córdoba (CP 5000), Córdoba, Argentina
E-mail: takiraris@yahoo.com.ar

Hugo Daniel YACOBACCIO
Consejo Nacional de Investigaciones Científicas y
Técnicas - Instituto de Arqueología, Facultad de
Filosofía y Letras, Universidad de Buenos Aires
25 de Mayo 217 3° Piso, Capital Federal (C1002
ABE), Buenos Aires, Argentina
E-mail: yacobaccio@aol.com

Miguel Ángel ZUBIMENDI
Consejo Nacional de Investigaciones Científicas y
Técnicas - Departamento Científico de
Arqueología, Museo de Ciencias Naturales de La
Plata, Universidad Nacional de La Plata
Paseo del bosque s/n, La Plata (CP 1900), Buenos
Aires, Argentina
E-mail: mikelzubimendi@gmail.com

OCUPACIONES HUMANAS TEMPRANAS EN LA PUNA DE ATACAMA: EL ALERO HORNILLOS 2, SUSQUES (JUJUY)

Hugo D. Yacobaccio, María Paz Catá, Marcelo R. Morales, Delphine Joly, Patricia Solá,
Melisa Cáceres, Brenda I. Oxman y Celeste T. Samec

RESUMEN

El objetivo de este trabajo es presentar las investigaciones aún en curso que se llevan a cabo en el sitio Hornillos 2 ubicado a 4020 msnm. Las ocupaciones humanas están comprendidas entre el límite Pleistoceno-Holoceno y el Holoceno Medio. En este lapso el alero ha sido utilizado por grupos de cazadores recolectores reconociéndose nueve niveles de ocupación en un marco ambiental altamente fluctuante. Se presentan las evidencias líticas, óseas, de arte mobiliar y rupestre y antracológicas de las estructuras de combustión. Estas evidencias, junto a las características del emplazamiento del sitio y su relación con las fuentes de aprovisionamiento de materias primas líticas, permiten discutir aspectos de las estrategias sociales tales como la movilidad, el aprovechamiento de los recursos y la funcionalidad del sitio.

Palabras clave: *Cazadores recolectores, Puna Seca, Estrategias sociales, Uso de recursos.*

ABSTRACT

This paper presents the ongoing researches at Hornillos 2 site located at 4020 masl. The human occupations are bracketed between the Pleistocene-Holocene boundary and the Mid-Holocene. Nine occupational levels have been recognized in this time span, being the result of hunter-gatherer activities carried out in a highly oscillating environmental background. Lithic, faunal, mobile and rock art, and anthracological evidences are displayed. These evidences, together with site location features and their relationship with the lithic raw materials sources, allow us to discuss several aspects about social strategies such as mobility, resource use, and site function.

Key words: *Hunter-gatherers, Dry Puna, Social strategies, Resource-use.*

INTRODUCCIÓN

Los grupos de cazadores recolectores colonizaron las tierras altas surandinas hace unos 11,000 años radiocarbónicos A.P.. En los últimos años muchas evidencias han sido rescatadas sobre las ocupaciones holocénicas iniciales, incluyendo una buena cantidad de sitios arqueológicos estratificados que brindaron información cronológicamente acotada. En el caso de las evidencias de la Puna Seca de Argentina el estudio de una serie de localidades ha generado información sobre el tipo de ocupación, subsistencia, artefactos confeccionados sobre materiales perecibles, inhumaciones, etc. Esto ha permitido elaborar modelos sobre el poblamiento temprano que incluyen aspectos tales como la economía, la movilidad, la estacionalidad, el uso de materias primas líticas, el arte rupestre, etc.

Sin embargo, el registro ocupacional no presentaba evidencias de extensión temporal que fuera más allá del límite con el Holoceno Medio. Esta situación hizo pensar a los arqueólogos la posibilidad de que los cazadores recolectores hubieran abandonado el área durante ese período. Por primera vez, entonces, presentaremos evidencias de ocupaciones de una sola localidad que abarca ambos períodos. Esto permitirá evaluar las tendencias generales y plantear hipótesis acerca de los cambios producidos durante esa transición.

De esta manera, el objetivo principal de este trabajo es presentar resultados preliminares de las investigaciones en curso que desde el año 1996 se llevan a cabo en el sitio Hornillos 2, discutiendo tanto las estrategias sociales (ej. movilidad, aprovechamiento de los recursos, funcionalidad, etc.) relativas al mismo, como los aspectos relacionados a su interpretación en el marco regional. Aunque se realizó una presentación preliminar de una de las capas (Yacobaccio *et al.* 2000), ahora trataremos de brindar un panorama más acabado de la secuencia ocupacional considerando distintas líneas de evidencia.

DESCRIPCIÓN DEL ÁREA Y PALEOAMBIENTE

Las características ambientales generales de la Puna pueden resumirse como propias de un ambiente desértico con intensa radiación solar debida a la altitud (3400-4500 msnm); gran amplitud térmica diurna/nocturna mayor a la estacional; marcada estacionalidad con precipitaciones estivales pobres; baja presión atmosférica; irregular distribución de nutrientes que suelen estar concentrados en sectores hídricos estables (fondos de cuencas y quebradas altas) y vegas y una pobre red hidrográfica endorreica caracterizada por pocos cursos superficiales permanentes, la presencia de salares y unas pocas lagunas con fuertes regímenes estacionales. El área de Susques en particular se encuentra en la faja transicional entre la Puna Seca y la Puna Salada denominada Puna Desértica (Buitrago y Larrán 1994).

El clima en la actualidad es frío y seco, con una marcada estacionalidad y lluvias estivales pobres (diciembre a marzo) que fluctúan entre los 50 y 200 mm. La temperatura media ronda los 7.5°C en un rango entre los 2°C y los 11°C con heladas presentes durante todo el año y una marcada amplitud térmica (Buitrago y Larrán op. cit.). En relación con la vegetación del área en particular, Cabrera (1976) caracteriza a la Provincia Puneña por la presencia de vegetación xerofítica con tres tipos de formaciones vegetales: las vegas, los tolares y los pajonales. Las primeras están compuestas por pastos tiernos entre los que predominan las especies rizomatosas (Hypsella oligophylla; Werneria pygmaea); en cuanto a los tolares, usualmente localizados entre los 3.600 y los 4.200 msnm, conforman estepas arbustivas de tola (Parastrephia lepidophylla), tolilla o checal (Fabiana densa) y variedades de poáceas como Festuca ortophylla.

Finalmente, los pajonales, ubicados entre los 4200 y 5000 msnm aproximadamente, son una estepa graminosa dominada por Festuca ortophylla, Festuca chrysophyla (iros), Poa gymnantha y otros pastos cespitosos (Cabrera 1976). De las tres formaciones antes caracterizadas, las vegas representan el parche con la densidad más alta de productividad primaria en el ecosistema de la Puna y consecuentemente, concentran las mayores ofertas energéticas del paisaje para la biomasa animal, particularmente los camélidos silvestres, guanacos (Lama guanicoe) y vicuñas (Vicugna vicugna).

La evidencia paleoambiental de la Puna provista por análisis polínicos en Barro Negro (Fernandez et al. 1991), Aguilar (Markgraf 1985) y Yavi (Lupo 1998), como la de los núcleos de hielo de Huascarán en Perú (Thompson et al.1995) y la de niveles de Lagos altiplánicos (Bradbury et al. 2001) coinciden en sugerir para el Holoceno Temprano, en general, condiciones más frías y húmedas que en la actualidad a lo largo de todo el período (10,000-8500 A.P.).

La tendencia ambiental general del Holoceno Medio está actualmente sujeta a discusiones (Betancourt et al. 2000; Latorre et al. 2002; Grosjean et al. 2003), aunque parece indicar un gradiente de aumento de temperaturas y sequedad a escala hemisférica (Mayewski et al. 2004). La Puna se caracteriza por una fuerte variabilidad en cuanto a la disponibilidad de humedad y de recursos en una escala local como parecen sugerir las investigaciones que se llevan a cabo en diferentes localidades andinas (Betancourt et al. 2000; Núñez et al. 2001). Si bien esta variación permanece aún poco conocida en el plano regional, la evidencia permite plantear que a pesar de esta desertización, ciertas localidades particulares permanecieron disponibles para la ocupación y explotación por los grupos humanos. Por estar incluida dentro del rango local de Hornillos 2 para nosotros es relevante la información generada en la Quebrada de Lapao (Figura 1) ubicada a unos 15 km al sur del sitio (Yacobaccio y Morales 2005).

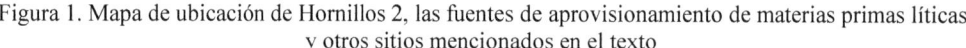

Figura 1. Mapa de ubicación de Hornillos 2, las fuentes de aprovisionamiento de materias primas líticas y otros sitios mencionados en el texto

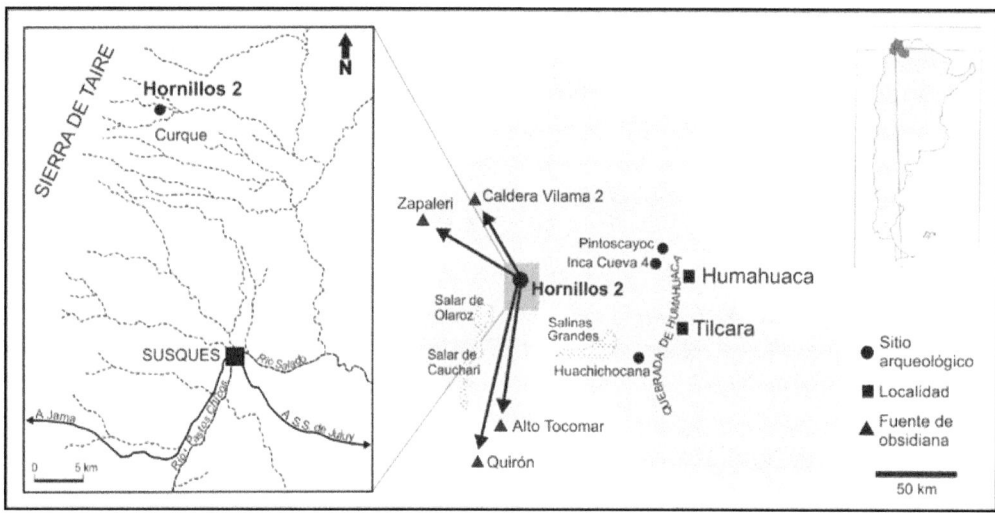

Al respecto, la información aportada por los estudios de diatomeas y otros proxies realizados en la citada quebrada sugiere tres momentos ambientalmente diferentes. El primero comprende el Holoceno Temprano, por lo menos desde el 9300 A.P. hasta el 8500 A.P., cuando la Quebrada de Lapao presentaba una extensa vega profusamente vegetada, probablemente por ciperáceas y poáceas según los valores C3 brindados por los resultados isotópicos.

Hacia el comienzo del Holoceno Medio, entre el 8500 y el 7700 A.P., el nivel de freática parece incrementarse conformando, en el centro de la vega, un cuerpo de agua léntico de poca profundidad que caracteriza el segundo momento. Dicho período, si bien muestra ser el más húmedo en la media de todo el Holoceno y presenta cierta estabilidad, registra algunas fluctuaciones internas. En este sentido son evidentes al menos dos pulsos de niveles altos del cuerpo de agua (y consecuentemente del nivel de freática), el primero entre el 8500 A.P. y el 8300 A.P. y el segundo entre el 8300 A.P. y el 7700/7500 A.P.. Un pulso de desecación intermedio hacia el 8300 A.P. muestra un corrimiento de la faja litoral

hacia el interior de la cabecera de la quebrada. Con respecto a la vegetación, no parecen producirse modificaciones sustanciales en su composición dados los valores isotópicos también asimilables a ciperáceas y poáceas en esta cronología. A su vez, la información provista por los gasterópodos parece coincidir con las características de los ambientes descriptos, sugiriendo por su parte la posible presencia de algún tipo de vegetación acuática hacia el 7700 A.P..

Finalmente, después del 7700 A.P. un tercer momento sugiere un descenso del nivel de aguas subsuperficiales que implicó la desaparición del cuerpo de agua, aunque continuó presente una importante vega que permaneció al menos hasta el 7000 A.P..

Con posterioridad a estos tres momentos ambientales y según algunos datos geomorfológicos preliminares, la desecación posterior de este lugar parece tener causas más bien geomorfológicas que ambientales, o bien, una combinación de ambas. Estos indicarían que un cauce fluvial estacional de drenaje de lluvias estivales erosionó con posterioridad el fondo de la cabecera de la quebrada y depositó sedimentos en general limo-arenosos aunque con episodios de depositación de gravas. Este cauce pudo activarse por el derrumbe de parte de un farallón ignimbrítico que funcionaba como dique natural ante el escurrimiento de las lluvias estivales del área (Solá, com. pers.). A modo de hipótesis, podemos sugerir que dicho derrumbe pudo haber sido generado por la erosión producida debido a la infiltración de aguas subsuperficiales sobre las arcillitas de la formación Log Log propiciando el colapso de las ignimbritas (formación Zapaleri) que la sobreyacen. Lo que resulta indudable es que este cauce se activa con posterioridad a esta fecha estimada de 7000 A.P., dado que los loci estudiados han sido expuestos por acción del proceso de excavación realizado por el mismo. Más aún, una datación radiocarbónica reciente sobre una turbera perteneciente a un perfil de agradación conformado por arenas laminadas en una terraza inferior de este cauce ha brindado una fecha de 3680 A.P.. Esto nos permite acotar la cronología del proceso erosivo entre el 7000 A.P. y el 3700 A.P..

CRONOLOGÍA Y CARACTERÍSTICAS GENERALES DEL SITIO

Hornillos 2 (23° 13' 47'' S, 66° 27' 22'' O) es una pequeña cueva asociada a un alero de 42 m² de superficie excavable, ubicada en la Quebrada Agua Dulce a 4020 msnm y a unos 20 km del pueblo de Susques (Figura 1). El alero está en un farallón de ignimbritas de la Formación Zapaleri y se encuentra colmatado por sedimentos provenientes de aportes laterales al establecerse un "dique" constituido por un derrumbe ocurrido en en el sector medio de la quebrada que cambió los patrones erosivos lineales (Pereyra, com. pers.). Hasta el momento se han excavado 8 cuadrículas en las cuales se determinaron 9 niveles de ocupación cuya cronología está constituida por ocho dataciones radiocarbónicas comprendidas entre 9710 A.P. y 6130 A.P. (Figura 2).

Figura 2. Fechados radiocarbónicos en años A.P. y calendáricos calibrados con OxCal v3.8

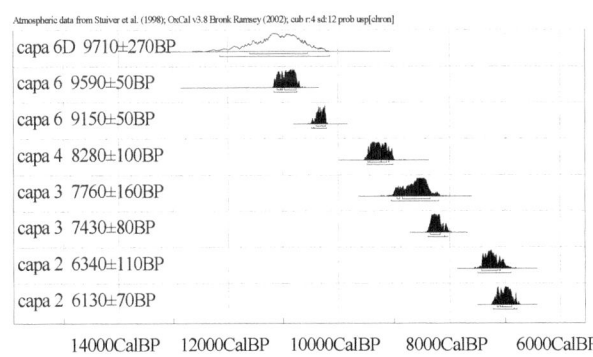

Las capas de ocupación 2, 3, 4 y 5 datadas entre los 8280 A.P. y 6130 A.P. corresponden al Holoceno Medio, mientras que los niveles ocupacionales de la capa 6 (6, 6a, 6b, 6c y 6d) pertenecen al Holoceno Temprano.

LÍNEAS DE EVIDENCIA

En este apartado describiremos la información generada en las cuatro líneas de evidencia principales. Queremos aclarar que estos resultados son parciales, ya que las investigaciones se encuentran aún en curso.

Antracología

Hasta este momento se han analizado dos muestras de carbones provenientes de la capa 4, una correspondiente a una muestra de un fogón (Fogón 2) y otra de carbones dispersos en la cuadrícula 7 y una muestra de carbones dispersos en la cuadrícula 8 de la capa 6a. En la Tabla 1 presentamos las especies identificadas y su abundancia en cada muestra. Las señaladas como "Otras" son especies que pueden ser determinadas pero que todavía no cuentan con muestra comparativa. Los carbones se estudiaron realizando tres cortes histológicos en cada uno (tangencial, radial y transversal).

En la muestra del fogón 2 de la capa 4 el género *Parastrephia* es dominante. En efecto, representa el 33% de los carbones determinados aunque sólo el 5% pudo ser identificado a nivel de especie. El género *Adesmia* también está representado por dos especies llegando al 12% de los restos presentes.

Las especies *Fabiana densa* o *denudata* y *Chiliotrichiopsis keidelii* están presentes con alrededor del 10% cada una, mientras que *Baccharis incarum* se presenta sólo en un 1% en el fogón.

En la capa 4, alrededor del 64% de los carbones dispersos también pertenecen al género *Parastrephia*, aunque sólo el 4% pudo ser determinado a nivel específico. Las especies restantes están representadas por unos pocos individuos, siendo las más numerosas *Baccharis incarum* con el 10% y *Chiliotrichiopsis keidelii* con el 6%. En la capa 6a sólo hay representadas nueve especies. Al igual que en las muestras anteriores el género dominante es *Parastrephia* con el 51% aunque solo el 13% fue identificado a nivel de especie. *Baccharis incarum* con el 12% y *Adesmina sp.* con el 5% son las otras especies representadas de manera importante. El número de carbones indeterminados es relativamente alto (24%) debido a que están muy deteriorados presentando estructuras vitrificadas y grietas radiales. Además, estos carbones son en general más pequeños que los estudiados en la capa 4 y en el fogón 2.

Si comparamos los carbones dispersos de ambas capas vemos que la muestra de la capa 6a es más diversa (Shannon H= 1.844) que la de la capa 4 (Shannon H= 1.584), siendo esta diferencia significativa (t= -2.2348, p= 0.02). Aunque la muestra de la capa 4 tiene más especies representadas, la dominancia de *Parastrephia* es notoriamente más importante (D= 0.386) que en la capa 6a (D= 0.2322). Sin embargo, el fogón 2 de la capa 4 tiene la mayor diversidad de las muestras (Shannon H= 2.32) y la menor dominancia (D= 0.1409). La muestra del fogón estaría representando un conjunto más acabado del rango de especies vegetales utilizadas, aunque la predominancia de *Parastrephia* muestra que este género ha sido seleccionado recurrentemente en mayor grado que el resto de las leñas disponibles localmente.

Nombre vulgar	Nombre científico	Capa 4 fogón 2	Capa 4	Capa 6A
Rica rica	*Acantholippia salsoloides*	1	1	
Añagua delgada	*Adesmia "delgada"*	12	1	
Añagua delgada?	*Adesmia cf "delgada"*	5	1	
Añagua gruesa	*Adesmia "gruesa"*	3	3	
Añagua gruesa?	*Adesmia sp. cf "gruesa"*	4	4	
Añagua	*Adesmia sp.*	15	7	
Lejia	*Baccharis incarum*	3	31	25
Tomi	*Chiliotrichiopsis keidelii*	32	18	2
Checal	*Fabiana densa o F. Denudata*	31	3	3
Suri	*Nardophyllum armatum*	1		
Mayo tola	*Parastrephia phylicaeformis o lucida*	8	2	6
Mayo tola?	*Parastrephia sp. cf phylicaeformis o lucida*	1	6	2
Vaca tola	*Parastrephia sp. cf lepidophylla*		2	7
Vaca tola?	*Parastrephia sp. cf lepidophylla*		1	3
Coba	*Parastrephia quadrangularis*	3	2	7
Coba?	*Parastrephia sp. cf quadrangularis*	2		1
Tola	*Parastrephia sp.*	85	181	77
Otra 1		10	3	
Otra 2		20	15	12
Otra 3				1
Otra 4		1	1	
Otra 5		16		
Otra 6				5
Indeterminables		47	18	49
Total		300	300	200

Tabla 1. Especies vegetales representadas en las muestras de carbones de capa 4 y capa 6 a

Arte Rupestre y Mobiliar

Los motivos están muy deteriorados producto del descascaramiento de la pared debido a excrecencias salinas, pese a ello pueden observarse 28 figuras de camélidos enteros y fragmentados, 5 antropomorfos y un ave. Hay por lo menos 4 tipos de camélidos: negros de dos patas (Figura 3), negros de cuatro patas, rojos de cuatro patas y rojos de dos patas. Todos son estilizados no esquemáticos y de pequeño tamaño. Se registraron cinco superposiciones: un antropomorfo rojo cuyo tocado está sobre un camélido negro de cuatro patas y cuatro casos de camélidos rojos de dos patas sobre tres camélidos negros de cuatro patas. Según estas superposiciones, podrían haber sido, en principio, dos eventos de pintura, el primero correspondería a la serie negra de camélidos negros de cuatro patas y luego la serie roja que abarca a los antropomorfos y los camélidos de dos y cuatro patas. Los camélidos negros de dos patas están separados del resto y no registran superposición alguna. Estos eventos pueden no significar una distancia temporal muy amplia en su ejecución, ya que pigmentos rojos aparecen asociados al arte mobiliar datado de manera directa en 9590 A.P.. La mayor variedad de colores de pigmentos proviene, sin embargo, de la capa 4.

Los antropomorfos, de tamaño pequeño, son individuos esquemáticos pintados de frente uno al lado del otro con los brazos flexionados posiblemente unidos por un trazo horizontal del mismo color. Debido a que la pared está descascarada en el medio del motivo no puede apreciarse si dicho trazo es continuo uniendo a todos. En un sector bajo de la pared hay un alineación de seis puntos de color rojo oscuro. Los mismos estaban cubiertos por los sedimentos de la capa 2; por lo tanto su edad debe ser anterior a la depositación de la misma.

Figura 3. Representaciones de camélidos negros de dos patas (superior izquierda) y de cuatro patas (inferior derecha)

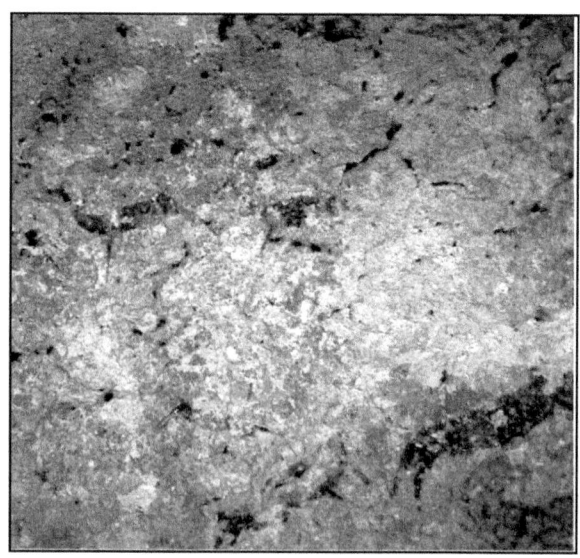

4

En la capa 6 de la cuadrícula 8 a unos 81 cm de profundidad se halló una escultura en madera de unos 38 cm de largo por 17 cm de ancho por 2 cm de espesor (Figura 4).

Figura 4. Camélido tallado en madera

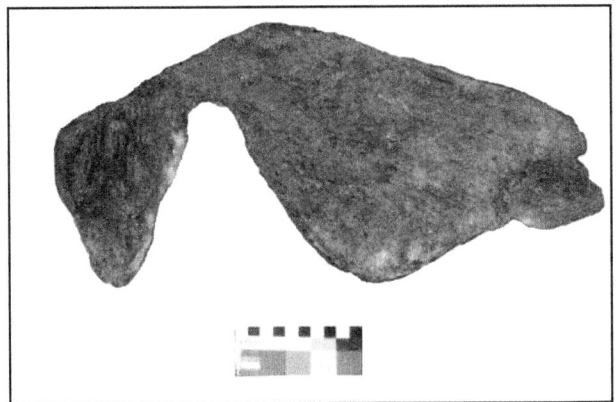

Se esculpió la figura de un camélido, aparentemente un nonato o neonato de vicuña, compuesta por la silueta del cuerpo, el cogote y la cabeza aunque sin las patas pero con la cola y el pecho destacados. La proporción corporal entre el largo de la cabeza y el largo del cuerpo indica un porcentaje de 12.16% de la primera respecto del largo corporal. Esta relación en vicuñas vivas adultas es del 20% y en crías del 15.8%.

La técnica empleada para su confección fue la talla de un fragmento de madera extraído mediante un corte transversal. La madera no ha sido identificada taxonómicamente aunque podría corresponder a una leguminosa dado que su valor de delta de 13C es de -23,32‰. La fecha citada anteriormente posee un rango calibrado de 9200 a 8750 A.C. con un sigma. En asociación con este hallazgo se encontró un percutor manchado de rojo, tres raederas, lascas de cuarcita y astillas óseas.

Arqueofauna

La información zooarqueológica deriva del análisis de 9671 restos faunísticos de los cuales un total de 3885 (40%) fueron identificados a nivel específico. En términos generales todo el conjunto se encuentra en buen estado de preservación aunque es destacable el alto grado de fragmentación; los estadios de meteorización son bajos y están presentes en bajas frecuencias, por su lado los estados de termoalteración son altos y medios y sus frecuencias altas, a su vez la presencia de huellas y fracturas culturales es significativa mientras que la evidencia de otras marcas (por ejemplo de carnívoros) están prácticamente ausentes. Los especímenes identificados fueron agrupados en cinco subconjuntos que incluyen a aquellos asignados a *Artiodactyla*, camélidos, cérvidos y chinchíllidos; el quinto subgrupo contiene a los micromamíferos como pequeños roedores, escasísimos restos de aves, uno asignado a reptil y algunos otros al orden de carnívoros, aunque ninguno de éstos poseen evidencia de marcas culturales.

En la Tabla 2 se encuentran los NISP totales para cada capa y las frecuencias de cada subgrupo. Tomando estos valores

intentamos, en primer lugar, averiguar si existe alguna relación entre el tamaño de las muestras y la diversidad taxonómica de las mismas. Para ello se correlacionó el índice de diversidad H de Shannon-Weaver con el número de especímenes identificados por taxón en cada capa (Figura 5).

Como se puede apreciar no hay una correlación estadísticamente significativa entre ambos (r= 0.493, p= 0.77) observándose que las capas pertenecientes al Holoceno Temprano tienen índices de diversidad más bajos que aquellas correspondientes al Holoceno Medio, siendo esta diferencia estadísticamente significativa (t = -12.91; p= 3.08E-37). Dado que el tamaño de la muestra no afecta el índice de diversidad, se puede concluir que las muestras del Holoceno Temprano son menos diversas y están más dominadas por la presencia de un taxón que las del Holoceno Medio. El taxón dominante para el Holoceno Temprano son los chinchíllidos, particularmente *Lagidium viscascia* (Figura 6). En cambio en el Holoceno Medio hay menor dominancia de un único taxón; es decir, hay mayor regularidad en la distribución de huesos por taxa representada (Tabla 2).

Período	Capa	NISP Total	% NISP Artiodáctila	% NISP Camélido	% NISP Cérvido	% NISP Chinchíllido	% NISP Otros
H M	2	747	34.1	25.9	0.8	30.1	9.1
	3	358	62.0	14.2	0.8	19.1	3.9
	4	576	49.3	11.4	-	30.7	8.6
	5	228	41.2	10.5	-	46.6	1.7
	T	1909	46.6*	15.5*	0.4*	31.6*	5.8*
H T	6	613	33.1	9.6	1.1	54.6	1.6
	6 a	341	29.6	7.0	0.9	61.4	1.1
	6 b	265	22.6	4.1	0.7	69.6	3.0
	6 c	523	15.5	4.6	0.6	76.3	3.0
	6 d	234	20.5	3.0	1.3	70.5	4.7
	T	1976	24.3*	5.7*	0.9*	66.5*	2.7*

Tabla 2. Totales y porcentajes promedio por taxón para el Holoceno Medio y el Holoceno Temprano. Referencias: T: Total; HM: Holoceno Medio; HT: Holoceno Temprano.

Por otra parte, son destacables los valores promedio para los artiodáctilos *versus* los chinchíllidos comparando los dos períodos; mientras que la frecuencia de los primeros se duplica en el Holoceno Medio, la de los chinchíllidos se reduce a la mitad en el mismo momento cronológico. Por su lado, las frecuencias de los camélidos tienden a un aumento constante con el paso del tiempo, el valor promedio para el Holoceno Medio equivale casi al triple del obtenido para el período anterior.

Las frecuencias de los cérvidos se mantienen cercanas al 1% en casi todas las capas notándose su ausencia al comienzo del Holoceno Medio. La Figura 6 ilustra estas tendencias poniendo de manifiesto que las frecuencias de chinchíllidos son dominantes durante el primer período mientras que las de los artiodáctilos y camélidos van en aumento hacia el segundo momento, evidenciándose su predominancia en las capas 3 y 2 respectivamente.

Los resultados aquí presentados corresponden a muestras parciales analizadas con el fin de construir algunas tendencias generales fundamentalmente en lo relativo al uso de materias primas. Así, estas tendencias temporales fueron extraídas sobre los desechos de talla de las únicas cuadrículas excavadas hasta sedimento estéril (cuadriculas 7 y 8) con el fin de contar con materiales del total de los niveles estratigráficos, exceptuando la capa 3 que no está presente en este sector del alero. A diferencia de esto, los instrumentos a los que haremos referencia corresponden a los obtenidos en el total del área excavada hasta el momento con el fin de presentar su diversidad tecno-morfológica y correspondencias cronológicas.

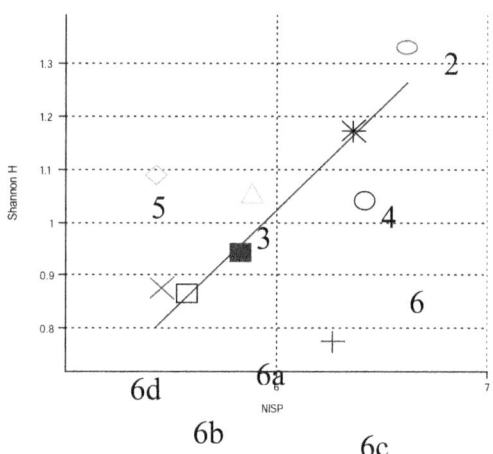

Figura 5. Correlación índice H y log NISP

Figura 6. Frecuencias de taxones por capa

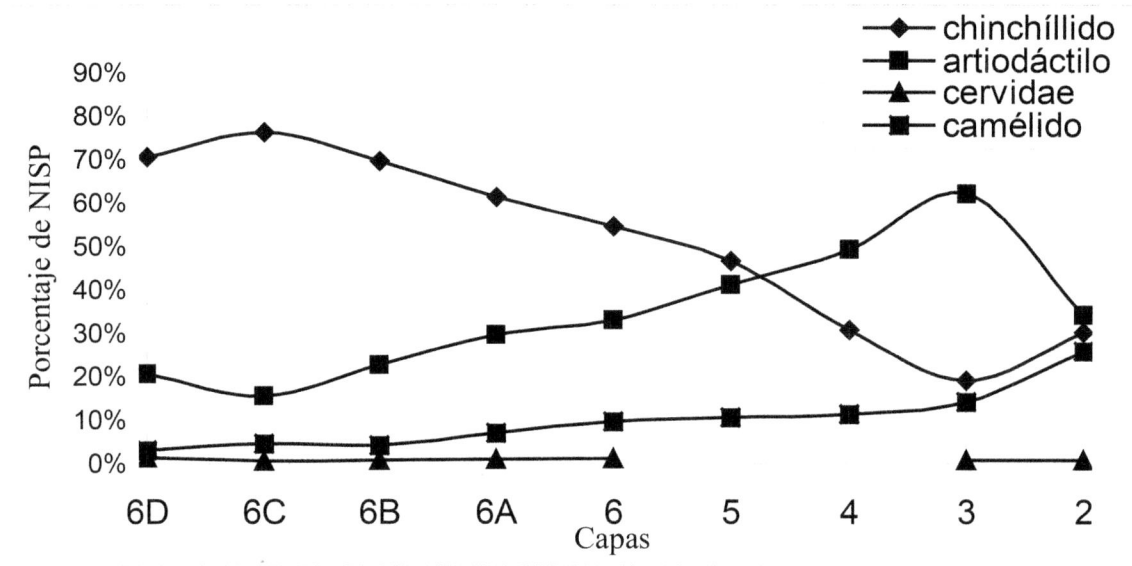

Categorías	Holoceno Medio				Holoceno Temprano					Total
	2	3	4	5	6	6a	6b	6c	6d	
Puntas de Proyectil	13	3	5		1		2	1		25
Raederas	2	1	2	1	4				1	11
Raspadores	2		1	1						4
Artefactos Unifaciales	4		1	1	1				1	8
Artefactos Bifaciales	1	2					1			4
Percutores	1				1					2
Cuchillos	2		1		1		1			5
Manos/Molinos/Yunques					1					1
Totales	25	6	10	3	9		4	1	2	60

Tabla 3. Representación de instrumentos líticos por capa

El lugar de origen de las materias primas líticas son un buen indicador del rango de acción de los grupos de cazadores-recolectores (Jones *et al.* 2003). En nuestro caso las hemos dividido en tres grupos relacionados con la distancia a la fuente o fuentes de provenciencia. El primero está compuesto por aquellas rocas de origen local, es decir disponibles en los alrededores del sitio y hasta unos 40 km de distancia y se componen de diferentes variedades de cuarcitas y de sílices. El segundo, compuesto por la andesita, se considera de mediana distancia, ya que ocurre entre los 40 y 80 km (Figura 1). El tercero, de larga distancia, abarca las materias primas localizadas a más de 80 km del sitio y está compuesto por las obsidianas. Las obsidianas negras provienen de dos fuentes, Zapaleri y Caldera Vilama 2, ubicadas al norte de sitio entre 90 y 120 km (Figura 1); en cambio la obsidiana translúcida proviene de Alto Tocomar y Quirón ubicados a 90 km y 120 km al sur, respectivamente, de la localidad arqueológica (Figura 1).

Hay diferencias temporales en la representación de las morfologías de las puntas de proyectil. En efecto, en las capas del Holoceno Temprano el 100% de las mismas es de forma triangular apedunculada, aunque hay variaciones en la forma de la base, ya que hay bases rectas y otras levemente escotadas. Además, en todas ellas el ápice es aguzado. La mitad de las puntas es de traquiandesita, mientras que el resto es de obsidiana translúcida y cuarcita. En la capa 4, o sea el nivel más temprano del Holoceno Medio, hay mayor diversificación de formas incluyendo una lanceolada pequeña, una preforma de punta pedunculada ("tipo Tambillo") obtenida a partir de una base retomada de punta lanceolada grande, y una triangular apedunculada de base levemente cóncava. En esta capa las materias primas son más variadas, ya que hay una de cuarcita, una de andesita y una de obsidiana marrón. En el transcurso del Holoceno Medio esta diversidad se incrementa; en la capa 3 hay dos puntas

pedunculadas ("tipo Tambillo") y una preforma indeterminada. Finalmente, en la capa 2 hay cinco puntas triangulares apedunculadas, cinco lanceoladas pequeñas y un fragmento bifacial indeterminado. Entonces, durante el Holoceno Medio el 35,7% de las puntas son lanceoladas, igual porcentaje de triangulares y un 14,3% de pedunculadas "tipo Tambillo". Las materias primas corresponden mayormente a rocas de mediana y larga distancia, ya que seis son de andesita, cuatro de obsidiana, tres de sílice y una de ópalo.

El resto de los instrumentos están respresentados mayormente por raederas sobre todo en el Holoceno Medio y hay pocos raspadores (Tabla 3). Todos ellos están confeccionados sobre lascas secundarias con retoque marginal en cuarcitas y andesita. En cambio, los cuchillos tienen mayor variación tanto en las formas base, que incluye modulos laminares, como en las materias primas, ya que algunos están confeccionados en sílices y obsidianas. Hay que destacar que en la capa 6, asociada a la talla en madera, se recuperó una mano formatizada con restos de pigmento rojo en su superficie.

Figura 7. Tendencias en la utilización de materias primas locales, de media y larga distancia obtenidas a partir de los desechos de talla de las cuadriculas 7 y 8

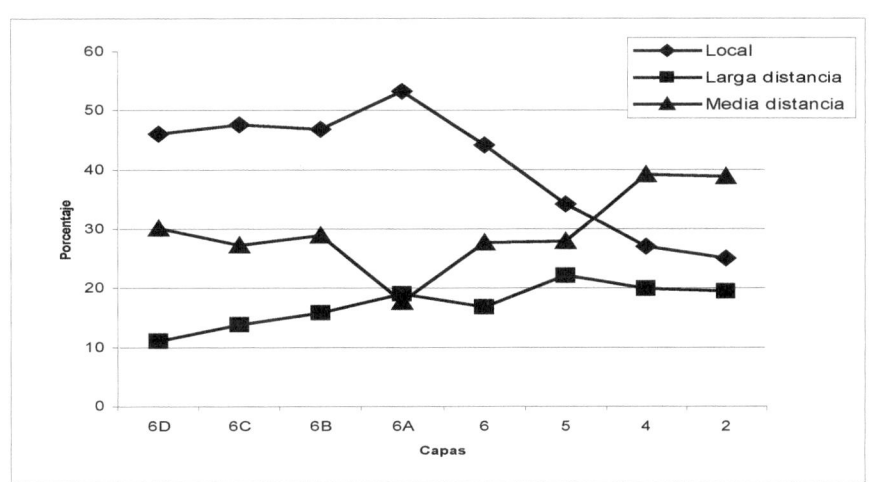

La tendencia temporal en la utilización de las materias primas muestra un predominio de rocas locales durante el Holoceno Temprano, verificándose una sustancial reducción en el período siguiente (Figura 7). Si bien la proporción de rocas de mediana distancia era relativamente alta en los momentos más tempranos de ocupación del sitio, aumenta decididamente en las capas 4 y 2, pasando a predominar en estos momentos. A su vez, las obsidianas registran un gradual aumento pasando del 10% al 20%. Esta evidencia indica que hay, en las ocupaciones del Holoceno Medio, una selección hacia rocas de mejor calidad aunque provengan de lugares más distantes.

CONCLUSIONES

La evidencia paleoambiental de la quebrada de Lapao indica que dentro del rango local de Hornillos 2 las ocupaciones del Holoceno Temprano coincidirían con un período húmedo y estable. Dichas condiciones de humedad continúan durante las ocupaciones del Holoceno Medio, aunque presentando

fluctuaciones como por ejemplo el pulso seco registrado hacia el 8300 A.P.. De cualquier manera, condiciones de mayor humedad relativa se mantendrían hasta el 7000 A.P.. Éstas favorecerían el desarrollo de un parche productivo que ofrecería recursos apropiados para su utilización por parte de los cazadores recolectores.

Las evidencias muestran que durante el Holoceno Temprano el sitio fue recurrentemente ocupado, dado que presenta cinco niveles comprendidos entre el 9700 A.P. y el 9200 A.P.. Este bloque de ocupaciones se caracteriza por la utilización predominante de recursos locales. Esto se pone de manifiesto en la dominancia de *Lagidium sp.* en los restos faunísticos, ya que habitan en los roquerios de ignimbritas y en el predominio de las cuarcitas empleadas en la confección del instrumental lítico. Esta tendencia de uso de recursos locales se manifiesta en una menor diversidad general del registro arqueológico, presentando dominancias más claras en los ítems utilizados como las materias primas líticas, los taxones explotados, la morfología de puntas de proyectil y las leñas seleccionadas.

Estas características podrían estar relacionadas con la ocupación del sitio por unidades sociales pequeñas, relativamente autónomas aunque altamente móviles. El énfasis en la utilización de lo local estaría dado por un ambiente regional que contó con una oferta abundante de espacios productivos favoreciendo una estrategia que minimizó la necesidad de transporte de materias primas y otros ítems entre localidades. Al mismo tiempo sugerimos que el alero se constituyó en un nudo importante dentro del circuito de movilidad de estos grupos al contener arte rupestre figurativo y la depositación de la escultura en madera. En relación con esto podríamos recordar que de los seis sitios datados para el Holoceno Temprano en la Puna de Jujuy, solamente Hornillos 2 e Inca Cueva 4 presentan representaciones rupestres.

Las ocupaciones correspondientes al Holoceno Medio son más puntuales y están distribuidas en un lapso de 2000 años. Sin embargo, las unidades estratigráficas son sensiblemente más potentes que las del período anterior, presentando rasgos conspicuos como fogones cubeta y áreas de descarte secundario. Al mismo tiempo la extensión de las mismas, sobre todo las capas 4 y 2, abarcan la totalidad del área excavada sugiriendo ocupaciones de mayor intensidad.

Las evidencias muestran una mayor diversidad en las ocupaciones de este último período. Así, la muestra analizada del fogón de capa 4 posee un gran rango de especies utilizadas como combustible siendo éstas características de la estepa arbustiva. En el caso de los recursos faunísticos también se observa mayor diversidad pero comienza un predominio de los camélidos hacia la mitad del período con una marcada reducción en la explotación de los chinchíllidos. Las materias primas líticas muestran una dominancia de las rocas de media y larga distancia y al mismo tiempo aumenta notablemente la variación de formas en las puntas de proyectil.

Las condiciones ambientales más fluctuantes del Holoceno Medio pudieron haber reducido sensiblemente la cantidad y calidad de los parches productivos disponibles, y por lo tanto haber influenciado un cambio en las estrategias sociales implementadas por los grupos de cazadores recolectores. Las evidencias presentadas sugieren una mayor intensidad en el uso del sitio con menor recurrencia quizás por unidades sociales más extendidas y con una organización interna más heterogénea. El predominio de rocas exóticas implica una utilización diferente del espacio regional, en la cual parece adquirir importancia el transporte de materias primas y/o artefactos entre localidades y una mayor planificación de la movilidad. El predominio de los camélidos indicaría que para su obtención es necesaria una ampliación del radio logístico a partir del sitio y, como queda dicho, un cambio en la estructura de las unidades sociales que obtienen el recurso principal en comparación con las del Holoceno Temprano. A su vez, esto podría estar respaldado por la diversidad en las puntas de proyectil que, siguiendo el modelo de Aschero y Martínez (2001), podría significar el empleo de distintas técnicas de caza de manera simultánea. No descartamos la realización durante este período de representaciones pictóricas como lo muestra la presencia de pigmentos en estas ocupaciones.

Finalmente, podemos decir que, si bien Hornillos 2 tiene similitudes con otros sitios ocupados en el Holoceno Temprano en la Puna de Jujuy como la morfología de las puntas de proyectil y de algunos artefactos líticos, la composición de las materias primas líticas es bastante diferente, ya que tanto Inca Cueva 4 como Huachichocana III (Figura 1) no presentan obsidiana, mientras que en Pintoscayoc ésta es el 1% de los desechos de talla (Hernández Llosas, com. pers.). Esto indicaría ordenamientos espaciales distintos para ambos extremos de la región puneña. Asimismo, habría una amplia diferencia en la utilización de los recursos faunísticos locales, aunque Hornillos 2 presenta similitud con Pinstocayoc (Figura 1) e Inca Cueva 4 en relación con el dominio de los chinchíllidos (Elkin y Rosenfeld 2001; Yacobaccio 1994). Además mientras que los sitios ubicados hacia el oriente no han sido ocupados durante el Holoceno Medio, salvo una ocupación en Pintoscayoc fechada en 7850 A.P. (Hernández Llosas 2000), Hornillos 2 tiene, como hemos mostrado, una amplia ocupación en el período.

AGADECIMIENTOS

Agradecemos a Gladis, Mabel y Gustavo Contreras, por hacer más placenteras nuestras estancias en Susques, y especialmente a Delia Urbano y a Demetria Vazquez por permitirnos trabajar en sus tierras y brindarnos su amistad. Finalmente queremos reconocer a la Comunidad Aborigen Atacama herederos culturales de estas antiguas poblaciones. Esta investigación está financiada por la Universidad de Buenos Aires mediante los subsidios UBACyT F-021 y F-057 y el CONICET mediante el PIP 6322.

BIBLIOGRAFÍA

Aschero, C. y J. Martínez
    2001 Técnicas de caza en Antofagasta de la Sierra, Puna Meridional Argentina. *Relaciones de la Sociedad Argentina de Antropología* XXVI: 215-241.

Betancourt, J. L., C. Latorre, J. A. Rech, J. Quade & K. A. Rylander
    2000 A 22,000-Year Record of Monsoonal Precipitation from Northern Chile's Atacama Desert. *Science* 289: 1542-1544.

Bradbury, J.; M. Grosjean; S. Stine & F. Sylvestre
    2001 Full and Late Glacial Lake Records Along the PEP 1 Transect: Their Role in Developing Interhemispheric Paleoclimate Interactions. *Interhemispheric Climate Linkages* pp. 265-291. Academic Press.

Buitrago, L. G. y M. T. Larrán.
    1994 *El clima de la Provincia de Jujuy.* Facultad de Ciencias Agrarias - UNJu. Jujuy.

Cabrera, A. L.
    1976 *Regiones fitogeográficas argentinas.* Enciclopedia Argentina de Agricultura y Jardinería. Tomo 2-1. Editorial Acme, Buenos Aires.

Elkin, D. y S. Rosenfeld
    2001 Análisis faunístico de Pintoscayoc 1 (Jujuy). En: *El uso de los camélidos a través del tiempo*, editado por Mengoni Goñalons G. L., Olivera, D. E. y H. D. Yacobaccio,

pp. 29-65. GZC e ICAZ - Ediciones del Tridente, Buenos Aires.

Fernandez, J.; V. Markgraf; H. O. Panarello; M. Albero; F. E. Angiolini; S. Valencio & M. Arriaga
1991 Late Pleistocene/Early Holocene Environments, Climates, Fauna and Human Occupation in the Argentine Altiplano. *Geoarchaeology* 6: 251-272.

Grosjean, M.; I. Cartagena; M. A. Geyh & L. Núñez
2003 From proxy data to paleoclimate interpretation: the mid-holocene paradox of the Atacama Desert, northern Chile. *Palaeogeography, Palaeoclimatology, Palaeoecology* 194: 247-258.

Hernández Llosas, M. I.
2000. Quebradas Altas a través del Tiempo: El Caso Pintoscayoc. *Estudios Sociales del NOA* 4 (2): 167-224.

Jones, G. T.; C. Beck; E. E. Jones & R. E. Hughes
2003 Lithic source use and Paleoarchaic foraging territories in the Great Basin. *American Antiquity* 68 (1): 5-38.

Latorre, C.; J. L. Betancourt; K. A. Rylander & J. Quade
2002 Vegetation invasions into absolute desert: A 45.000 yr rodent midden record from Calama-Salar de Atacama basins, northern Chile (lat. 22°-24° S). *GSA Bulletin* 114 (3): 349-366.

Lupo, L. C.
1998 *Estudio sobre la lluvia polínica actual y la evolución del paisaje a través de la vegetación durante el Holoceno en la cuenca del río Yavi. Borde Oriental de la Puna, Noroeste Argentino*. Disertación para el grado de Doctor en Filosofía, Fakultat fur Geschichts-und Geowissenschaften Universitat Bamberg, Bamberg.

Markgraf, V.
1985 Paleoenvironmental history of the last 10.000 years in Northwestern Argentina. *Zentralblatt fur Geologie und Palaontologie*, T.1 (11/12): 1739-1748.

Mayewski, P.; E. Rohling; J. Stager; W. Karlén; K. Maasch; L. Meeker; E. Meyerson; F. Gasse; S. van Kreveld; K. Holmgren; J. Lee-Thorp; G. Rosqvist; F. Rack; M. Staubwasser; R. Schneider & E. Steig
2004 Holocene climate variability. *Quaternary Research* 62:243-255.

Núñez, L.; M. Grosjean & I. Cartagena
2001 Human dimensions of Late Pleistocene/Holocene Arid Events in Southern South America. *Interhemispheric Climate Linkages* 7.

Thompson, L.; E. Mosley-Thompson; M. Davis; P. Lin; K. Henderson; J. Cole-Dai & K. Liu
1995 Late Glacial Stage and Holocene tropical Ice Core Records from Huascarán, Peru. *Science* 269: 46-50.

Yacobaccio, H. D.
1994 Biomasa Animal y Consumo en el Pleistoceno-Holoceno Surandino. *Arqueología* 4: 43-71.

Yacobaccio, H. D. & M. Morales
2005 Mid-Holocene Environment and Human Occupation at Susques (Puna de Atacama, Argentina). *Quaternary International* 132: 5-14.

Yacobaccio, H. D.; M. Lazzari; A. G. Guráieb y G. Ibañez
2000 Los cazadores en el borde oriental de Atacama (Susques, Jujuy). *Arqueología* 10: 11-38.

RASTREANDO CAZADORES EN LA PUNA: PROYECTILES EN MOVIMIENTO Y SU REGISTRO

Jorge Gabriel Martínez

RESUMEN

En este trabajo se plantea y explora la hipótesis sobre probables interrelaciones sincrónicas de movilidad entre dos sitios arqueológicos próximos, ubicados en Antofagasta de la Sierra, Puna meridional argentina. Esta hipótesis se basa principalmente en el estudio comparativo de caracteres tecno-morfológicos de puntas de proyectil recuperadas en los sitios arqueológicos Peñas de la Cruz 1 y Quebrada Seca 3, considerando un lapso correspondiente al Holoceno Medio inicial (ca. 7900-7200 años A.P.). Dentro de un esquema de micromovilidad (sensu Hocsman 2002), se propone la existencia de "conexiones" intersitios que se habrían orientado hacia una complementariedad logística en el aprovisionamiento de materias primas líticas y también en cuanto al uso de distintos "cotos" de caza.

Palabras clave: *Arqueología, Puna, Cazadores-recolectores, Tecnología de caza, Puntas de proyectil.*

ABSTRACT

In this paper the existence of synchronic interrelations of micro-mobility between two nearby archaeological sites in Antofagasta de la Sierra, Southern Argentinean Puna, is investigated. This hypothesis is based on the technical-morphological analysis of projectile points belonging to the early Mid Holocene (ca. 7900-7200 years B.P.) which were recovered in Peñas de la Cruz 1 and Quebrada Seca 3 sites. Within a micro-mobility scheme (sensu Hocsman 2002), this intersite connections would have been directed towards a logistic complement in the use of different wild camelid hunting areas and the procurement of lithic raw material.

Key words: *Archaeology, Puna, Hunter-gatherers, Hunting technology, Projectile points.*

INTRODUCCIÓN

A partir de las primeras evidencias arqueológicas de grupos humanos que ocuparon el noroeste de Argentina, puede afirmarse que la caza de animales fue la principal actividad de subsistencia. Diversas líneas de evidencias confirman que estas tempranas ocupaciones se remontan hacia fin del Pleistoceno, y cuentan con una antigüedad de casi 11,000 años. Las mismas fueron registradas en la Puna septentrional argentina, en sitios como Pintoscayoc 1 (*ca.* 3500 msnm, Provincia de Jujuy) [Capa 6 (6ª): 10,720 ± 150 años A.P. (LP503), Hernández Llosas 2000] e Inca Cueva 4 (*ca.* 3800 msnm, Provincia de Jujuy) [Capa 2: entre 10,620 ± 140 años A.P. (LP-137) y 9230 ± 70 años A.P. (CSIC-498), Aguerre *et al.* 1973; Aschero 1979, 1984].

Para la Puna meridional argentina, las evidencias arqueológicas más tempranas se registran un poco más tardíamente, y provienen del sitio Quebrada Seca 3 (QS3; 4100 msnm) cuya antigüedad viene dada por una datación de

9790 ± 50 años A.P. [UGA-9257, Capa 2b(19); Aschero y Martínez 2001]. A partir del análisis arqueofaunístico de QS3 puede afirmarse que desde el inicio del Holoceno, la interacción hombre-fauna en este sector sur de la Puna queda definida por la caza sistemática de camélidos silvestres: *Vicugna vicugna* y *Lama guanicoe* (Elkin 1996a). Próximo a QS3, en la Quebrada de Ilanco, el sitio Peñas de la Cruz 1 (PCz1; 3665 msnm) también refleja esta direccionalidad hacia el consumo de Camelidae, donde *Vicugna vicugna* se presenta como el taxón dominante (más del 90% del NISP, M. Mondini com. pers.). En este sentido, debe destacarse una interesante diferencia entre Puna norte y sur, ya que tanto en Inca Cueva 4 como en Pintoscayoc 1 (Puna norte), el registro arqueofaunístico denota una dominancia en el consumo de Chinchillidae (*Lagidium* sp. y *Chinchilla* sp.) sobre Camelidae (Yacobaccio 1991; Elkin 1996b respectivamente).

Bajo este panorama, y considerando la Puna meridional argentina, se aborda en este trabajo el estudio de probables conexiones sincrónicas entre los sitios PCz1 y QS3 para el lapso entre *ca.* 7900 y 7200 años A.P.. Estos sitios se ubican a 8.9 km de distancia entre sí dentro de la microrregión de Antofagasta de la Sierra (*sensu* Aschero 1988) a una altitud superior a los 3600 msnm (ver Figura 1). Se aclara que el lapso considerado se corresponde con los límites temporales de inicio y fin de las ocupaciones del sitio PCz1 [Capas 3(2ª) y 2(1ª) respectivamente], el cual queda incluido en la secuencia crono-estratigráfica de mayor duración de QS3, que abarca de *ca.* 9800 a 2500 años A.P. (Aschero y Martínez 2001; Pintar 1996, respectivamente). El lapso de estudio toma entonces un segmento temporal intermedio de QS3, y se corresponde con la sucesión estratigráfica que va desde la capa 2b15 a 2b9. Los materiales considerados para este sitio provienen de dichas capas.

Dentro de la esfera de la tecnología de caza, la base de este estudio radica en el análisis comparativo de caracteres tecno-morfológicos de los conjuntos de puntas de proyectil líticas recuperadas en los sitios mencionados. Semejanzas y diferencias en relación a diseños y también a materias primas líticas, generaron una serie de implicancias tecnológicas relativas a la esfera de caza y al aprovisionamiento de rocas, las cuales permitieron plantear la hipótesis sobre relaciones intersitios. En este sentido, se considera que el registro arqueológico debe ser visto bajo una visión de "etnografía de largo plazo", más que como una reconstrucción normativa basada en la etnografía (*sensu* Jochim 1991). Ir un poco más allá de lo que nuestro registro arqueológico nos permite "ver" a veces depende de cómo lo cuestionemos.

En este trabajo se explora entonces la posibilidad de aproximarnos arqueológicamente a la dinámica en el uso sincrónico de distintos espacios y sistemas de armas, orientados a la caza de camélidos silvestres. Para avanzar en este sentido, se considera que el estudio de las características tecno-morfológicas de las puntas de proyectil es el punto de partida para poder establecer los sistemas de armas asociados, y en base a ello, las probables técnicas de caza en

Figura 1. Ubicación de sitios arqueológicos con relación a la distribución de fuentes de materias primas líticas en el sector centro-este de la microrregión de Antofagasta de la Sierra (Catamarca) (Modificado de Aschero *et al.* 2001)

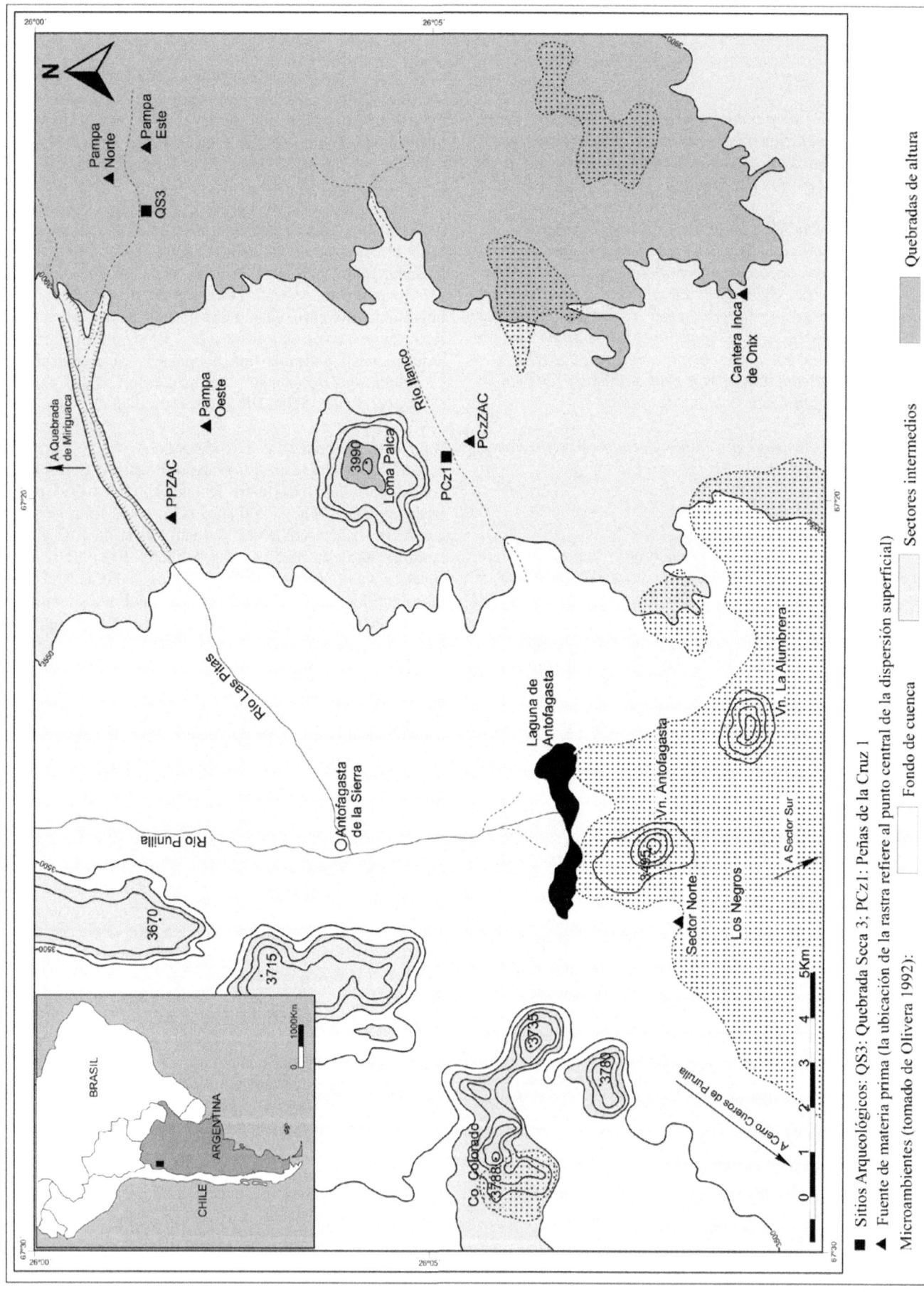

las que fueron empleados. Desde ya que si se cuenta con otro tipo de datos asociados, tales como la preservación de astiles, intermediarios u otros, más precisa será la adscripción de una punta de proyectil a un sistema de arma (ver Martínez 2005).

PUNTAS DE PROYECTIL, SISTEMAS DE ARMAS Y TÉCNICAS DE CAZA

Mediante la evaluación parcial o integral de los atributos físicos de las puntas de proyectil (forma, tamaño, peso, etc.) diversos autores buscaron de diferentes modos poder discriminar el tipo de sistema de arma al cual pertenecieron (ver Martínez 2003). Este debate aún se mantiene abierto, y considero que sólo una evaluación conjunta de los rasgos tecnológicos, junto a aspectos contextuales y cronológicos, permite abordar con mayor precisión la adscripción funcional de puntas de proyectil.

La interrelación causal entre puntas de proyectil, sistemas de armas y técnicas de caza, constituye un supuesto clave en el que la variabilidad en los aspectos tecno-morfológicos de las puntas de proyectil juega un rol crucial para poder explicar los cambios que ocurrieron en la esfera de la caza como modo subsistencia básico de los cazadores puneños (este planteo surge de una investigación más amplia, ver Martínez 2003). Es decir que los cambios tecno-morfológicos registrados en las puntas de proyectil permiten plantear - previa inferencia del sistema de arma- una correspondencia con cambios en las técnicas de caza, lo cual es de suma importancia para avanzar en el problema de las variaciones en las estrategias de captura de presas a través del tiempo. Bajo este esquema de interrelaciones cambio de diseño/cambio de sistema de arma/cambio de técnica de caza, se generó un modelo explicativo general que contempla la integración de sistemas de armas, etología de las presas (camélidos en este caso), características topográficas y organización de los cazadores, permitiendo establecer la existencia de sustanciales variaciones en las técnicas a lo largo del Holoceno temprano y medio en Antofagasta de la Sierra (Aschero y Martínez 2001; Martínez 2003).

El análisis de los conjuntos de puntas de proyectil líticas de los sitios PCz1 y QS3 permitió establecer que para el lapso en cuestión -ca. 7900-7200 años A.P.- la caza fue llevada a cabo mediante el uso de dos sistemas de armas de proyectiles: propulsor de dardos y lanza de mano arrojadiza (Martínez 2003, 2005). A continuación se presenta la argumentación e implicancias de este planteo, para luego volver sobre las relaciones de micromovilidad intersitios.

TIPOS MORFOLÓGICOS BÁSICOS DE PUNTAS DE PROYECTIL

En este trabajo se aplica, al conjunto de puntas de proyectil de ambos sitios, la noción de tipo morfológico básico (*sensu* Aschero 1988). Dentro de la variabilidad registrada fue observada una regularidad y recurrencia de ciertos rasgos tecno-morfológicos en numerosos especimenes analizados. Esta tendencia daría cuenta de la existencia de procesos de diseño homogéneos y distinguibles, que pueden darnos pistas sobre su uso y la circulación de información asociada para distintos momentos y ambientes dentro del noroeste de Argentina, y del área circumpuneña en general. Esta circulación importa en términos de información técnica transmitida y en cuanto a la discusión sobre posibles redes de información que estarían operando desde épocas tempranas en estos ambientes (Aschero 1988; Núñez y Dillehay 1979; Yacobaccio 1991). Se considera que la identificación de tipos morfológicos básicos (TMB) permite registrar regularidades tecnológicas, lo cual confiere un mayor "relieve" a la variabilidad formal de los artefactos. Vale decir que los tipos morfológicos básicos representarían una medida o unidad mínima de variabilidad dentro del conjunto artefactual que se estudie.

Las excavaciones del sitio PCz1 (sector 1) permitieron la recuperación de diversos artefactos líticos formatizados (N= 48, entre fracturados y enteros), para el lapso de estudio. Se destaca que en este conjunto artefactual, el 75% corresponde a puntas de proyectil (N= 36). De este total, el 69.4% (N= 25) fue adscripto a tipos morfológicos básicos (TMB), quedando el 30.6% restante (N= 11) sin asignación alguna. De las 25 puntas con TMB, 22 (88%) se corresponden con el TMB definido como Peñas de la Cruz A (TMB PCzA; ver Tabla 1). Este tipo morfológico básico se define como: Punta de proyectil apedunculada/limbo lanceolado/bordes normales o dentados/base convexa y fue establecido que corresponderían a puntas de proyectiles de propulsor (Martínez 2003, 2005). En la Tabla 1 también se presenta un detalle de las variables características de este tipo. Los valores métricos y los rasgos morfológicos característicos consignados corresponden al 77.3% de las piezas adscriptas a este tipo (17 de 22), debido a que el resto presentaba información parcial por fracturas varias.

Los tres especímenes restantes del conjunto de PCz1 fueron asignados al TMB Quebrada Seca C (TMB QSC), definido en base a puntas recuperadas en el sitio QS3. El mismo se define como Punta de proyectil con pedúnculo esbozado (bordes paralelos rectos, base escotada)/limbo lanceolado/bordes dentados, y se estableció que estas puntas habrían sido empleadas como puntas de lanzas arrojadizas (Martínez 1999, 2003) (ver Tabla 2). Se destaca que dentro de la secuencia estratigráfica de QS3, este tipo de punta de proyectil fue registrado desde la capa 2b13 a 2b9, equivalente al lapso *ca.* 7760 a 7220 años A.P. (ver Tabla 3).

Debe aclararse que este tipo de punta presenta como aspecto de variabilidad interna, la presencia/ausencia de pedúnculo esbozado limitado por denticulados de los limbos. La terminación en denticulados de los bordes de estas puntas se presenta en un 59.4% de todas las piezas adscriptas a este tipo, siendo un rasgo característico. Estos ejemplares denticulados presentan además otro rasgo distintivo y recurrente en su conformación, el cual está dado por una secuencia en los filos de un diente "alto" y otro "bajo". El contorno que genera esta sucesión de dientes de tamaños alternativamente altos y bajos, se asemeja a la repetición lineal de la letra "W" ("patrón W").

En QS3, un total de 140 puntas de proyectil fueron recuperadas en las capas correspondientes al lapso de análisis (2b15 a 2b9), entre piezas enteras y fracturadas. En base a un estudio más amplio que consideró el lapso *ca.* 10,000-7000 años A.P., cuatro tipos morfológicos fueron establecidos para este sitio: Quebrada Seca A, B, C y D (QSA, QSB, QSC y QSD; Martínez 2003). Dado el lapso de estudio de este trabajo, no entra en consideración el tipo QSA por ubicarse dentro de un intervalo anterior (*ca.* 9000-8600 años A.P.; ver Tabla 3). Este tipo se define como Punta de proyectil apedunculada/limbo triangular/bordes normales y dentados/ base recta, y fue registrado en diversos contextos tempranos de la Puna argentina y el norte de Chile para el lapso *ca.* 11,000-8500 años A.P.. Del total mencionado de puntas de QS3 (N= 140), un 57.8% de las puntas de proyectil fue asignado a tipos morfológicos (N= 81) (Tabla 4). Como puede verse en esta tabla, el tipo QSC, asociado a lanzas arrojadizas, es el más frecuente de este conjunto (48.7%).

Tipo PCz A (N= 22)		
	Variables Dimensionales Largo: rango 60 - 100 mm Ancho: rango 14.70 – 18.86 mm Espesor: rango 8.08 – 12.06 mm	**Variables Morfológicas** Forma Geométrica Contorno: lanceolada Forma de la Base: convexilínea simple Limbos subparalelos Asimetría lateral basal Retoque convergente laminar basal Sección transversal: biconvexa asimétrica
	Medidas Promedio Longitud Máxima (estimada) = 100 mm Ancho Máximo (promedio) = 16.39 mm (DS= 1.11) / N= 17 Espesor Máximo (promedio) = 10.09 mm (DS= 1.08) / N= 17	

Tabla 1. Características del TMB Peñas de la Cruz A (PCzA): Punta de proyectil apedunculada/limbo lanceolado/ bordes normales o dentados/base convexa (Dibujo ¾ de tamaño natural)

Tipo QSC (N= 32)		
	Variables Dimensionales Largo Máx.: sin rango; 100 mm (estimado) Ancho Máx.: rango 18.12 – 24.62 mm Espesor Máx.: rango 9.34 – 13.16 mm Longitud Pedúnculo: rango 18.90 – 24.82 mm Ancho Raíz Pedúnculo: rango 17.16 – 21.38 mm Ancho Base Pedúnculo: rango 17.74 – 20.80 mm Espesor Raíz Pedúnculo: rango 8.96 – 11.78 mm	**Variables Morfológicas** Limbos denticulados (no excluyente) Forma Bordes de Pedúnculo: rectos Forma de la Base Pedúnculo: cóncava Sector basal adelgazado por acanaladura
	Medidas Promedio Longitud Máxima (estimada)= 100 mm Ancho Máximo (promedio)= 21.50 mm (DS= 1.46) / Mediana= 21.37 mm / N= 19 Espesor Máximo (promedio)= 11.32 mm (DS= 1.07) / Mediana= 11.25 mm / N= 20 Longitud Pedúnculo (promedio)= 20.72 mm (DS= 1.99) / Mediana= 21.86 mm / N= 6 Ancho Raíz Pedúnculo (promedio)= 19.36 mm (DS= 1.25) / Mediana= 19.27 mm / N= 7 Ancho Base Pedúnculo (promedio) = 18.88 mm (DS= 0.94) / Mediana= 19.27 mm / N= 7 Espesor raíz Pedúnculo (promedio) = 9.94 mm (DS= 0.84) / Mediana= 10.37 mm / N= 7	

Tabla 2. Características del TMB Quebrada Seca C (QSC): Punta de proyectil con pedúnculo esbozado (bordes paralelos rectos, base escotada)/limbo lanceolado/bordes dentados (Dibujo ¾ de tamaño natural)

14

Capa	Dataciones (*)	QSA Propulsor	QSB Propulsor	QSC Lanza	QSD Propulsor	PCzA Propulsor	Sin TMB
2b9	7220 ± 60 años A.P.			▲	▲	▲	↑
2b10	6080 ± 70 años A.P.			▲	▲	▲	↑
2b11	7130 ± 110 años A.P. 6490 ± 100 años A.P.			▲	▲	▲	↑
2b12	-		▲	▲		▲	↑
2b13	7760 ± 80 años A.P.			▲		▲	↑
2b14	7350 ± 80 años A.P. 8670 ± 350 años A.P.		▲			▲	↑
2b15	-		▲			▲	
2b16	8330 ± 110 años A.P.		▲				
2b17	8660 ± 80 años A.P.	▲					↑
2b18	8640 ± 80 años A.P.	▲					
2b19	9790 ± 50 años A.P.		▲				
2b20	-	▲					
2b21	-						
2b22	9050 ± 90 años A.P.						
2b23	-						↑
2b24	-						
2b25	9250 ± 100 años A.P. 9410 ± 120 años A.P.						

Tabla 3. Tipos Morfológicos y su permanencia en Antofagasta de la Sierra (*ca.* 10,000-7000 años A.P.)
(*): Se toma como referencia al marco cronológico dado por la secuencia temporal de QS3

No obstante, debe considerarse que los otros tres tipos (QSB, QSD y PCzA), asociados a propulsor, representan en conjunto el 51.3% restante. Desde ya que estos porcentajes no deben ser considerados directamente como indicadores de la representatividad de uso de estos sistemas de armas en este sitio. Interpretar la correlación entre frecuencias de tipos de puntas y sistemas de armas es otro problema por resolver.

ESTADO DE FRAGMENTACIÓN Y MATERIAS PRIMAS

Del conjunto total de puntas de proyectil bajo análisis, se pondrá énfasis en la información de los tipos PCzA y QSC, ya que son los que se registran sincrónicamente en los sitios PCz1 y QS3, para el lapso ya mencionado. En las siguientes figuras, se toman en consideración todos los subgrupos tipológicos para cada sitio, discriminando estado de fragmentación y materias primas para las puntas de proyectil asignadas a estos dos tipos morfológicos.

Estado de Fragmentación. Discusión

En cuanto al TMB PCzA, en PCz1 se observa un predominio de fragmentos basales (18 de 22; i.e. el 81.8%), en relación a otra clase de fragmentos o piezas enteras (Figuras 2 y 6). En general, el conjunto total de puntas de proyectil de PCz1 se presenta altamente fragmentado, ya que el 94.5% de los casos corresponden a piezas fracturadas: fragmentos basales= 52.8%; fragmentos mesiales= 8.3%; fragmentos apicales= 5.5% y un 27.8% son fragmentos indiferenciados. El 5.5% restante corresponde a 2 piezas enteras, conformando un número mínimo igual a 20 (Tabla 5).

La mayor frecuencia de fragmentos basales evidencia que en PCz1 se desarrollaron tareas de recambio y/o mantenimiento de puntas de proyectil, que además conservan restos de mástic adheridos a su sector basal.

15

TMB Capa/Ext.	QSA / Roca	QSB / Roca	QSC / Roca	QSD / Roca	PCzA / Roca	Sin TMB/ Roca	Total	%	Materias primas
2b9	0	0 —	3 Vc2: 2 / Vc1: 1	2 Vc1: 1 / Vv1: 1	0 —	8 Vc1: 4 / Vc2: 3 / Vc5: 1	13	16.1	Vc1: 6 (46.1%) / Vc2: 5 (38.5%) / Vc5: 1 (7.7%) / Vv1: 1 (7.7%)
2b10	0	0 —	4 Vc1: 3 / Vc2: 1	4 Vc2: 3 / Vc1: 1	5 Vc1: 3 / Vc7: 2	9 Vc7: 3 / Vc2: 2 / Obl: 2 / Vc4: 1 / Vc5: 1	22	27.2	Vc1: 7 (31.8%) / Vc2: 6 (27.3%) / Vc7: 5 (22.7%) / Obl: 2 (9.1%) / Vc4: 1 (4.5%) / Vc5: 1 (4.5%)
2b11	0	0 —	8 Vc2: 4 / Vc1: 2 / Vc4: 2	10 Vc4: 4 / Vc1: 2 / Vc2: 2 / Vc5: 1 / Vc7: 1	0 —	6 Vc1: 3 / Vc2: 2 / Vc7: 1	24	29.6	Vc2: 8 (33.3%) / Vc1: 7 (29.2%) / Vc4: 6 (25.0%) / Vc7: 2 (8.3%) / Vc5: 1 (4.2%)
2b12	0	2 Vc7: 1 / Vv1: 1	1 Vc4: 1	0	0 —	1 Vc1: 1	4	4.9	Vc1: 1 (25.0%) / Vc4: 1 (25.0%) / Vc7: 1 (25.0%) / Vv1: 1 (2..0%)
2b13	0	0 —	3 Vc1: 1 / Vc2: 1 / Vc7: 1	0	0 —	1 Vc2: 1	4	4.9	Vc2: 2 (50.0%) / Vc1: 1 (25.0%) / Vc7: 1 (25.0%)
2b14	0	9 Vv1: 5 / Vc1: 1 / Vc2: 1 / Vv2: 1 / Obl: 1	0	0	0 —	2 Vc4: 1 / Vv1: 1	11	13.6	Vv1: 6 (54.5%) / Vc1: 1 (9.1%) / Vc2: 1 (9.1%) / Vc4: 1 (9.1%) / Obl: 1 (9.1%) / Vv2: 1 (9.1%)
2b15	0	3 Vv1: 3	0	0	0	0 -	3	3.7	Vv1: 3 (100%)
Total	0	14	19	16	5	27	81	100	
%	0	Vv1: 9 / Vc1: 1 / Vc2: 1 / Vc7: 1 / Vv2:1 / Obl:1	Vc2: 8 / Vc1: 7 / Vc4: 3 / Vc7: 1	Vc2: 5 / Vc1: 4 / Vc4: 4 / Vc5: 1 / Vc7: 1 / Vv1: 1	Vc1: 3 / Vc7: 2	Vc2: 8 / Vc1: 8 / Vc7: 4 / Vc4: 2 / Vc5: 2 / Obl: 2 / Vv1: 1	100		

Tabla 4. Sitio QS3: Tipos Morfológicos Básicos (TMB) por capas y materias primas
(Sólo enteras + fragmentos basales)

16

TMB Capa (Ext.)	PCzA/ Roca		QSC/ Roca		Sin TMB/ Roca		Total	%	Materias Primas
0	0	-	0	-	0	-	0	0	-
1	0	-	0	-	0	-	0	0	-
2 (1)	3	Vc2: 2 Vc1: 1	0	-	0	-	3	15.0	Vc2: 2 Vc1: 1
2 (2)	6	Vc2: 3 Vc1: 3	0	-	0	-	6	30.0	Vc2: 3 Vc1: 3
2 (3)	4	Vc2: 4	0	-	0	-	4	20.0	Vc2: 4
2 (4)	1	Vc2: 1	0	-	1	Cc: 1	2	10.0	Vc2: 1 Cc: 1
2 (5)	4	Vc2: 2 Vc1: 2	0	-	0	-	4	20.0	Vc2: 2 Vc1: 2
3 (1)	1	Vc2: 1	0	-	0	-	1	5.0	Vc2: 1
3 (2)	0	-	0	-	0	-	0	-	-
Total	19		0		1		20	100	
%	95.0	Vc2: 13 Vc1: 6	0	-	5.0	Cc: 1	100		

Tabla 5. Sitio PCz1: Tipos Morfológicos Básicos (TMB) por capas y por materias primas
(sólo enteras + fragmentos basales)

Esta tendencia también se registra en QS3 en cuanto a este tipo de punta de proyectil, donde 5 de 6 especímenes corresponden a fragmentos basales (83.3%) (ver Figura 3). Sin considerar la separación en tipos morfológicos, se destaca también aquí el alto grado de fragmentación general del conjunto total de piezas de QS3 (86.2% de N_{total}= 150), y a su vez, la dominancia de fragmentos basales (49%) en relación a mesiales (12.4%), apicales (15.2%) e indiferenciados (9.6%) (Martínez 2003). Esta dominancia de fragmentos basales, más la presencia de intermediarios y astiles, también permite plantear que QS3, y en simultáneo con PCz1, también fue un *locus* de mantenimiento de equipos de caza.

Debido al alto grado de fragmentación del conjunto de puntas asignado al tipo QSC de QS3 (97.3% del total), no fue posible determinar un rango en cuanto a la longitud total de este tipo morfológico. En base a algunas piezas, que conservan sus sectores basales y mesiales, como la pieza nº 736 (QS3, capa 2b11), a pesar de estar fracturada a los 59.78 mm de su base, se estima -por reconstrucción gráfica- que habría medido aproximadamente 100 mm (Martínez 1999).

Dentro del conjunto de piezas en estudio, se destaca en QS3 la alta presencia del tipo QSC (N= 37). Si bien los fragmentos basales aquí también son los más frecuentes (N= 18; 48.6%, ver Figura 7), casi el mismo porcentaje de piezas corresponde a fragmentos mesiales (N= 16; 43.2%, ver Figura 4). Mucho menos representados están los fragmentos apicales (N= 2; 5.4%) y las enteras (con sólo un caso; 2.7%).

La misma explicación rige aquí para la abundancia de fragmentos basales, como indicadores de recambio de puntas enteras por fragmentadas. Debe tenerse en cuenta que para remover las bases de las puntas fracturadas es necesario contar con una fuente de calor (fogón) para facilitar el ablande del mástic detectado en el sector basal de enmangue de las puntas con los intermediarios o astiles.

El tipo QSC también fue registrado en PCz1, aunque en muy baja frecuencia. Sólo tres especímenes denotan la presencia de este tipo en este sitio. Se trata de dos fragmentos mesiales y uno apical, que como fuera mencionado, se adscriben como fragmentos de puntas de lanzas arrojadizas. Nótese que ningún fragmento basal de este tipo fue recuperado en este sitio (ver Figura 5).

Materias Primas. Discusión

En cuanto a las materias primas líticas, si bien se considera al conjunto en general, aquí también se pondrá énfasis en los especimenes asignados a los tipos morfológicos PCzA y QSC de los dos sitios arqueológicos en cuestión. Por otra parte y siguiendo entre otros a Pintar (1996), para evitar un "sobre-conteo" de piezas, se consideran aquí sólo los fragmentos basales y puntas enteras. De este modo, se obtiene un "número mínimo de puntas" que se utilizará para evaluar con mayor precisión las proporciones en el uso de las diferentes variedades de materias primas.

Entonces, con respecto al conjunto de puntas de proyectil del tipo PCzA de PCz1, que en total suman 22 piezas, sólo entran en consideración 19 (18 fragmentos basales más una entera). Se registra una clara dominancia de las vulcanitas variedades 2 y 1 (Vc 2: 68.4% y Vc 1: 31.6%) (ver Tabla 5). Si bien estas rocas son de origen local, debe tenerse en cuenta que la Vc 2 se localiza a sólo 600 m de PCz1 en una Zona de Aprovisionamiento y Cantera (ZAC *sensu* Aschero 1988) (Aschero *et al.* 2001; Martínez 2000, 2005). Considerando la distancia mínima a PCz1, la Vc 1 sólo tiene como áreas de aprovisionamiento los sectores denominados como Pampa Oeste (a 5.6 km) y Punta de la Peña ZAC (PP ZAC, a 6.5 km) (ver Figura 1).

Figura 2. Estado de fragmentación y materias primas para el TMB PCzA en PCzl

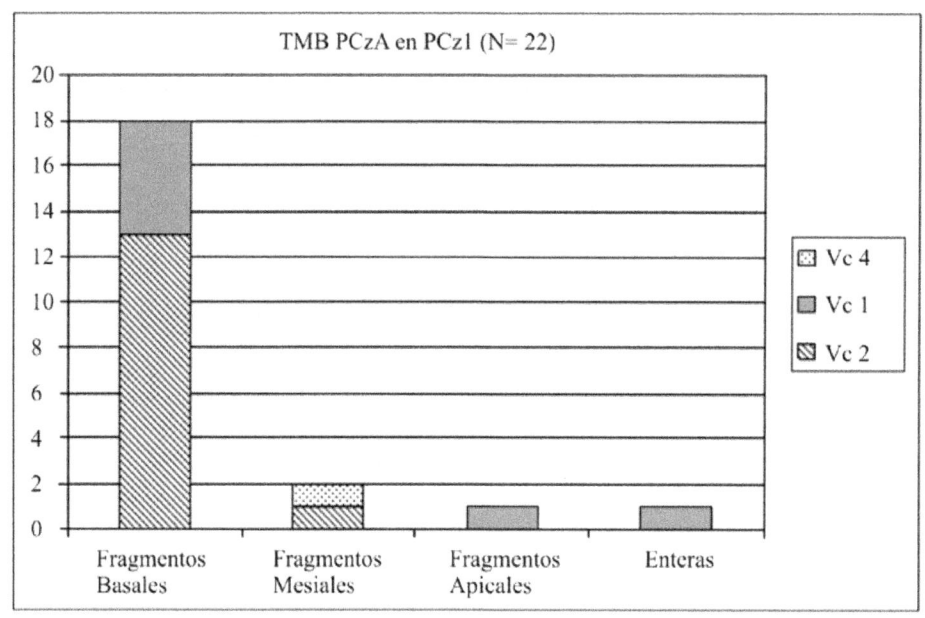

Figura 3. Estado de fragmentación y materias primas para el TMB PCzA en QS3

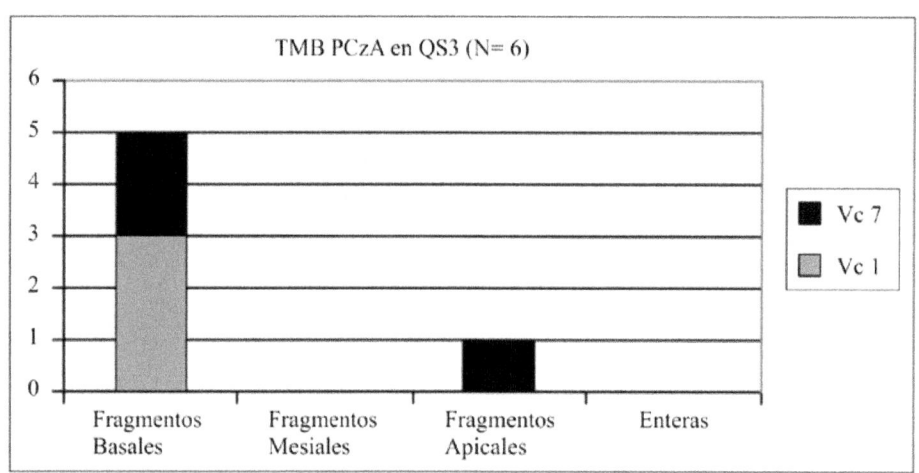

Figura 4. Estado de fragmentación y materias primas para el TMB QSC en QS3

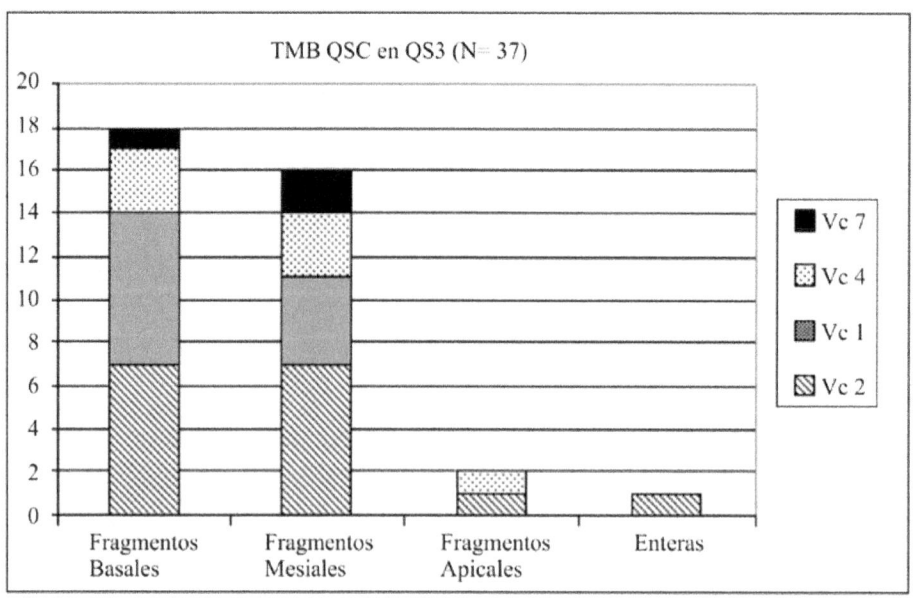

Figura 5. Estado de fragmentación y materias primas para el TMB QSC en PCzl

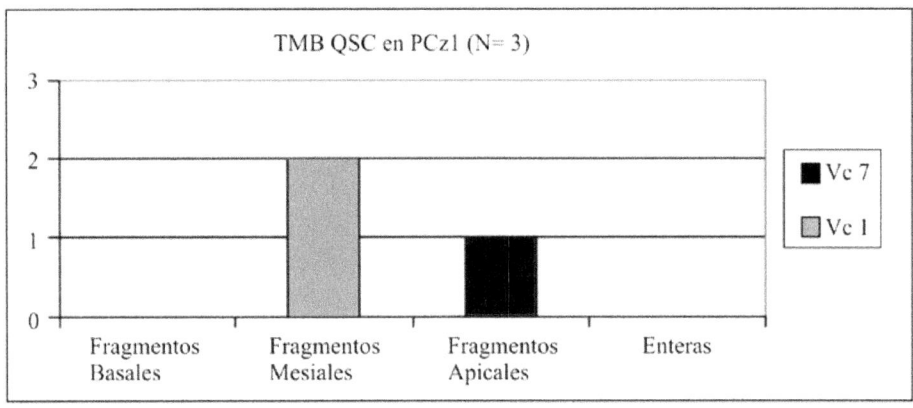

Para este mismo tipo de punta de proyectil, pero en QS3, es notable que ninguna pieza (N= 5) fue confeccionada con Vc 2, la materia prima de mayor representación en PCz1. Estas puntas fueron hechas con materias primas inmediatamente próximas a QS3: Vc 1 (60%) y Vc 7 (40%). Esto denota cierta "versatilidad" con respecto a este tipo morfológico, en cuanto a que admite técnicamente para su confección el uso indiferenciado de materias primas, Vc 2 y 1, principalmente, y Vc 7 secundariamente. Se destaca que así como la Vc 2 no fue empleada en este tipo en QS3, la Vc 7 no está presente en las puntas PCzA de PCz1.

En relación al tipo QSC en QS3, sobre un total de 37 piezas asignadas a este tipo, sólo 19 entran en consideración (18 fragmentos basales y una entera) (ver Tabla 4). Se nota un predominio compartido entre Vc 2 y Vc 1 (42.1% y 36.8% respectivamente), seguidas por Vc 4 (15.8%) y Vc 7 (5.3%). Nótese aquí que la Vc 2 se presenta levemente en una mayor frecuencia que la Vc 1, si bien esta última se encuentra en forma abundante a sólo 1.2 km (Pampa Este), mientras que la fuente de aprovisionamiento de Vc 2 más próxima es la ZAC de PCz, ubicada a 9.1 km de QS3 (ver Figura 1).

Siguiendo el criterio propuesto de contabilizar sólo fragmentos basales y puntas enteras, en PCz1 no se cuenta con ningún espécimen del tipo QSC. Como fuera mencionado antes, sólo 3 fragmentos (2 mesiales y 1 apical) dan cuenta de este tipo en PCz1. Los fragmentos mesiales son de Vc 1 y el fragmento apical es de Vc 7. Debe notarse que mientras la Vc 2 domina el conjunto del tipo QSC en QS3, en PCz1 no se registra ningún caso. A continuación se tratarán las implicancias de estos datos.

CONSIDERACIONES FINALES

La alta frecuencia y dominancia de fragmentos basales de puntas de proyectil en ambos sitios, evidencia la recurrencia de uso de estos espacios para la realización de tareas de recambio de puntas fracturadas por piezas completas (retooling *sensu* Keeley 1982). Desde ya que esto implica además, el armado y mantenimiento de los proyectiles (puntas, intermediarios y astiles). La presencia asociada de restos de intermediarios y astiles para ambos sitios (Martínez 2005; Rodríguez y Martínez 2001) apoyan este planteo, haciéndose extensivo a la confección y/o

mantenimiento integral de las partes componentes de los sistemas de armas. En este sentido, ambos sitios habrían sido usados planificadamente en relación a la caza de camélidos silvestres, cuya ubicación espacial y circulación es altamente predecible en las vegas próximas, tanto por su disponibilidad de agua como por la consecuente presencia de recursos forrajeros (gramíneas).

Considerando el conjunto de puntas asignadas a tipos morfológicos para cada sitio (N= 25 para PCz1; N= 76 para QS3), se observa que en cada uno de ellos domina un tipo morfológico distinto: el tipo PCzA en PCz 1 (88%) y QSC en QS3 (48.7%). Como fuera mencionado, el tipo PCzA se asocia funcionalmente a propulsor y QSC a lanza arrojadiza. En base a la interrelación planteada entre sistemas de armas, técnicas de caza y características de emplazamiento topográfico, la principal técnica de caza llevada a cabo en las inmediaciones del sitio PCz1 se corresponde con un modelo de caza a distancia en espacios abiertos mediante el uso del propulsor.

Se asume que el mantenimiento de los sistemas de armas se realizó en el sitio más próximo al área específica de caza. Bajo esta idea, la caza con propulsor y proyectiles con puntas tipo PCzA se llevó a cabo en el entorno cercano al sitio PCz1, y se distingue claramente de la caza con lanzas desarrollada en las proximidades de QS3, asociadas a las puntas QSC. Para este sitio, el uso de lanza alude a la aplicación de técnicas de caza donde prima una menor distancia cazador-presa, dadas las características de performance de este sistema de corto alcance efectivo (promedio 7.8 m; *sensu* Churchill 1993). Esto se asociaría a técnicas por arreo e intercepción de las presas, lo cual es muy coherente con la mayor variabilidad en cuanto a relieve que presenta Quebrada Seca, con "angostos" naturales por donde circulan naturalmente las vicuñas (para más detalles ver Aschero y Martínez 2001; Martínez 2003).

El alto porcentaje de fragmentos mesiales del tipo QSC recuperados en QS3 apoya el planteo para este sitio como lugar de faenamiento de fauna, infiriendo que estos fragmentos -y también los apicales- sólo pudieron ingresar al sitio dentro del cuerpo de las presas allí trozadas y/o consumidas. No ocurre lo mismo en PCz1 donde la proporción de fragmentos mesiales y/o apicales es baja. Si bien la caza se realizó en las proximidades de este sitio, se plantea la posibilidad de que no hayan ingresado al mismo todas las partes anatómicas de las presas cazadas, aunque sí se realizó allí el recambio de las puntas de proyectil. Incluso podría pensarse en alguna estrategia de transporte de ciertas piezas anatómicas a otros sitios por ahora no definidos. Estudios zooarqueológicos en curso aportarán información clave para avanzar en estas cuestiones.

Figura 6. Fragmentos basales del Tipo PCzA. Esquema de TMB

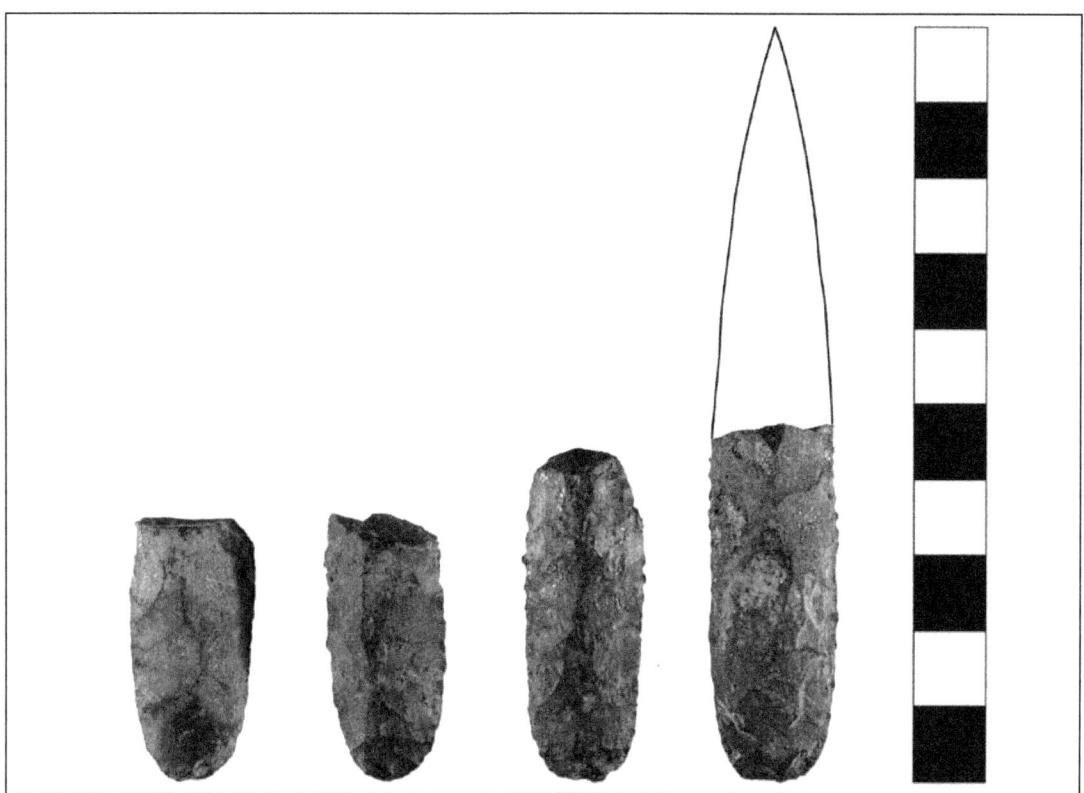

Figura 7. Fragmentos basales del Tipo QSC. Esquema de TMB

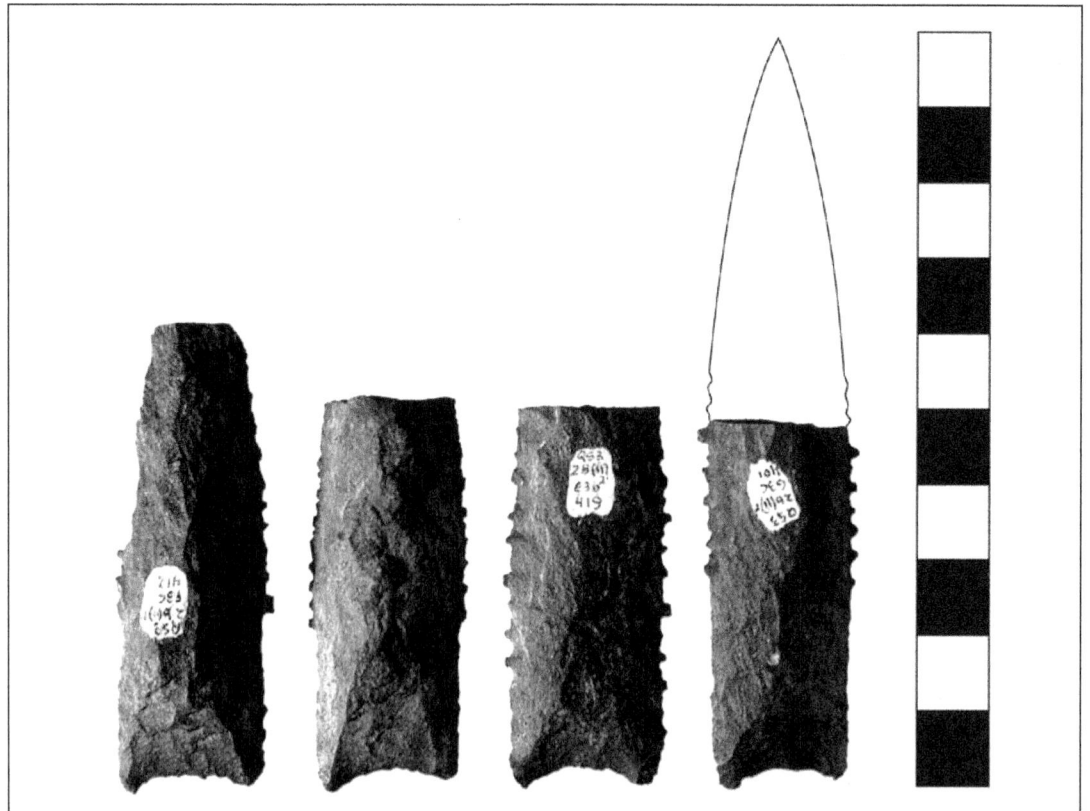

Los estudios zooarqueológicos de QS3 indican que se encuentran representadas todas las partes anatómicas (Elkin 1996a). Esto, sumado a las evidencias aquí analizadas, permite plantear que en QS3 se plasma una secuencia de actividades que va desde la captura de camélidos en sus cercanías, el retorno al mismo para el consumo de las presas obtenidas y el mantenimiento de los proyectiles de caza. Debe aclararse que no hay evidencias suficientes para definir algo sobre la confección inicial de los sistemas de armas. El registro de PCz1 presenta claramente definidas las etapas de mantenimiento de los proyectiles, la captura de camélidos silvestres en sus inmediaciones y su consumo. Queda pendiente aún precisar lo relativo al probable transporte de piezas de caza, y al igual que en QS3, todo lo relativo a la confección inicial de los distintos sistemas de armas.

El registro de fragmentos basales de puntas tipo PCzA en QS3 (asociadas a propulsor) más los fragmentos basales del tipo QSC (asociadas a lanza) evidenciaría el uso simultáneo de estos dos sistemas de armas en este sector de altura y en la microrregión. Correlacionado con esto, en las inmediaciones de QS3 se habrían combinado técnicas de caza en espacios abiertos con propulsor, con otras por arreo e intercepción mediante el uso de lanzas arrojadizas. Diferente es el caso de PCz1, donde el uso de propulsor se presenta como arma exclusiva, disociada del uso de lanza.

En cuanto al análisis de procedencia de las materias primas líticas de la puntas de proyectil en cuestión, surgen los siguientes planteos. Los resultados del análisis de las materias primas del conjunto total de puntas de proyectil de QS3, denotan una marcada tendencia al empleo de las vulcanitas locales, principalmente las variedades 1 y 2 (45 casos de 81, 55.5%, siempre considerando el número mínimo). Esta dominancia compartida se da de modo uniforme ya que Vc 1 aporta el 28.4% (23 casos) y Vc 2 el 27.1% (22 casos). No habría dudas que la Vc 1 procede de sectores muy próximos a QS3, ya que se presenta en forma abundante en Pampa Este, Pampa Oeste y Pampa Norte, dentro de un rango que va de 1.1 a 5.0 km de distancia (ver Figura 1). Debe destacarse además que estas áreas de aprovisionamiento de Vc 1 están distribuidas en las proximidades de la cuenca Las Pitas-Quebrada Seca, mientras que la Vc 2 inequívocamente procede de la ZAC de PCz ubicada a 9.1 km, en el sector intermedio de la Quebrada del Río Ilanco. Si bien fueron registrados nódulos de Vc 2 en Pampa Este y Oeste, son tan pequeños de tamaño que no son utilizables (Aschero et al. 2001). Por lo tanto, es altamente probable que la Vc 2 identificada en el conjunto de puntas de QS3, proceda de la Quebrada de Ilanco, lo cual indicaría el "contacto" entre este sector y Quebrada Seca, para el aprovisionamiento de esta materia prima y posterior confección de este tipo de puntas.

Como fuera mencionado en la discusión sobre materias primas, la ausencia de Vc 1 en el entorno inmediato a PCz1, habría llevado al aprovisionamiento de Vc 1 desde las áreas fuente de Pampa Oeste y/o Punta de la Peña ZAC, a 5.6 y 6.5 km respectivamente, e incluso Pampa Este a 9.8 km, próxima a QS3. De igual manera que para el caso de la Vc 2 en QS3, en PCz1 el aprovisionamiento de Vc 1 habría requerido la movilización de gente entre las quebradas de Ilanco y Las Pitas-Quebrada Seca. Dada la ubicación espacial de fuentes y sitios, este interjuego entre el aprovisionamiento y uso de Vc

1 y 2 para estos dos sitios, en donde estas variedades son las más frecuentes, permite inferir una dinámica clara de micromovilidad intercuencas. La tendencia es muy marcada en PCz1, ya que entre ambas variedades suman el 95% del número mínimo de puntas, con una mayor frecuencia de Vc 2 (65%) respecto de Vc 1 (30%). Dada la muy buena calidad para la talla de estas dos variedades de vulcanita, el mayor uso de Vc 2 respecto de Vc 1 podría explicarse por la gran proximidad del sitio a la ZAC de Vc 2 (a sólo 600 m); no obstante, esto no sería del todo válido para QS3 en donde a pesar de tener una mayor proximidad y disponibilidad de Vc 1, la Vc 2 -más distante- está presente en igual proporción. Incluso, si consideramos particularmente el conjunto de puntas tipo QSC, la tendencia general de todo el conjunto es aún más marcada, ya que Vc 2 más Vc 1 conforman el 78.9% de los casos, en donde Vc 2 representa el 42.1% y Vc 1 el 36.8% del número mínimo. No puede dejar de mencionarse que QS3 registra una mayor variabilidad en cuanto a los tipos de rocas utilizados, como es el caso del Vidrio volcánico 1 (Vv1; 13.6%), Vc 4 (11.1%), Vc 7 (11.1%), Vc 5 (6.2%), Obsidiana 1 (Ob1; 6.2%) y Vv 2 (1.2%). Esto respondería a que QS3, respecto de PCz1, cuenta también con una mayor variabilidad a nivel de tipos morfológicos, ya que al tipo QSC, se agrega el QSB y el QSD (Martínez 2003). En PCz1, fuera de las Vc 1 y 2, la única materia prima que se agrega es la Cuarcita (Cc), y como fuera mencionado antes, el único tipo de punta que se registra es el PCzA, con un alto porcentaje de representación referido al total (61.1%).

Otro aspecto a resaltar refiere a que si bien no se contabilizan puntas tipo QSC en PCz1 para el análisis de materias primas (por ausencia de especímenes enteros o fragmentos basales), el registro de 2 fragmentos mesiales y 1 apical de puntas QSC dan cuenta de la presencia de este tipo en PCz1. Por una parte, llama la atención que los fragmentos mesiales son de Vc 1 y el fragmento apical es de Vc 7, es decir, materias primas de la cuenca Las Pitas-Quebrada Seca, no inmediatamente disponibles para los ocupantes de PCz1. Por otra, también es de notar que las únicas evidencias de puntas QSC en PCz1, sean 2 fragmentos mesiales y uno apical, sin fragmentos basales. Basados en esto y en el uso exclusivo de propulsor en PCz1, cabe preguntarse sobre la posibilidad de que estos fragmentos de puntas QSC ingresaron a este sitio con presas cazadas con lanzas en otro sector, como Quebrada Seca. En ese caso, quedaría pendiente explicar por qué ocurriría esto.

La información surgida a partir del análisis presentado permite plantear que, en relación a otros grupos de artefactos, las puntas de proyectil pueden ser muy buenos indicadores de movilidad y trayectorias "espaciales" de su uso; es decir que permiten "rastrear" mejor hasta sus contextos de producción y uso, revelando probables conexiones intersitios. La presencia en ambos sitios de estos dos tipos morfológicos, más el interjuego registrado en cuanto al uso de materias primas líticas, se considera es una prueba de ello. Ahora, nuestro grado de resolución temporal no nos permite ir mucho más allá en cuanto a la sincronía ocupacional de ambos sitios. Es decir no podemos precisar si hubo simultaneidad efectiva de uso, o una alternancia secuenciada de uso de estos loci para el lapso en cuestión. En el primer caso, estaríamos ante una probable situación de grupos distintos ocupando al mismo tiempo ambos sitios, mientras que la alternancia haría referencia a un mismo grupo. Lo que sí es claro es el uso exclusivo de propulsor para el sector de

21

PCz1, en relación a Quebrada Seca en donde se habrían empleado simultáneamente propulsor y lanza arrojadiza, con las implicancias tecnológicas y sociales que esto tiene en cuanto a las técnicas de caza mencionadas.

Sobre lo expuesto, es muy probable que las relaciones intersitio planteadas para PCz1-QS3 seguramente se amplíen en el futuro para involucrar a otros sitios sincrónicos de la microrregión (Cueva Salamanca 1 p.e.). El problema seguirá siendo el grado de precisión cronológica de estas interrelaciones. Probablemente esta resolución nunca sea menor a 100 años, lo cual plantea una limitación para las interpretaciones. A esto debe agregarse que existen algunas digresiones cronológicas para las diferentes capas de QS3 (Martínez 2003), lo cual reduce precisión en las correlaciones temporales intersitios.

No obstante, hay un interesante punto de quiebre a ser mencionado en relación al registro de uso de materias primas. Para el conjunto de puntas de QS3, en las capas 2b15 y 2b14 domina el Vidrio volcánico 1 (Vv 1), en clara asociación con una alta frecuencia del tipo QSB (punta pedunculada asociada a propulsor) (ver Tabla 4). Si bien el área de procedencia de este vidrio natural por el momento se desconoce, es muy probable que no sea local dado el buen grado de conocimiento de los recursos líticos de la microrregión. Hacia las capas suprayacentes, la presencia de Vv 1 (y del tipo QSB) es mínima o nula, mientras que aumenta en forma conjunta la frecuencia de Vc 2 y Vc 1, rocas locales y con áreas fuente identificadas. La Vc 2 si bien aparece en baja proporción desde la capa 2b14 (9.1%), es notable como en 2b11 -hacia *ca.* 7130 años A.P.- su frecuencia alcanza un pico máximo de representatividad con el 33.3% de los casos, donde también se destaca que esta capa es la que mayor número mínimo de puntas tiene (N= 24). Luego, en las capas suprayacentes se mantiene en segundo orden después de Vc 1: 27.3% en 2b10 y 38.5% en 2b9. Esto podría indicar que a partir de la capa 2b11 se habría iniciado una etapa de mayor dinámica en la movilidad intercuencas y de conexiones intersitios, asociado tal vez a un leve aumento en el número de gente en esta área. Es también en esta capa donde el tipo morfológico QSC asociado a lanza alcanza su máxima frecuencia (ver Tabla 4). Como fuera planteado en otro trabajo (Aschero y Martínez 2001), la técnica de caza asociada a este sistema de arma en QS3 implica el arreo e intercepción de los camélidos. Esta técnica requiere necesariamente la participación de un mayor número de personas en relación a otras técnicas, para el "acorralamiento" y posterior direccionamiento de las tropillas hacia sectores de intercepción final por parte de los cazadores propiamente. La organización de los cazadores y azuzadores es clave en esta técnica, cuyo modelo implica muy probablemente episodios de caza colectiva que se habrían establecido para dar respuesta a una mayor demanda de carne y grasa y/o recursos derivados tales como lana, pieles/cueros, tendones o huesos para la obtención de médula y la confección de manufacturas. Esta demanda sólo es entendible desde una situación de crecimiento en el tamaño de las unidades sociales entre las que esos productos se reparten. Si esto es o no resultado de un crecimiento demográfico o de una fusión de grupos, no lo sabemos aún, y no lo vemos reflejado en sitios que respondan a posibles situaciones de agregación dentro de la microrregión de Antofagasta de la Sierra (Aschero y Martínez 2001).

Ante lo expuesto, y salvando las digresiones cronológicas que presentan las capas 2b11 (*ca.* 7130 años A.P.) y 2b9 (*ca.* 7220 años A.P.), se plantea que hacia 7300-7100 años A.P. se habría producido un proceso de intensificación en la adquisición de recursos faunísticos, lo cual se asocia a un aumento en la dinámica de micromovilidad intercuencas e intersitios en pro del aprovisionamiento de recursos líticos y de la "explotación" de otros cotos de caza. En base a la interpretación de los análisis, la interacción entre QS3 y PCz1 es más evidente hacia las ocupaciones finales del lapso 7900-7200 años A.P.. Nótese por ejemplo, que la aparición del tipo PCzA en QS3 ocurre en la capa 2b10 (ver Tabla 4).

En definitiva, se considera que las tendencias presentadas son confiables para consolidar la hipótesis planteada inicialmente sobre las conexiones de micromovilidad sincrónica entre QS3 y PCz1. Por lo tanto, el análisis conjunto de los tipos morfológicos y materias primas en puntas de proyectil -en una escala microrregional- puede permitirnos aproximarnos en buena medida a establecer algunas pautas sobre la dinámica en el uso del espacio y de los recursos por parte de estos grupos cazadores y recolectores del pasado.

AGRADECIMIENTOS

Quiero expresar mi agradecimiento a Patricia Escola y a Salomón Hocsman por su invitación a participar en este volumen; a Carlos Aschero por su constante apoyo; a los evaluadores por sus críticas y comentarios; a Luis Babot por su ayuda con gráficos, fotos y afines, y como siempre a Nurit.

BIBLIOGRAFÍA

Aguerre, A. M.; A. A. Fernández Distel y C. A. Aschero
1973 Hallazgo de un Sitio Acerámico en la Quebrada de Inca Cueva (Provincia de Jujuy). *Relaciones de la Sociedad Argentina de Antropología* VII: 197-235.

Aschero, C. A.
1979 Un Asentamiento Acerámico en la Quebrada de Inca Cueva (Jujuy). Informe Preliminar sobre el sitio Inca Cueva 4. *Actas de las Jornadas de Arqueología del Noroeste Argentino*. Instituto Arqueológico Universidad del Salvador, Buenos Aires. Inédito.
1984 El sitio ICC 4: un Asentamiento Precerámico en la Quebrada de Inca Cueva (Jujuy, Argentina). *Estudios Atacameños* 7: 62-72.
1988 De Punta a Punta: Producción y Diseño en Puntas de Proyectil Precerámicas de la Puna Argentina. *Precirculados de las Ponencias Científicas presentadas a los Simposios del IX Congreso Nacional de Arqueología Argentina*, pp. 219-229. Buenos Aires.

Aschero, C. A. y J. G. Martínez
2001 Técnicas de Caza en Antofagasta de la Sierra, Puna Meridional Argentina. *Relaciones de la Sociedad Argentina de Antropología* XXVI: 215-241.
Aschero, C. A.; P. S. Escola; S. Hocsman y J. Martínez
2001 Recursos Líticos en Escala Microrregional Antofagasta de la Sierra, 1983-2001. *Arqueología* 12. En prensa.

Churchill, S. E.

1993 Weapon Technology, Prey Size Selection, and Hunting Methods in Modern Hunter-gatherers: Implications for Hunting in the Palaeolithic and Mesolithic. En: *Archaeological Papers of the American Anthropological Association* 4, editado por G. L. Peterkin, H. M. Bricker y P. Mellars, pp. 11-24.

Elkin, D.

1996a *Arqueozoología de Quebrada Seca 3: indicadores de subsistencia humana temprana en la Puna Meridional Argentina.* Tesis de Doctorado en Filosofía y Letras. Facultad de Filosofía y Letras, Universidad de Buenos Aires. Inédita.

1996b Subsistencia en la Quebrada de Pintoscayoc en el Holoceno Temprano. *Actas y Memorias del XI Congreso Nacional de Arqueología Argentina.* Tomo XXV: 7-16. San Rafael, Mendoza.

Hernández Llosas, M. I.

2000 Quebradas Altas de Humahuaca a Través del Tiempo: el Caso Pintoscayoc. *Estudios Sociales del NOA* 2: 167-224.

Hocsman, S.

2002 ¿Cazadores-Recolectores Complejos en la Puna Meridional Argentina? Entrelazando Evidencias del Registro Arqueológico de la Microrregión de Antofagasta de la Sierra (Catamarca). *Relaciones de la Sociedad Argentina de Antropología* XXVII: 193-214.

Jochim, M. A.

1991 Archaeology as Long-Term Ethnography. *American Anthropologist* 93: 308-320.

Keeley, L. H.

1982 Hafting and Retooling: Effects on the Archaeological Record. *American Antiquity* 47 (4): 798-809.

Martínez, J. G.

1999 Puntas de Proyectil: Diseños y Materias Primas. En: *En los Tres Reinos: Prácticas de Recolección en el Cono Sur de América*, editado por C. A. Aschero, M. A. Korstanje y P. M. Vuoto, pp. 61-69. Ediciones Magna Publicaciones, Tucumán.

2000 Informe Final Beca Interna de Formación de Postgrado. CONICET. Período 1998-2000. Inédito.

2003 *Ocupaciones Humanas Tempranas y Tecnología de Caza en la Microrregión de Antofagasta de la Sierra (10000-7000 AP).* Tesis Doctoral en Arqueología. Facultad de Ciencias Naturales e IML, Universidad Nacional de Tucumán. Inédita.

2005 Tecnología de Cazadores en la Puna Meridional Argentina: el Caso de Peñas de la Cruz 1. *Mundo de Antes* 4: 25-49.

Núñez, L. y T. Dillehay

1979 *Movilidad Giratoria, Armonía Social y Desarrollo en los Andes Meridionales: Patrones de Tráfico e Interacción Económica (Ensayo).* Universidad del Norte, Antofagasta, Chile.

Olivera, D. E.

1992 *Tecnología y Estrategias de Adaptación en el Formativo (Agro-Alfarero Temprano) de la Puna Meridional Argentina. Un Caso de Estudio: Antofagasta de la Sierra (Pcia. de Catamarca, R.A.).* Tesis Doctoral en Ciencias Naturales. Facultad de Ciencias Naturales y Museo, Universidad Nacional de La Plata. Inédita.

Pintar, E. L.

1996 *Prehistoric Holocene Adaptations to the Salt Puna of Northwestern Argentina.* Ph. D. Dissertation, Graduate Faculty of Dedman College, Southern Methodist University. Inédita.

Rodríguez, M. F. y J. G. Martínez

2001 Especies Vegetales Alóctonas como Recursos Arqueológicos en el Ambito Puneño. *Publicación Especial N° 8 de la Asociación Paleontológica Argentina*, pp. 139-145.

Yacobaccio, H. D.

1991 *Sistemas de Asentamiento de los Cazadores-Recolectores Tempranos en los Andes Centro-Sur.* Tesis Doctoral en Filosofía y Letras. Facultad de Filosofía y Letras, Universidad de Buenos Aires. Inédita.

MOVILIDAD Y ARTEFACTOS DE MOLIENDA
EN ANTOFAGASTA DE LA SIERRA, PUNA MERIDIONAL ARGENTINA (*ca.* 6500-1100 años A.P.)

María del Pilar Babot

RESUMEN

Se abordan las características del instrumental de molienda que pueden ser tomadas como indicadores de variantes en la organización de los asentamientos. Se pone énfasis en atributos morfológicos, de emplazamiento, uso y descarte de las piedras de moler que podrían ser particularmente sensibles a variaciones en la regularidad-anticipación y duración de la ocupación de los sitios. Desde esta perspectiva, se analizan casos de Antofagasta de la Sierra, en el Noroeste de Argentina, a lo largo de tres momentos: ca. 6500-4770 años A.P., ca. 4770-3200 años A.P. y ca. 2000-1100 años A.P. El tamaño acotado de la muestra artefactual y la similitud de la funcionalidad y rango de uso de los sitios analizados, junto con una serie de atributos recurrentes en el instrumental a lo largo de toda la secuencia, constituyen elementos que enmascaran el cambio tecnológico en un análisis superficial. Sin embargo, el estudio comparado de múltiples variables en el largo plazo, permite identificar variantes en la tecnología de molienda y vincularlas con una progresiva reducción de la movilidad residencial en el área.

Palabras clave: *Movilidad residencial, Artefactos de molienda, Tecnología de molienda, Holoceno Medio y Tardío, Puna Meridional argentina.*

ABSTRACT

The characteristics of grinding stone tool assemblages that can be indicative of variants in the settlement organization are studied. An emphasis is put in morphological, placement, use and discard attributes of artefacts that could be sensible to variations in regularity-anticipation and span of occupation of sites. A case study from Antofagasta de la Sierra in Northwestern Argentina are approached from that perspective, along the three established time ranges: ca. 6500-4770 years B.P., ca. 4770-3200 years B.P. and ca. 2000-1100 years B.P. Reduced artefact sample, similar functionality and span of use of sites analyzed, and recurrence in various attributes of tools along the entire time range mask the technological change at first sight. Nevertheless, the comparative study of multiple variables in the long term, allow us to identify modifications in grinding technology related to a progressive diminution of residential mobility in the area.

Key words: *Residential mobility, Grinding stone-tools, Grinding technology, Middle and Late Holocene, Puna of Argentina.*

TECNOLOGÍA DE MOLIENDA Y ORGANIZACIÓN DE LOS ASENTAMIENTOS

Los artefactos de molienda son considerados, en general, como una parte del equipamiento permanente del sitio -*site furniture*-. Esto reside en un presupuesto generalizado acerca de que el peso y volumen de tales instrumentos condicionan su desplazamiento entre lugares de uso, sobreentendiendo, por lo tanto, que "pertenecen" a un sitio en particular. El concepto de *site furniture* implica, asimismo, una previsión de uso futuro del instrumental en visitas consecutivas a un emplazamiento (por ejemplo, Binford 1979). Sin embargo, ésta no es la situación que se registra siempre en los casos arqueológicos y etnográficos. Por un lado, la escasez de materias primas líticas apropiadas para su manufactura puede implicar el traslado permanente de los artefactos de molienda entre lugares de residencia (por ejemplo, Paucke 1942-44). Por otro lado, este instrumental puede ser utilizado en el marco de estrategias oportunísticas y quedar, de este modo, en el registro de los sitios como piezas descartadas con posterioridad a un uso fortuito y breve, más que como elementos concebidos y depositados a modo de equipamiento permanente.

Sobre esta base, se ha planteado que la *morfología de los artefactos de molienda* y la *composición de los conjuntos de molienda* de los sitios arqueológicos se ven afectadas por la manera en que se utilizan distintas localidades de un sistema de asentamiento. Dos aspectos de la organización de los sitios interesan en particular: a) la *planificación de la ocupación*, en sus componentes de regularidad y anticipación del uso de los sitios (Nelson y Lippmeier 1993) y b) la *duración* de los eventos de ocupación-duración total de la ocupación del sitio (Adams 1996a, 1996b).

La importancia de este tipo de análisis reside en que identificar el empleo anticipado y/o prolongado de las piedras de moler, a partir de variables del diseño y utilización, permite efectuar estimaciones acerca de la planificación y duración de las ocupaciones de los lugares en que las mismas fueron depositadas (Nelson y Lippmeier 1993). Esta constituye una vía alternativa de aproximación al uso del espacio y la organización de los asentamientos. Por otro lado, permite evaluar la presencia de una mayor o menor programación en el uso de los recursos que son seleccionados para su procesamiento y uso en tales localidades.

Planificación de la Ocupación

Para Nelson y Lippmeier (1993) una reocupación regular puede implicar una dependencia "planificada" o "prevista" de ciertos recursos sobre los cuales se sabe de antemano que deberán ser procesados por molienda para su consumo, mientras que el uso fortuito o no planificado de un lugar conlleva, en una medida importante, la explotación y procesamiento oportunísticos o "no previstos" de recursos. Según estas autoras, la *planificación de la ocupación* -con sus componentes de regularidad y anticipación del uso- se manifiesta, en especial, en las estrategias seleccionadas para la *producción* de las piedras de moler. De esta manera, bajo condiciones de uso anticipado, cabría esperar una importante inversión en la manufactura de los artefactos, destinada a incrementar su *vida útil* y/o *eficiencia*.

Los instrumentos potencialmente utilizables por un largo tiempo garantizan a sus usuarios que no tendrán una frecuente necesidad de producir otros nuevos y, a la vez, que los artefactos estarán disponibles cuando éstos sean necesarios. El instrumental eficiente permite un mejor aprovechamiento del tiempo en el que efectivamente es empleado, ya que tiene un buen desempeño en la tarea requerida, lo cual es particularmente beneficioso en actividades que se llevan a cabo con cierta frecuencia, como es el caso de la molienda (Horsfall 1987).

La manufactura de ítems durables y eficientes implica una mayor inversión en el tiempo destinado al abastecimiento de materias primas y su producción. De acuerdo con Nelson y Lippmeier (1993), dentro de esta estrategia, cuatro aspectos de la producción de piedras de moler pueden estar dirigidos a potenciar la durabilidad o la eficiencia. A nuestro juicio, cualquiera de ellos mejora necesariamente ambos atributos a la vez:

1) Selección de Materias Primas. Las características petrográficas condicionan la durabilidad de los artefactos (Nelson y Lippmeier 1993). Pueden contribuir durante su manufactura y mantenimiento y, ciertamente, también influyen en su desempeño en términos de eficiencia, al colaborar en mayor o menor medida a la fricción y resquebrajamiento que tienen lugar durante el proceso de abrasión (Adams 1988, 1993b, 1996b, 1999; Babot 2004; Babot y Larrahona 2001; Cotterell y Kamminga 1990).

Un conjunto de variables técnico-morfológicas y dimensionales permite evaluar dentro o entre conjuntos artefactuales la selección de rocas (*sensu* Babot 2004). En otros trabajos se ha discutido en profundidad el papel de estas variables en el desempeño del instrumental de molienda (*sensu* Babot 2004; Babot y Larrahona 2001):

Materia prima. Se refiere al tipo general de roca empleada para la confección del artefacto y, en los casos posibles, a su identificación petrográfica. Incluye una mención sobre la composición mineral cualitativa de la roca, el contenido de vidrio, la presencia de minerales alterados, de zonas de debilidad -como huecos, fisuras y saprolitización- y las características del cemento en las rocas sedimentarias.
Color. Exterior e interior o de superficies frescas de la pieza, según carta de colores.
Textura. Corresponde al aspecto de los distintos minerales que forman una roca, incluyendo su forma, disposición o entramado y relaciones de tamaño
Tamaño de los granos o blastos. Se refiere al tamaño de los granos de la materia prima y a la distribución de esos rangos de tamaño. Incluye observaciones sobre la presencia de inclusiones de roca o minerales.
Estructura. Este atributo se observa preferentemente al nivel de la fuente aunque, en algunos casos, se aprecia en muestra de mano y en el artefacto.
Tipo de fuente (*sensu* Church 1994). Incluye observaciones sobre el nivel de atrición de aristas y ángulos, y la presencia de superficies planas u oquedades naturales en las fuentes, si se tiene acceso a ellas.
Peso

Es importante señalar que, al comparar diferentes sitios de un sistema de asentamiento en situaciones de disponibilidad cercana y abundante de materias primas líticas de calidad para la molienda, pueden no registrarse tendencias muy marcadas o netas en la selección de los atributos petrográficos mencionados.

2) Características de la Formatización. La misma puede ser evaluada tanto en términos de presencia/ausencia de manufactura (Nelson y Lippmeier 1993), así como en el *grado de inversión en la producción* de formas eficientes.

En el caso de los artefactos manufacturados, esto último puede ser calificado relativamente en términos de "baja", "moderada" o "alta" inversión de trabajo, al contemplar cinco variables morfológicas (*sensu* Babot 2004):

Presencia de manufactura
Modalidad de manufactura. Se refiere al número y combinación de técnicas involucradas en la misma.
Porcentaje de la superficie de la pieza afectada por manufactura
Geometrización de la pieza en general. Corresponde a la búsqueda de morfologías regulares en las piezas mediante la manufactura, las cuales se aproximan a formas tridimensionales definidas con la presencia de planos de simetría.
Regularización de caras, bordes y rasgos morfológicos complementarios. Se refiere a un estadio de la secuencia de producción de los artefactos de molienda destinado al acabado de la pieza o su tratamiento de superficie y la manufactura de rasgos morfológicos complementarios (ver *infra*). La regularización puede incluir picado y/o abrasión (alisado, pulido, bruñido, incisión y/o acanalamiento) de diferentes sectores de la pieza.

Otras variables técnico-morfológicas y morfológico-funcionales permiten, asimismo, valorar comparativamente las características de la formatización (*sensu* Babot 2004):

Técnicas de manufactura. El detalle de las técnicas propiamente dichas (*sensu* Mauss 1967) y de los procedimientos tecnológicos -variedades de usos de una misma técnica-. Incluye una indicación sobre su situación en la parte de la pieza analizada (*sensu* Aschero 1975).
Serie técnica. Corresponde a la secuencia particular de técnicas empleadas en la manufactura de cada pieza completa (*sensu* Aschero y Hocsman 2004).
Textura del área activa. Se refiere a la apariencia al tacto de la superficie de la oquedad y otras zonas de función activa en artefactos superiores e inferiores, y si esto se debe a una característica petrográfica natural o bien, al proceso de manufactura.
Número de rasgos morfológicos complementarios. Éstos son atributos morfológicos y accesorios que pueden o no estar presentes en la pieza y que se diferencian de las caras, bordes y oquedades. Su papel puede ser meramente decorativo, o bien, funcional como ocurre en la generalidad de los ubicados en posiciones activas y de prensión, contribuyendo a la tarea realizada (acanaladuras en la zona de prensión de manos de moler, por ejemplo).
Porcentaje de corteza

La durabilidad y eficiencia se benefician mediante el proceso de manufactura en tanto la formatización de las zonas activas dota a las piezas de superficies con texturas apropiadas para la abrasión, y la formatización de las zonas de prensión o enmangue favorece el asimiento prolongado (Adams 1993a, 1996b).

3) Grado de Estandarización. Interesa en cuanto a la reproducción de artefactos con características petrográficas, dimensionales y morfológicas durables y/o eficientes.

Además de las características de la materia prima y tipo de forma base, diferentes variables dimensionales y morfológicas permiten dar cuenta de la búsqueda de estandarización en la manufactura y uso de las partes segmentadas o de las piezas completas dentro de los conjuntos de molienda (*sensu* Babot 2004):

Medidas de los ejes principales de la pieza. Estas medidas corresponden a las principales dimensiones máximas de las piezas que se presentan bien definidas como objetos individuales -largo, ancho y espesor-. Interesan particularmente en el caso de los artefactos superiores, dado que definen la posibilidad de asimiento con una o dos manos durante el uso, así como el tipo de fuerza empleada por el operador durante el proceso de molienda (Adams 1993a; Horsfall 1987).
Módulo de longitud. Corresponde al largo máximo de la pieza dividido por su ancho máximo (sobre la base de Aschero 1983 B: 35).
Módulo de espesor. Corresponde al ancho máximo de la pieza dividido por su espesor máximo (sobre la base de Aschero 1983 B: 35).
Razón B/A. Corresponde al ancho máximo de la pieza dividido por su largo máximo.
Razón C/B. Corresponde al espesor máximo de la pieza dividido por su ancho máximo.
Forma de la pieza. Se refiere a la forma general del objeto, definida por su grado de semejanza con cuerpos geométricos, de acuerdo al diagrama propuesto por Zingg (1935, en Spalletti 1984), a partir de una serie de razones entre sus ejes. Incluye una indicación de la simetría y regularidad de la forma. Asimismo, alude a las secciones longitudinal y transversal de la pieza, las cuales se definen por su forma con relación a una figura geométrica (sobre la base de Aschero 1983: 17-19; Leroi-Gourhan 1972: 182).
Ancho de oquedad. Se refiere a las dimensiones máxima y mínima de la boca de la oquedad, estando ésta definida por la intersección de la cavidad con el resto de la cara activa en la que está excavada.
Razón ancho máximo de oquedad/ancho mínimo de oquedad. Corresponde al cociente entre las dimensiones máxima y mínima de la boca de la oquedad.
Modo de acción. Los modos de acción son los movimientos mediante los cuales se lleva a cabo una función primaria dada para obtener el efecto buscado (*sensu* Aschero 1975), ya sea éste triturar, moler, etc.

4) Tamaño de los Artefactos. Este atributo se vincula sólo levemente con el potencial de vida útil de un instrumento, mientras que constituye un elemento decisivo en el desempeño del mismo en términos de eficiencia de uso.

Un conjunto de variables morfológicas que atañen a la manufactura y uso de los artefactos permiten dar cuenta de aspectos que condicionan particularmente la eficiencia durante la tarea. Una discusión exhaustiva de los mismos se

encuentra en Adams (1993a, 1996b, 1999) y Babot (2004, 2006). En lo que respecta, particularmente, a variables de tamaño, diversos investigadores han sugerido que la eficiencia de molienda se relaciona, principalmente, con las dimensiones de la superficie de molienda de los artefactos activos y pasivos (Adams 1993a, 1996b, 1999; Diehl 1996; Hard *et al.* 1996; Horsfall 1987). En especial, se ha hecho referencia al incremento en el largo de las superficies activas de los artefactos superiores -debido a que el ancho se ve limitado por la capacidad de asimiento humana- (Hard *et al.* 1996) y a los aumentos en el área. Las siguientes variables sintetizan adecuadamente esta información (*sensu* Babot 2004):

Área de la cara. Se calcula por aproximación con una figura geométrica. Se aplica a las caras activas de artefactos superiores y a la consideración de las oquedades de artefactos pasivos como una superficie curva continua.
Volumen o área de la oquedad. Se calcula por aproximación a un cuerpo geométrico.

Se ha sugerido que los atributos mencionados precedentemente podrían ser aplicables, también, en la comparación de sitios con diferentes rangos de ocupación dentro de un sistema de asentamiento más complejo (Adams 1996a, 1996b) -por ejemplo, bases de ocupación continua/prolongada *versus* sitios de uso estacional/periódico-. Sin embargo, a nuestro juicio, no se comportarían como buenos indicadores de la duración de las ocupaciones, sobre todo, cuando la dependencia del grupo hacia los productos de moler es muy importante. En estos casos, en cambio, se esperaría una recurrencia en la selección de atributos que favorezcan la durabilidad y eficiencia de uso en diferentes tipos de locaciones equipadas para la molienda.

Duración y Regularidad de la Ocupación

Tanto la *duración*, así como la *regularidad* de la ocupación pueden verse reflejadas indistintamente y/o a la vez, en las *modificaciones de la forma* de los instrumentos que se deben a la manera en que éstos son empleados y re-empleados. Así, los artefactos que equipan sitios regularmente visitados o con ocupaciones prolongadas tenderían a ser utilizados hasta el punto de agotar su *vida útil*, y sufrirían repetidos episodios de *mantenimiento* (una variante particular de *reutilización* que implica únicamente cambios leves en la forma y conservación de la función, *sensu* Schiffer 1987). Como consecuencia, se podría esperar que los conjuntos de molienda de dichos sitios exhibieran útiles en diferentes momentos de uso, con una importante representación de aquellos agotados (Nelson y Lippmeier 1993). A la inversa, los que no están destinados a ser reutilizados o que forman parte del equipamiento de sitios con funcionalidad específica, mostrarían un menor desgaste por uso (Adams 1996a y 1996b).

1) Grado de Desgaste y Remanente de Vida Útil. Ambos aspectos pueden ser evaluados a partir del adelgazamiento de los sectores activos, la ruptura de la pieza y del grado de desgaste general de los artefactos, como consecuencia de un uso prolongado-repetitivo, más un mantenimiento frecuente. Las siguientes variables son apropiadas a tales efectos (*sensu* Babot 2004):

Estado de conservación de la pieza. Se refiere a si los artefactos se presentan enteros o fracturados y, en este caso, qué porcentaje de la pieza representan.

Características de la fractura. Corresponde a la identificación del punto de origen de la fractura y su tipo. Incluye una observación sobre la naturaleza de la misma -por manufactura, mantenimiento, durante el uso, intencional-.

Calificación general del desgaste. Se refiere a si el desgaste debido al uso, en el caso de las piezas utilizadas, puede calificarse como bajo, moderado o intenso. Esto se vincula tanto con la medida en que son observables los *rastros de uso* afectando a la pieza, así como con la presencia o no de *vida útil remanente* de acuerdo con el registro de variables previas.

Condición. Variable que se aplica a la parte segmentada. Se refiere al nivel o rango de uso de cada cara activa y oquedad, al ser finalmente descartada la pieza -no utilizada, desgastada no mantenida, desgastada y mantenida-. Incluye una mención a si el desgaste puede calificarse como leve, moderado, fuerte o bien, si la pieza se encuentra agotada.

Uso general de la pieza completa. Corresponde al destino de la pieza completa durante el uso y el descarte (sobre la base de Adams 1996b) -no utilizada, usada sin mantenimiento ni reciclaje, mantenida, usada sin mantenimiento con reciclaje, reciclada, destruida o inutilizada, con usos alternativos-. Incluye una mención a si el artefacto se encuentra agotado o presenta remanente de vida útil.

Características del descarte. Se refiere a qué clase de residuo constituyen los artefactos dentro del sitio (*sensu* Schiffer 1987).

Mínimo espesor remanente de la base. Corresponde a la diferencia entre la dimensión de una paralela al eje de la pieza paralelo a la profundidad de la oquedad, y el valor de la profundidad de la oquedad en el punto en que más se aproximan.

2) Identificación de Tipos Morfológicos Básicos y Transformados, los cuales se encuentran ligados por relaciones de transformación por uso y mantenimiento (*sensu* Aschero 1988). Estos pueden localizarse a nivel del conjunto artefactual a través de las siguientes variables (*sensu* Babot 2004):

Módulo de espesor. Corresponde al ancho máximo de la pieza dividido por su espesor máximo y constituye un buen indicador de desgaste en los artefactos activos.

Forma de la pieza. En su apartado sección longitudinal y transversal, incluyendo una mención a la simetría y regularidad de la forma.

Forma de la cara. En su apartado curvatura de la cara, en particular para las caras activas de manos

Sección de la oquedad. Se debe mencionar, además, su simetría

Curvatura de la oquedad

Profundidad máxima de la oquedad

3) Mantenimiento y Administración del Desgaste. El mantenimiento implica cambios en la forma pero no en la función de la pieza. Está dirigido a extender la vida útil de artefactos eficientes o, puntualmente, de sus zonas activas. Por su parte, las técnicas de administración del desgaste promueven la conservación y aprovechamiento intensivo de artefactos confortables ya formatizados que presentan importante desgaste por uso (Adams 1993a), que no implican

la re-manufactura de las zonas activas. Estos aspectos se evidencian a través del registro de (*sensu* Babot 2004):

Técnicas de manufactura. En su apartado, Técnicas de mantenimiento, se refiere a la presencia/ausencia de este proceso y al tipo de técnica y procedimiento tecnológico involucrado, con mención a la situación de los mismos en cada parte segmentada de la pieza. Para los artefactos pasivos, este punto se refiere a la generación de una oquedad dentro de otra, de una inflexión en la oquedad -que implica un reemplazo de mano-, o de la colocación de tacos o piedras en el fondo de oquedades muy profundas. Para los artefactos activos y pasivos, se refiere al repicado de las zonas activas.

Presencia/ausencia de técnicas para la administración del desgaste (*sensu* Adams 1996b). La administración del desgaste tiene lugar mediante la generación de nuevas superficies de molienda sobre una misma forma base, o bien, mediante cambios en las pendientes de las zonas activas. Esto último puede involucrar distintos tipos de rotación: vertical (de una cara para otra nueva) u horizontal de 90° ó 180° (variando la orientación de la misma cara que se mantiene en uso), principalmente en los artefactos activos y, menos frecuentemente, en los pasivos. Este concepto implica la observación de la pieza completa.

Número de caras activas y posición relativa de las mismas
Número de oquedades

4) Emplazamiento y Abandono. Otros elementos de la morfología y disposición de los artefactos en los sitios que implican un interés en la duración y regularidad de uso son (*sensu* Babot 2004):

Posición de hallazgo. La forma de depositación del artefacto puede indicar un comportamiento de "guardado" con previsión a un uso próximo.

Características del descarte. Corresponde a qué clase de residuo constituyen los artefactos dentro del sitio (*sensu* Schiffer 1987).

Portabilidad. Se refiere en general a la posibilidad y/o conveniencia de transporte de los artefactos, determinada principalmente por su peso, volumen, forma y situación en el espacio. De este modo, los artefactos fijos o inmuebles delimitan áreas de actividad permanentes y, por lo tanto, constituyen modificaciones en el espacio destinadas a perdurar con el tiempo.

Duración de la Ocupación

Además de los aspectos y variables discutidos en el apartado anterior, los cuales pueden ser tomados a la vez como indicadores de duración de la ocupación y su regularidad, el tiempo total de una visita y el tiempo completo de uso de los sitios pueden hacerse accesibles mediante la evaluación de otros casos de *reutilización* (en sus variantes diferentes al mantenimiento) y/o de *reclamación de los artefactos* (*sensu* Schiffer 1987). Las modalidades de reutilización a las que se hace referencia en este punto implican: un cambio en el usuario (*lateral cycling)*, particularmente el que ocurre con el tiempo a través del traspaso generacional; en el uso y la forma (reciclaje) o sólo en el uso (uso secundario de bienes agotados, puntualmente) de un artefacto. Estos cambios ocurren antes del descarte definitivo de tal artefacto, siendo el reciclaje el mecanismo más visible en el registro arqueológico. Por su parte, la reclamación alude a la vuelta al uso de artefactos descartados en ocupaciones anteriores, tal como ocurre entre visitas a un sitio o entre ocupaciones no conectadas del mismo (*ibid.*), y no siempre es posible diferenciarla de los casos mencionados de reutilización.

Este tipo de prácticas es esperable en estancias prolongadas dentro de un sitio, y/o en emplazamientos con reocupaciones continuas o interrumpidas en el largo o mediano plazo, dado que los instrumentos abandonados o agotados para una tarea dada sirven como materia prima para la manufactura de otros, o para ser empleados sin re-manufactura en funciones diferentes a las originales.

Tales situaciones podrían ser mejor evaluadas puntualmente mediante el registro de la *reutilización* -específicamente, reciclaje- *y/o reclamación de artefactos agotados o con fuerte desgaste*. En cambio, los implementos usados de manera oportunística no se presentan como buenos indicadores de este comportamiento, dado que pueden cambiar de identidad en un tiempo relativamente breve, independientemente del tipo de ocupación de los sitios en los que son descartados, puesto que no existe un interés especial en conservarlos con su identidad inicial de moledores.

Dentro de este grupo de comportamientos que tienden a la preservación de los artefactos como soportes, pueden incluirse, asimismo: a) la generación de nuevas superficies de molienda con diferente función primaria (*sensu* Aschero 1975) que se desarrollan sobre una misma forma base -por ejemplo, una superficie de mano de molino más una superficie de mano de mortero- y b) el cambio completo de identidad bajo la forma de clases artefactuales no emparentadas, tales como percutores, yunques o piedras de fogón o de muro.

Tres variables permiten el registro de estas situaciones (*sensu* Babot 2004):

Número de grupos tipológicos distintos presentes en la misma pieza
Tipo de artefacto según el número y función de las zonas activas. Corresponde a su calificación como simple, doble, múltiple o compuesto (*sensu* Aschero 1975).
Uso general de la pieza completa. Se refiere al destino de la pieza completa durante el uso y el descarte (sobre la base de Adams 1996b) -no utilizada, usada sin mantenimiento ni reciclaje, mantenida, usada sin mantenimiento con reciclaje, reciclada, destruida o inutilizada, con usos alternativos-. Incluye una mención a si el artefacto se encuentra agotado o presenta remanente de vida útil.

ANTOFAGASTA DE LA SIERRA COMO CASO DE ESTUDIO

Desde la perspectiva metodológica enunciada precedentemente se abordan conjuntos de artefactos de molienda procedentes de varias ocupaciones localizadas en Antofagasta de la Sierra, dentro de la Puna salada o meridional del Noroeste argentino (Figura 1). Las mismas se ubican entre los *ca.* 6500-1100 años A.P. (Tabla 1).

Se exploran las variantes registradas en las estrategias de manufactura, emplazamiento, uso y descarte de las piedras de moler, en su vinculación con cambios en las pautas de

movilidad/asentamiento que han sido propuestas para la zona en dicho lapso, dentro de una tendencia general hacia un paulatino incremento del sedentarismo a lo largo de todo el Holoceno (Pintar 1996). Las mismas se agrupan en tres momentos: *ca.* 6500-4770 años A.P., *ca.* 4770-3200 años A.P. y *ca.* 2000-1100 años A.P.

Se ha propuesto que entre los 8000-4000 años A.P. ocurre un repliegue de las ocupaciones cazadoras-recolectoras a sitios con disponibilidad permanente de agua y pasturas dentro del área, tales como Quebrada Seca 3 (QS3) o Cueva Salamanca 1 (CSa1), los que habrían actuado como concentradores de recursos (Aschero 2000; Pintar 1996). Entre los 5500-5000 y los 3500-3000 años A.P. tiene lugar un proceso de transición hacia formas productivas, vinculado con la domesticación de camélidos, el surgimiento de la llama (*Lama glama*) y el inicio de las prácticas pastoriles (Aschero 2000; Elkin 1996; Hocsman 2002; Olivera 1997, 1998). Por entonces, las ocupaciones de los sitios Punta de la Peña 4 (PP4), Peñas Chicas 1.1 (PCh1.1), Peñas Chicas 1.3-alero bajo roca (PCh1.3-alero) y niveles superiores de QS3, muestran indicios de una reducción en la movilidad residencial incluyendo un uso reiterado del espacio. Esta situación se asociaría a incrementos en la territorialidad, en el intercambio a larga distancia y en la densidad poblacional (Aschero 2000; Hocsman 2002, 2006).

El momento pastoril-agrícola más temprano de Antofagasta de la Sierra está representado por los niveles inferiores del sitio Casa Chávez Montículos -*ca.* 2400-2100 años A.P.- (Olivera 1992). Con posterioridad a *ca.* 2000 años A.P. los asentamientos son más numerosos e incluyen ocupaciones en diversos sectores, tales como Punta de la Peña 9.I, 9.II y 9.III (PP9.I, PP9.II y PP9.III), y algunos episodios en PP4 (Aschero 1999; Babot 2004; Babot *et al.* 2006; Escola 2000; López Campeny 2001; Olivera 2001; Podestá 1986-87). Más tardíamente se registran ocupaciones en PP9.III, El Sembrado-alero (ES-alero) y Peñas Chicas 1.3 (PCh1.3), entre otros (Babot 2004; Cohen 2005; Hocsman 2006; López Campeny 2001). Los sistemas de asentamiento a los que se vinculan estos sitios conservarían aún un importante dinamismo, conectando localidades de ocupación permanente con otras de residencia transitoria y de funcionalidad específica en zonas de producción, caza y/o recolección (Aschero 2000; Olivera 2001; Olivera y Palma 1997). Esta situación habría continuado inclusive hasta el momento colonial-moderno (García *et al.* 2000; Olivera 1992).

INDICADORES TECNOLÓGICOS DE MOVILIDAD EN ANTOFAGASTA DE LA SIERRA

Evidencias entre los *ca.* 6500-4770 Años A.P.

Únicamente dos artefactos de molienda corresponden a este lapso (Tabla 1, Figura 2). Uno de ellos procede de QS3, un sitio de actividades específicas para este momento, con baja regularidad/anticipación de ocupación y ocupaciones más bien de tipo efímeras. El otro, corresponde a CSa1, una base operativa con registro de actividades múltiples, asociado a un posible incremento en la regularidad/anticipación de la ocupación, y ocupaciones más duraderas (Pintar 2004a, 2004b).

Figura 1. Ubicación de los sitios arqueológicos mencionados en el trabajo

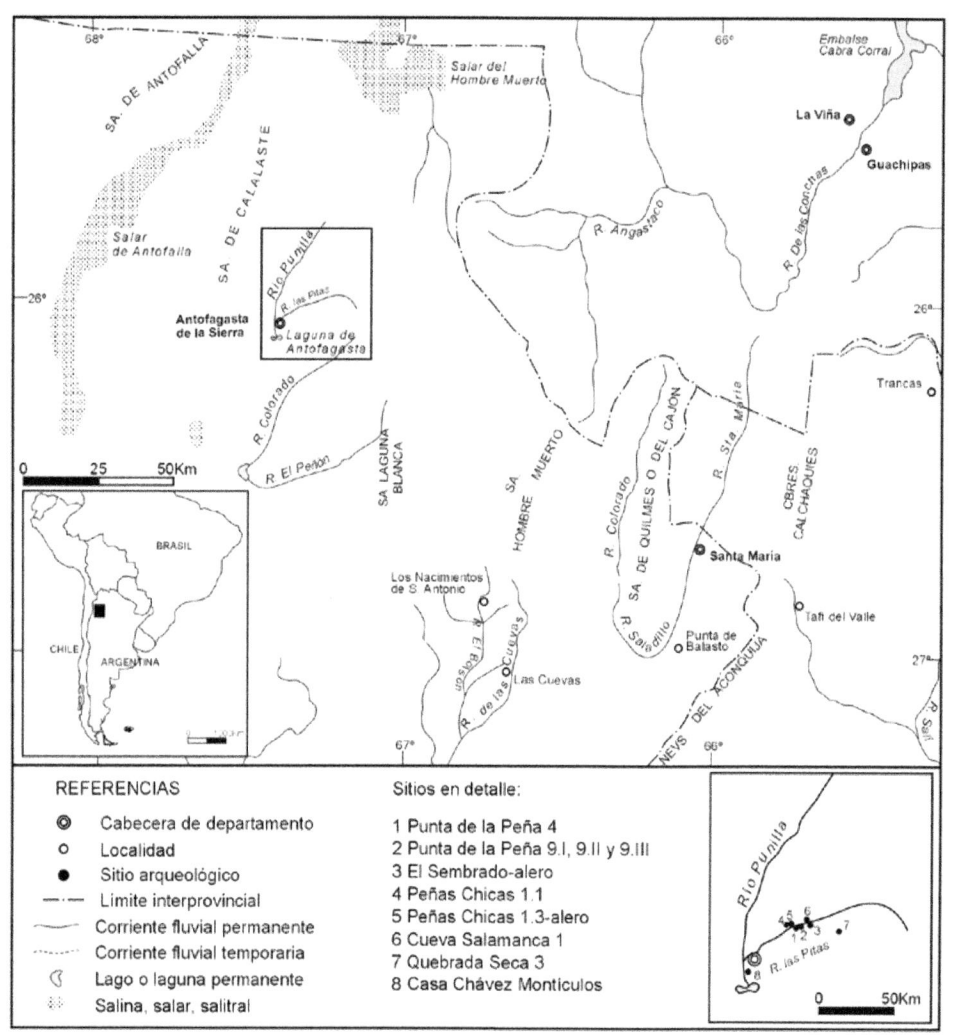

Momento	Sitio	Ocupación	Descripción	Nº art. Estado	Cronología	Referencias
ca. 6500-4770 A.P.	CSa 1	Nivel 3	Ocupación de tipo "base operativa"	1 (E)	Entre 6250±70 - 7500±60 A.P.	Pintar 2004a, 2004b
	QS3	Capa 2b(9)	"Estación de caza" con ocupaciones efímeras	1 (F)	*ca.* 6100 A.P.	Aschero 1999; Aschero *et al.* 1991; Pintar 1996
ca. 4770-3200 A.P.	QS3	Capa 2b(3)	Ocupación de tipo "puesto" con reocupaciones periódicas	1 (F)	4770±80 A.P.	Aschero *et al.* 1991
	QS3	Capa 2b(2)	Ocupación de tipo "puesto" con reocupaciones periódicas	1 (E)	4510±100 A.P.	Aschero *et al.* 1991
	PP4	Capa 5(5)	Ocupación de tipo "base residencial"	1 (E)	4100-3200 A.P.	Aschero 1999; Pintar 1996
	PP4	Capa 5(4)	Ocupación de tipo "base residencial"	1 (F)	4100-3200 A.P.	Aschero 1999; Pintar 1996
	PCh1.1	Extracción 4	Ocupación de tipo "base residencial"	1 (E), 1 (F)	3660±60 A.P.	Pintar 1996
	PCh1.3-alero	Nivel 7	Ocupación de tipo "base residencial"	1 (F)	3670±60 A.P.	Hocsman 2006
	PCh1.3-alero	Nivel 4	Ocupación de tipo "base residencial"	1 (F)	3490±60 A.P.	Hocsman 2006
ca. 2000 - 1100 A.P.	PP9.I	Superficie	Ocupación de tipo "base residencial"	5 (E), 19 (F)	1430±60 – 1100 A.P.	Babot 2004; Babot *et al.* 2006
	PP9.II	Superficie	Área de molienda vinculada a "base residencial"	2 (E), 7(E)[1]	Parcialmente posterior 2000 A.P.	Babot 2004; Babot *et al.* 2006
	PP9.III	Superficie	Ocupación de tipo "base residencial"	8 (E)[2]	Parcialmente posterior 2000 A.P.	López Campeny 2001, 2004

Tabla 1. Procedencia de la muestra de artefactos de molienda analizada

Notas: (E): Entero; (F): Fracturado; [1]: corresponde al número de oquedades manufacturadas sobre una misma forma base fija; [2]: corresponde al número de oquedades manufacturadas sobre 3 formas base fijas

30

Figura 2. Manos de molino de Cueva Salamanca 1 y Quebrada Seca 3 (Antofagasta de la Sierra, Catamarca)

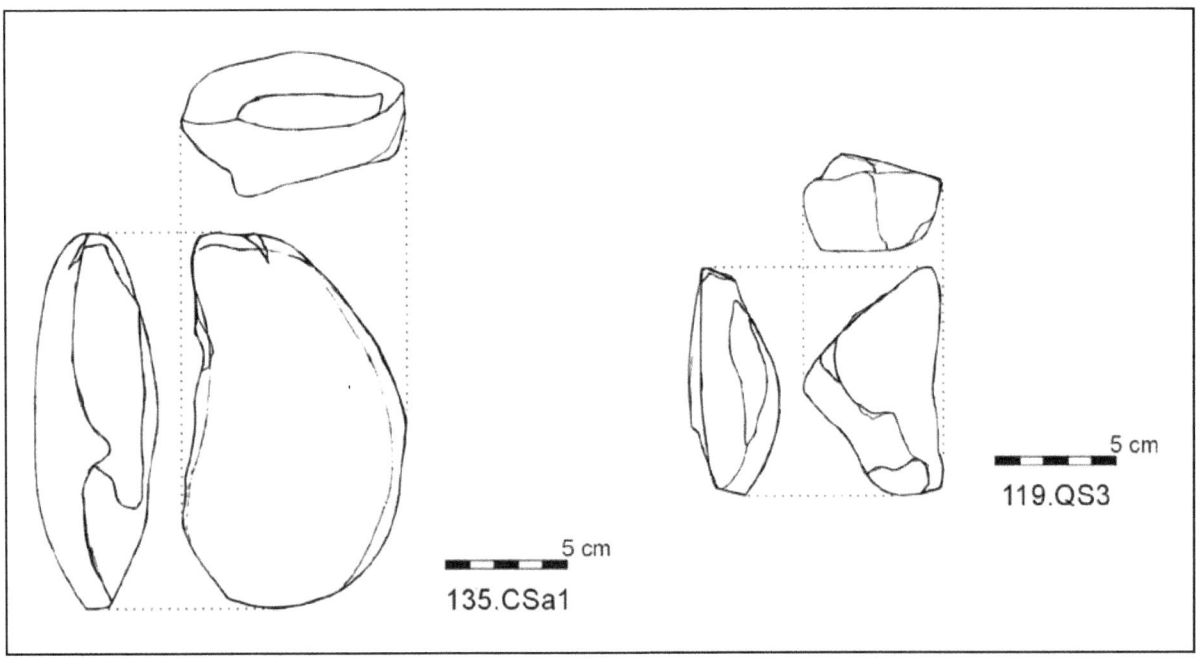

5 cm

119.QS3

5 cm

135.CSa1

Figura 3. Manos de molino de Quebrada Seca 3 y Peñas Chicas 1.1 (Antofagasta de la Sierra, Catamarca)

5 cm

15.QS3

5 cm

41.QS3

5 cm

13.PCh1.1

31

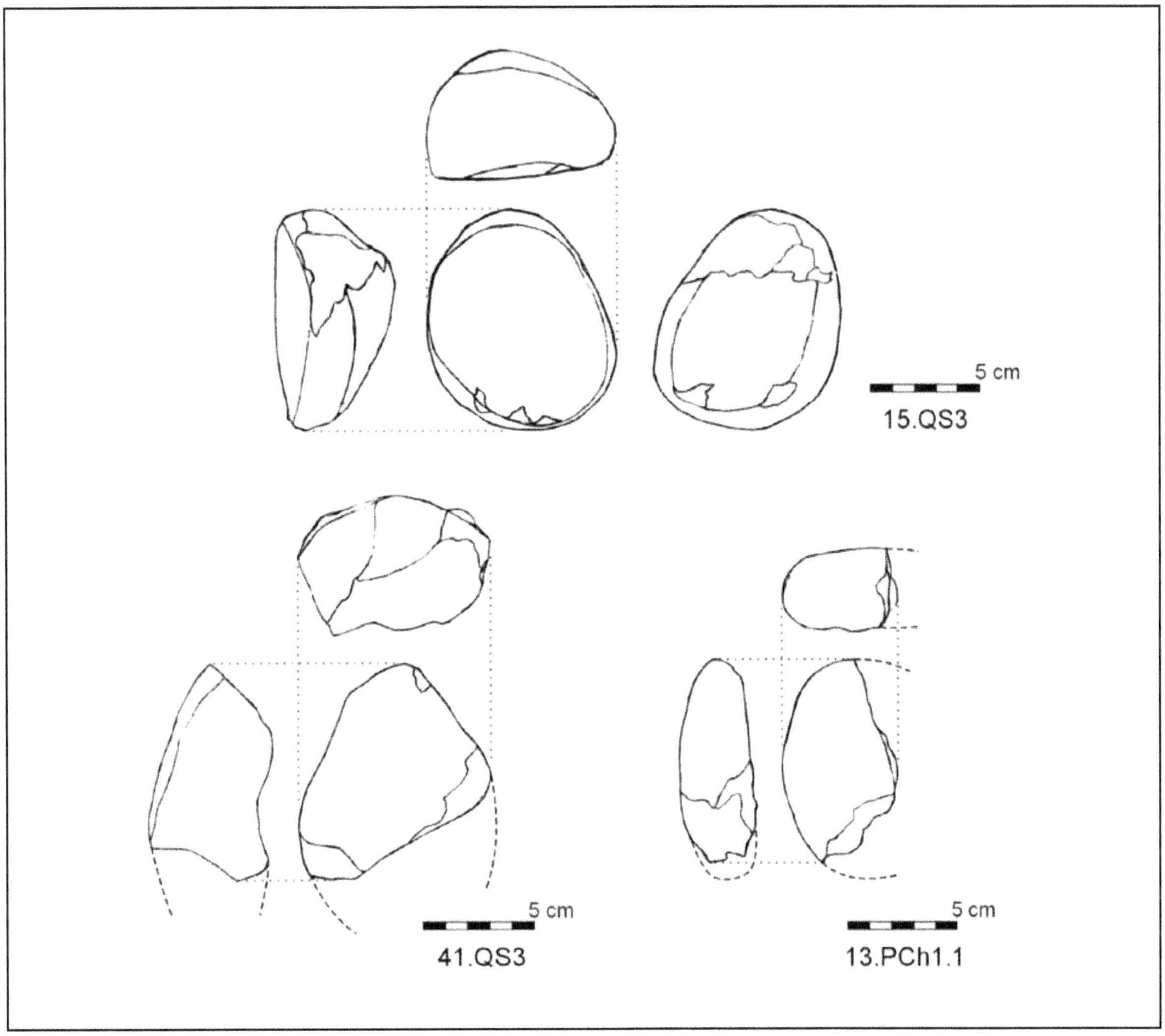

Figura 4. Arriba, mano de molino y mortero; abajo, fragmento de molino de Punta de la Peña 4 (Antofagasta de la Sierra, Catamarca)

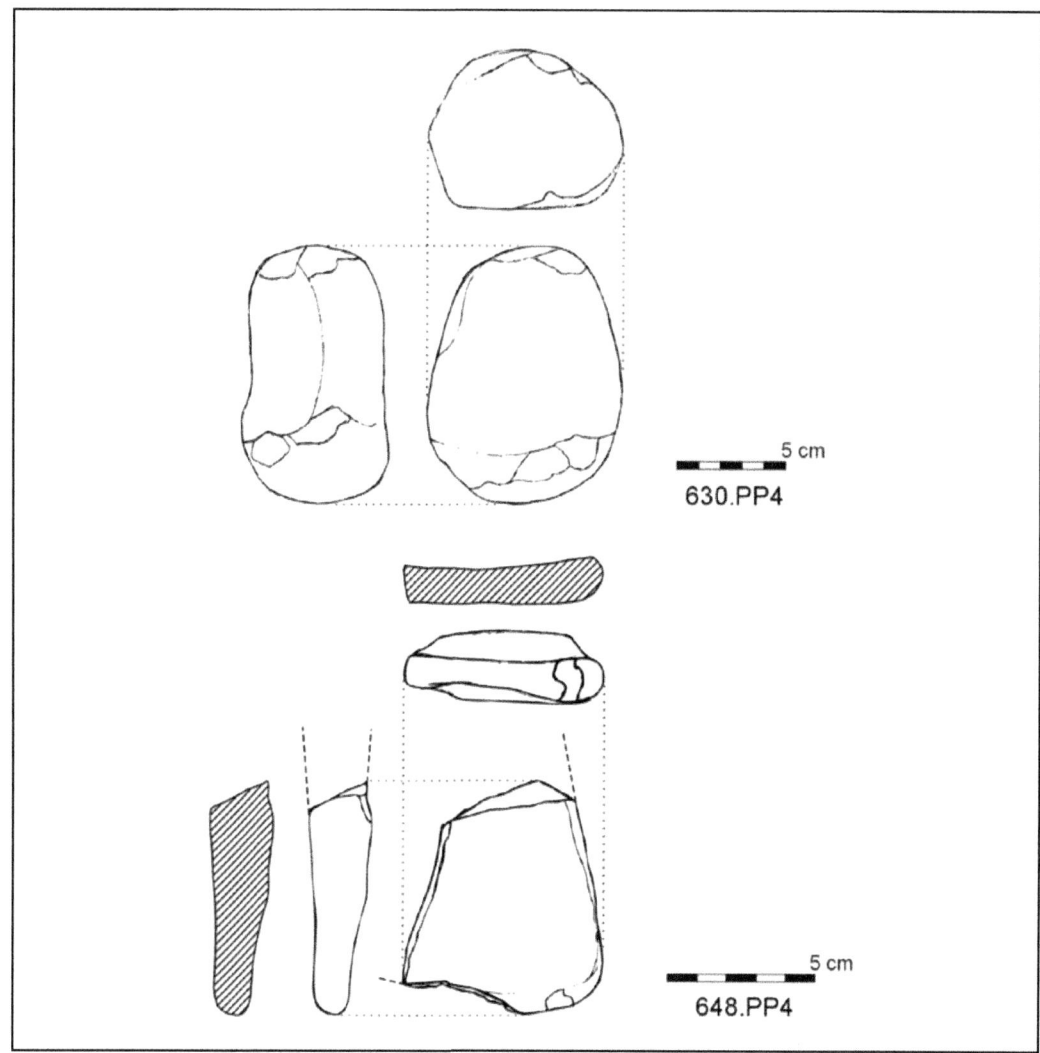

Ambos artefactos carecen de manufactura y de técnicas de mantenimiento y administración del desgaste que pudieran estar destinadas a su perduración. No presentan estandarización en materia prima, morfología o uso. Tampoco registran aspectos que indiquen una búsqueda notoria de eficiencia en los atributos naturales de los rodados e, incluso, las rocas seleccionadas son poco abrasivas.

El desgaste por uso varía de leve, en el caso de la mano de QS3, a moderado en la de CSa1. Lo primero puede ser interpretado como resultado de un uso ocasional o imprevisto de tipo breve, seguido de un reciclaje en percutor que habría provocado la ruptura de la pieza. Esta situación es coincidente con la esperada para sitios de actividades específicas (Nelson y Lippmeier 1993).

La mano de CSa1, en cambio, habría sido sometida a un uso más prolongado o intensivo como resultado de una ocupación más duradera, o bien, a empleos reiterados. Esto último sugiere que el artefacto pudo volver a la actividad en sucesivas visitas y ser dejado como residuo *de facto* por la eventualidad de un uso futuro. Este posible "uso reiterado" pudo darse de manera oportunística o casual, dado que no se registra una preparación especial del instrumento. Aún sin el componente notorio de previsión de uso, estas características podrían corresponder a las de sitios con ocupaciones regulares o de cierta anticipación (Nelson y Lippmeier 1993). Evidencias entre los *ca.* 4770-3200 Años A.P.

Las ocupaciones con registro positivo de instrumental de molienda dentro de este lapso se encuadran en circunstancias de reducción de la movilidad residencial respecto de las precedentes, a lo que se suma un uso reiterado del espacio y un acondicionamiento del mismo (Aschero 2000). Todos los sitios analizados corresponden a locaciones de actividades múltiples, con cierta regularidad y anticipación de las ocupaciones, siendo éstas moderadamente prolongadas.

Los artefactos de molienda de este lapso (Tabla 1, Figuras 3 y 4) tampoco se encuentran estandarizados. Sin embargo, presentan dos importantes elementos que mejoran su eficiencia: materias primas abrasivas, aptas para la molienda, y una importante inversión en la manufactura de zonas activas y/o de prensión, lo cual acentúa la abrasividad y facilita la retención en las manos del operador.

La ocurrencia de sesiones de molienda prolongadas o reiteradas se evidencia en casos que registran técnicas de mantenimiento y administración del desgaste, siendo éste de moderado a importante.

A nuestro juicio, estos instrumentos se encontraban equipando los sitios con la intención de su utilización periódica, inclusive, hasta el momento mismo del descarte de la mayor parte de ellos como residuos *de facto*. Es en ese sentido que fueron producidos sobre materias primas de calidad como piezas eficientes y mantenidos entre usos a lo largo del tiempo. Todos estos elementos coinciden con lo esperado para sitios con ocupaciones recurrentes y anticipadas (Nelson y Lippmeier 1993).

Evidencias entre los *ca.* 2000-1100 Años A.P.

Este rango temporal se enmarca en el momento agropastoril pleno en Antofagasta de la Sierra. Los sitios analizados constituyen tres sectores de una base residencial con regularidad-anticipación de uso y recurrencia en sus ocupaciones, la cual podría haber actuado como un lugar de residencia interrumpida por momentos de abandono (Babot *et al.* 2006; López Campeny 2004). Dos de los sectores (PP9.I y PP9.III) presentan registro de actividades múltiples,

y el tercero (PP9.II) corresponde a un *locus* de molienda con presencia de arte rupestre (Tabla 1). Carecemos de información comparativa procedente de sitios contemporáneos de ocupación permanente y otros de funcionalidad específica.

Las características de los conjuntos de molienda procedentes de estos emplazamientos (Figuras 5 a 8) sugieren su concepción, mantenimiento, uso y descarte planificados o programados. Los mismos debieron comportarse como equipamiento permanente del sitio con el fin de un uso recurrente en el marco de estrategias de movilidad residencial reducida (Olivera 1992).

Figura 5. Manos de molino de Punta de la Peña 9.I (Antofagasta de la Sierra, Catamarca)

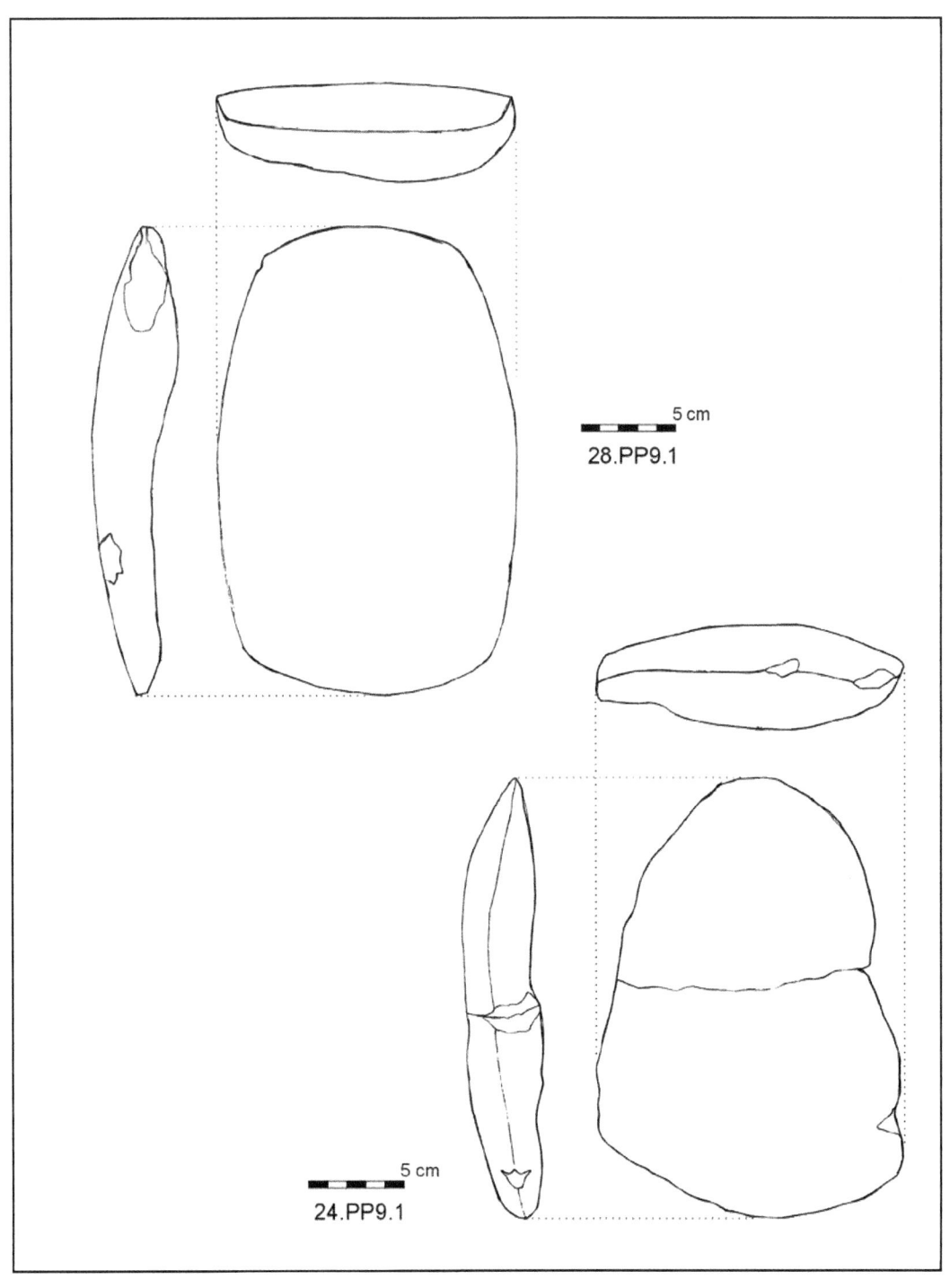

33

Figura 6. Manos de mortero de Punta de la Peña 9.I (Antofagasta de la Sierra, Catamarca)

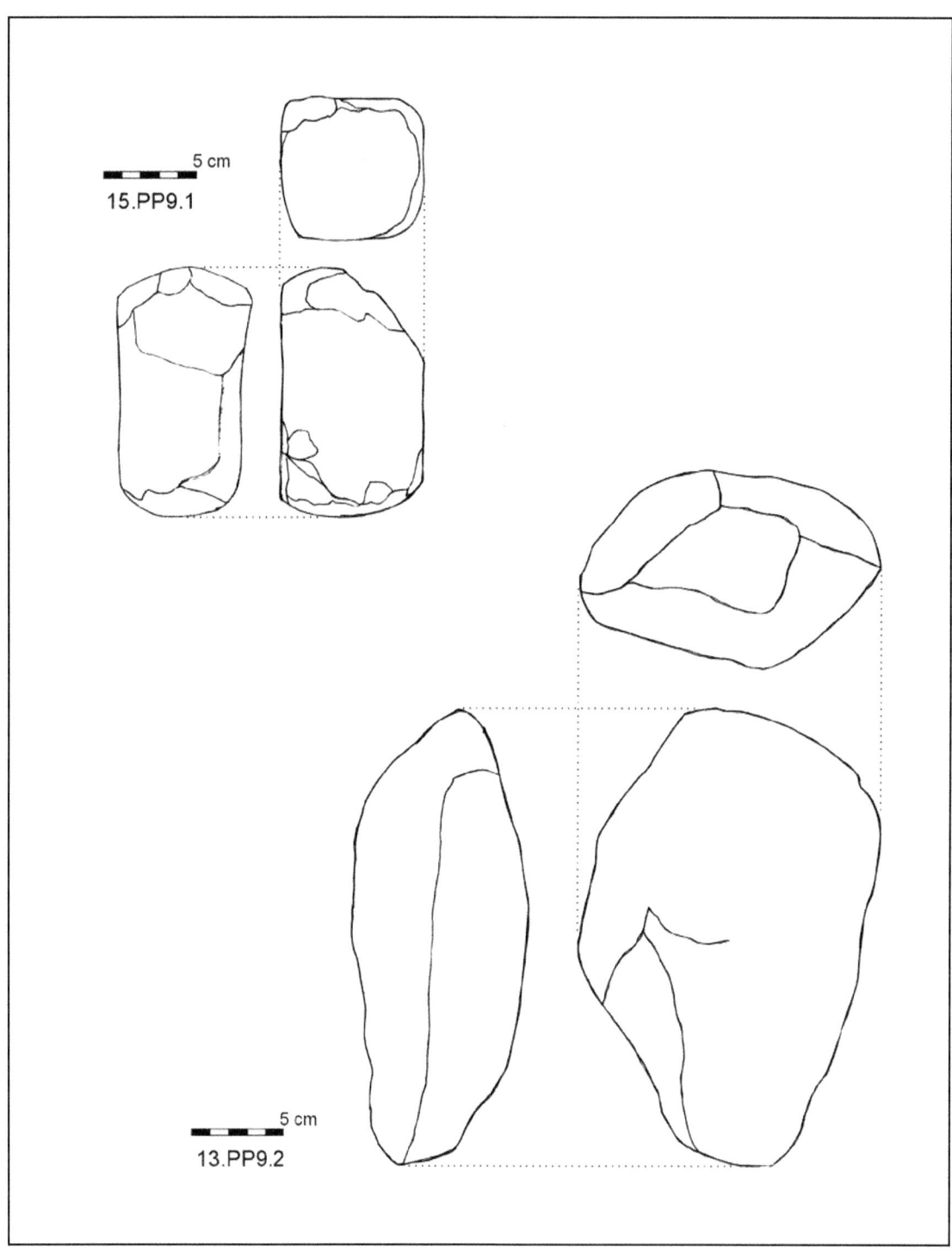

La diversidad morfológica de los artefactos se encuadra perfectamente en la circunstancia del descarte de diferentes piezas en distintos momentos de su vida útil (Flannery 1986; Nelson y Lippmeier 1993; Wright 1994). Esta diversidad resultante del uso, el mantenimiento y la administración del desgaste, enmascara la búsqueda de estandarización de ciertos parámetros -por ejemplo, elementos de la materia prima, dimensiones, atributos morfológicos de la oquedad, modo de acción, etc.- que tuvo lugar al momento de su producción. Atendiendo a la historia de vida de estas piezas es posible encuadrarlas dentro del concepto de *tipos morfológicos básicos y transformados*, los cuales se encuentran ligados entre sí por relaciones de transformación -mantenimiento y uso- (Aschero 1988).

Las únicas situaciones de reciclaje registradas se restringen a: a) un pico sobre un fragmento de molino y, b) un *chopping tool* sobre fragmento de mano de molino doble (*sensu* Aschero 1975). Ambos artefactos se recuperaron como residuos secundarios.

Al conjunto de rocas empleado en el momento anterior, se suman otras dos clases de excelente calidad para la manufactura de artefactos de molienda, que implican un costo de abastecimiento mayor. Además de estos aspectos de la selección de materias primas, se registra una importante inversión en la manufactura de más del 80% de los artefactos. Dicho proceso se extiende a una parte importante de la pieza a modo de regularización -zonas activas, de prensión, neutras, de apoyo y rasgos morfológicos

34

complementarios-, combinando más de una técnica. Este conjunto de modificaciones está destinado a potenciar los atributos naturales de las materias primas y formas base de abrasión, confort para la prensión y retención del producto molido, mejorando notablemente la *eficiencia de uso* de los artefactos y contribuyendo a la *intensidad de molienda* (Babot 2006).

La recurrencia en la utilización de técnicas para el mantenimiento de las superficies activas y la administración del desgaste en artefactos de los cuatro grupos tipológicos con importante desgaste por uso, se vincula claramente con la preservación de instrumentos confortables y/o ya manufacturados en situaciones de molienda intensa y frecuente (Adams 1993a). Este comportamiento sería el responsable de una parte importante de los artefactos fracturados, cuya ruptura habría ocurrido durante el repicado de zonas activas (al menos, 2 molinos y 7 manos de molino). El interés en el mantenimiento de piezas completas es notorio a través de la implementación de diferentes clases de rotaciones, por ejemplo, en las manos de molino: a) rotación vertical de 180° de la pieza, b) rotación vertical de 180° más rotación horizontal de 90°, c) rotación vertical de 180° más rotación horizontal de 180°, d) rotación horizontal de 90°, seguida de una posterior rotación vertical de 180°, e) rotación horizontal de 90°, y f) rotación horizontal de 90°, seguida de una rotación vertical de 180° y de una posterior rotación horizontal de 180°.

Figura 7. Fragmentos de molinos de Punta de la Peña 9.I (Antofagasta de la Sierra, Catamarca)

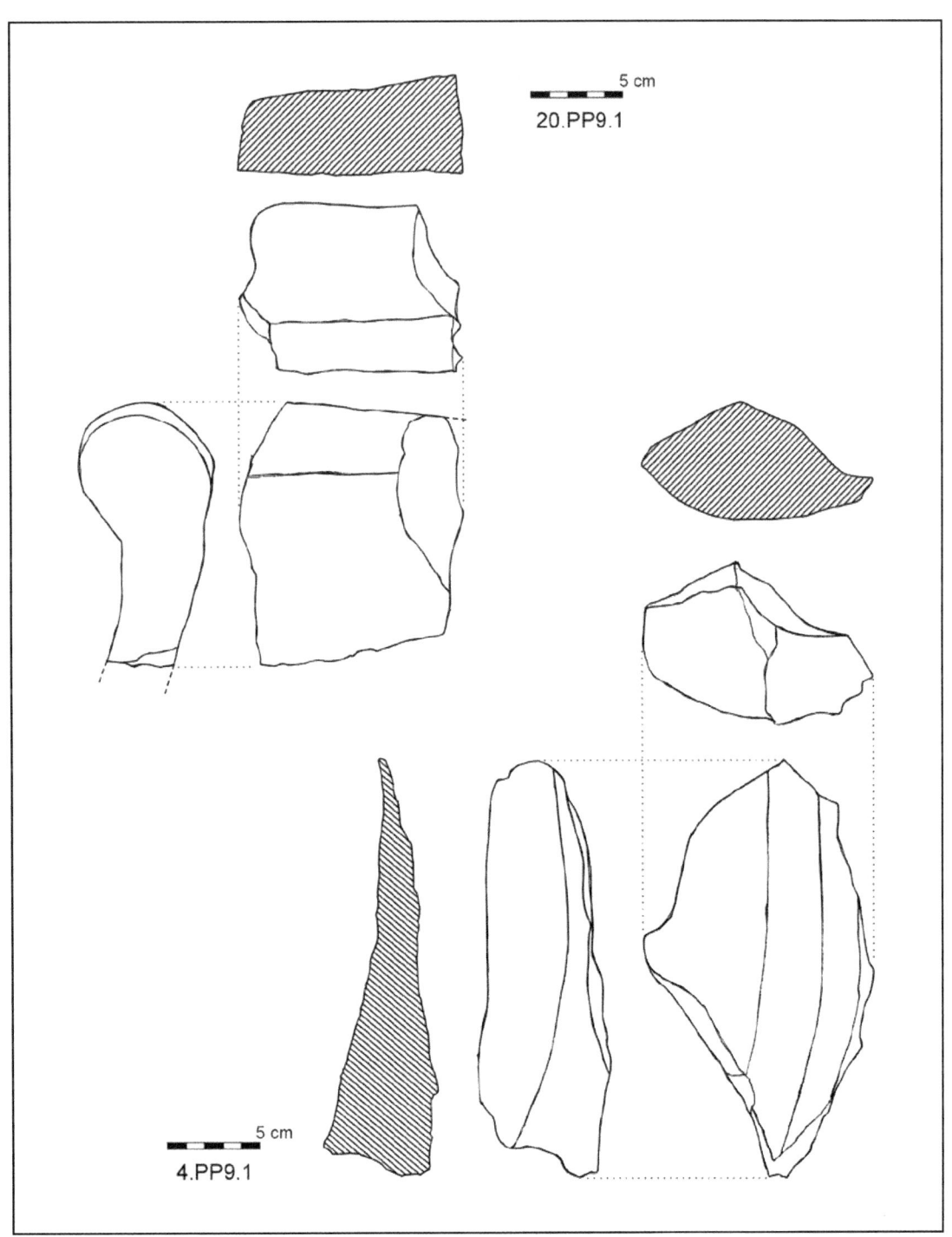

Figura 8. Fragmentos de molinos de Punta de la Peña 9.I; arriba, se observa reciclaje en pico (Antofagasta de la Sierra, Catamarca)

35

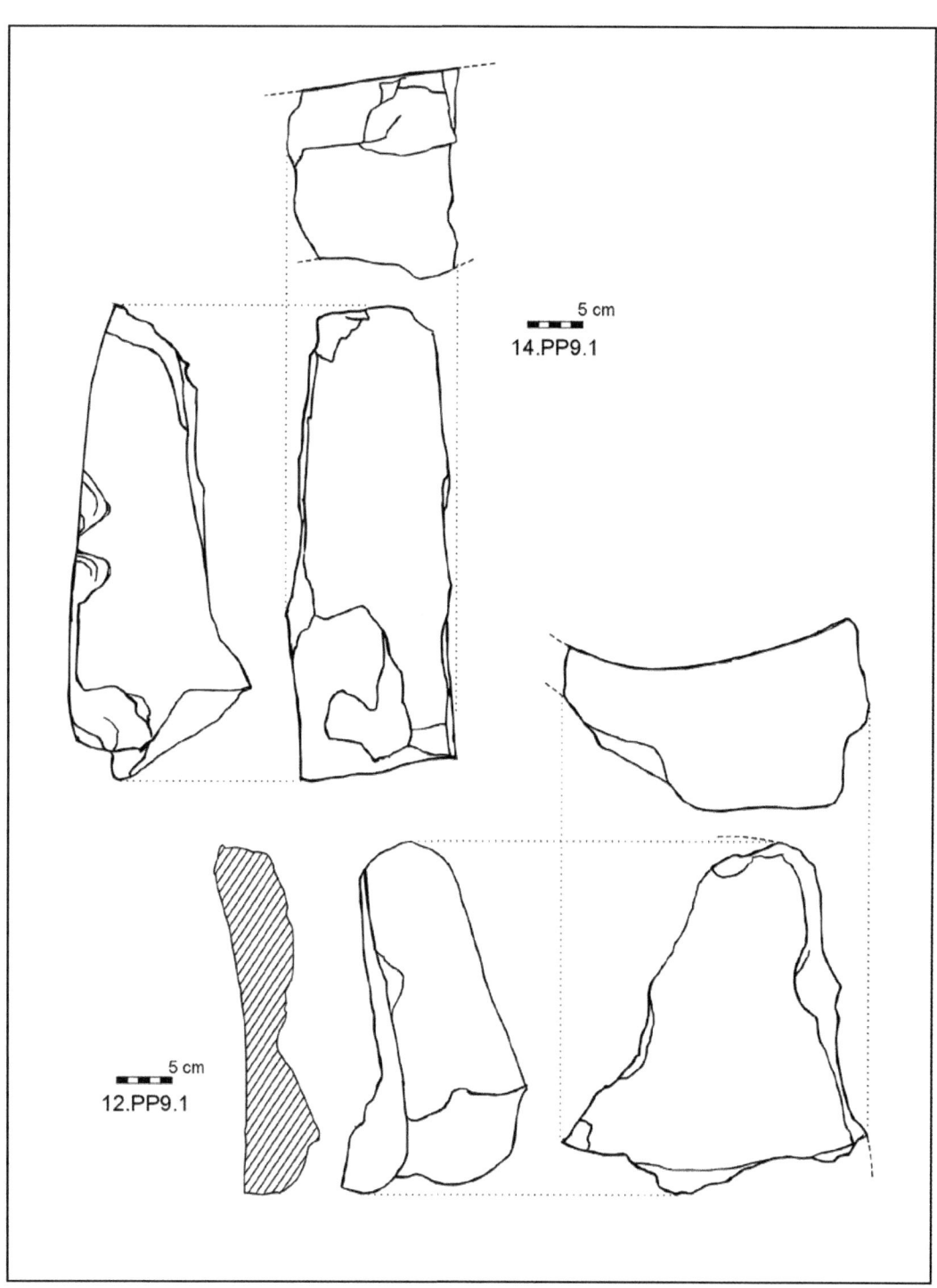

Un último elemento que interesa destacar es la construcción de "espacios de molienda", mediante la selección de formas base fijas para la manufactura de morteros y la ocupación permanente de ciertos sectores de los recintos domésticos.

Esto constituye una estrategia de preparación para un uso prolongado o recurrente y anticipado. Es también ilustrativo de esto último, el caso de PP9.II en el que pudieron registrarse en posición de uso dos manos compatibles con sendas oquedades de mortero.

CONCLUSIONES

En este trabajo se han abordado las características del instrumental de molienda que pueden ser tomadas como indicadores de variantes en la organización de los asentamientos. Se ha puesto énfasis en atributos morfológicos, de emplazamiento, uso y descarte de las piedras de moler que podrían ser particularmente sensibles a variaciones en la regularidad-anticipación y duración del uso de los sitios.

El análisis de casos de Antofagasta de la Sierra, en el Noroeste de Argentina, a lo largo de, aproximadamente, 5400 años de ocupación, ha permitido vincular la tecnología de molienda con una progresiva reducción de la movilidad residencial en el área. El tamaño acotado de la muestra artefactual y la similitud de la funcionalidad y rango de uso de los sitios analizados, han redundado en el registro de decisiones tecnológicas similares en todo el lapso en estudio. Asimismo, cuatro opciones dirigidas a la búsqueda de una relativa eficiencia que son recurrentes en toda la secuencia, han exigido un estudio de detalle para reconocer la magnitud del cambio tecnológico; éstas tienen que ver con los modos de acción implementados y la selección de atributos que se presentan naturalmente, aunque en distinto grado, en la mayor parte de las materias primas y formas base seleccionadas (Babot 2004, 2006). Sin embargo, ha sido posible establecer particularidades que corresponden a cada uno de los lapsos que se han planteado en el trabajo.

En primer lugar, se aprecia un uso acotado y de tipo oportunístico del instrumental de molienda en las ocupaciones de cazadores-recolectores más tempranas analizadas. Esto coincide con un momento de una aún considerable movilidad residencial. En segundo lugar, se ha puesto en evidencia la intencionalidad de equipar los sitios con artefactos moderadamente eficientes, dentro del lapso *ca.* 4700-3200 años A.P., para el cual se hace notoria la redundancia de las ocupaciones de ciertos espacios y la reducción de la movilidad residencial. Esto se encuadra en el momento de cambio hacia una economía productora. Finalmente, la duración de las ocupaciones, su regularidad y reiteración en el corto-mediano plazo se manifiesta claramente en la conformación de los conjuntos de molienda posteriores a *ca.* 2000 años A.P. Los mismos muestran importantes desgastes por uso y el logro de una mayor eficiencia.

Además de las aludidas modificaciones en la movilidad residencial, diversos factores que caracterizan a la historia ocupacional de Antofagasta de la Sierra parecen haber influido en las modificaciones del instrumental de molienda. Se aprecia una búsqueda notoria y gradual de la eficiencia de los artefactos, así como su intensidad de uso (*sensu* Adams 1996b), lo cual puede calificarse como una tendencia hacia la intensificación de la práctica de molienda (Babot 2006). Esto habría constituido una respuesta tecnológica a múltiples condicionantes, tales como situaciones de riesgo de subsistencia y/o de trabajo o mano de obra (*sensu* Escola 1996); una mayor dependencia hacia los recursos de moler, en especial recursos vegetales de almacenamiento; un incremento en la densidad ocupacional y modificaciones en la organización de las actividades, en el marco del surgimiento y consolidación de economías productoras.

AGRADECIMIENTOS

A Lizzie Pintar, C. Aschero y S. Hocsman por facilitarme parte de los artefactos que se analizaron; a Luis G. Babot por el tratamiento de las imágenes. Este trabajo se desarrolló en el marco de los proyectos PIP-CONICET N° 3041, FONCYT PICT 9888 y CIUNT G205 dirigidos por C. Aschero.

BIBLIOGRAFÍA

Adams, J. L.
1988 Use-wear Analyses on Manos and Hide-Processing Stones. *Journal of Field Archaeology* 15: 307-315.
1993a Toward Understanding the Technological Development of Manos and Metates. *Kiva* 58 (3): 331-334.
1993b Mechanisms of Wear on Ground Stone Surfaces. *Pacific Coast Archaeological Quarterly* 29 (4): 61-74.
1996a Ground Stone Artifacts. En: *Archaeological Investigations of Early Village Sites in the Middle Santa Cruz Valley*, editado por J. B. Mabry, Parte I, pp. 357-422. Anthropological Papers 19, Center for Desert Archaeology, Tucson.
1996b *Manual for a Technological Approach to Ground Stone Analysis*. Center for Desert Archaeology, Tucson.
1999 Refocusing the Role of Food-Grinding Tools as Correlates for Subsistence Strategies in the U.S. Southwest. *American Antiquity* 64 (3): 475-498.

Aschero, C. A.
1975 *Ensayo Para una Clasificación Morfológica de Artefactos Líticos Aplicada a Estudios Tipológicos Comparativos*. Informe al CONICET, Buenos Aires. Inédito.
1983 *Ensayo Para una Clasificación Morfológica de Artefactos Líticos. Apéndices A - C*. Cátedra de Ergología y Tecnología, Universidad de Buenos Aires. Inédito.
1988 De Punta a Punta: Producción, Mantenimiento y Diseño en Puntas de Proyectil Precerámicas de la Puna Argentina. *Precirculados de las Ponencias Científicas presentadas a los Simposios del IX Congreso Nacional de Arqueología Argentina*, pp. 219-229. Buenos Aires.
1999 El Arte Rupestre del Desierto Puneño y el Noroeste Argentino. En: *Arte Rupestre en los Andes de Capricornio*, pp. 97-135. Museo Chileno de Arte Precolombino, Santiago de Chile.
2000 El Poblamiento del Territorio. En: *Nueva Historia Argentina. Los Pueblos Originarios y la Conquista*, dirigido por M. N. Tarragó, Tomo I, pp. 17-59. Editorial Sudamericana, Buenos Aires.

Aschero, C. A., D. Elkin y E. L. Pintar
1991 Aprovechamiento de Recursos Faunísticos y Producción Lítica en el Precerámico Tardío. Un Caso de Estudio: Quebrada Seca 3 (Puna Meridional Argentina). *Actas del XI Congreso de Arqueología de Chile*, Tomo II, pp. 101-114. Sociedad Chilena de Antropología, Santiago de Chile.

Aschero, C. A. y S. Hocsman
2004 Revisando Cuestiones Tipológicas en Torno a la Clasificación de Artefactos Bifaciales. En: *Temas de Arqueología. Análisis Lítico*, compilado por A. Acosta, D. Loponte y M. Ramos, pp. 7-25. Buenos Aires.

Babot, M. del P.
2004 *Tecnología y Utilización de Artefactos de Molienda en el Noroeste Prehispánico*. Tesis de Doctorado en Arqueología, Facultad de Ciencias Naturales e Instituto Miguel Lillo, Universidad Nacional de Tucumán. Inédita.
2006 El Papel de la Molienda en la Transición Hacia la Producción Agropastoril: un Análisis Desde la Puna Meridional Argentina. *Estudios Atacameños* 32. En prensa.

Babot, M. del P.; C. A. Aschero; S. Hocsman; M. C. Haros; L. G. González Baroni y S. Urquiza
2006 Ocupaciones Agropastoriles en los Sectores Intermedios de Antofagasta de la Sierra (Catamarca): Un Análisis desde Punta de la Peña 9.I. *Comechingonia* 9: 57-78.

Babot, M. del P. y P. O. Larrahona
2001 Artefactos de Molienda y Materias Primas en los Valles del Noroeste. *Actas del XIV Congreso Nacional de Arqueología Argentina*. Facultad de Humanidades y Artes, Escuela de Antropología, Universidad Nacional de Rosario. En prensa.

Binford, L. R.

1979 Organization and Formation Processes: Looking at Curated Technologies. *Journal of Anthropological Research* 35: 255-273.

Church, T.

1994 Terms in Lithic Resource Studies: Or, Is this a Lateritic Silcrete or a Ferrunginous Word-Grained Chert? En: *Lithic Resource Studies: A Sourcebook for Archaeologists*. Special Publication N° 3 Lithic Technology, pp. 9-25. Department of Anthropology, University of Tulsa, Tulsa.

Cohen, M. L.

2005 *Entre Guano y Arena... Ocupaciones Recurrentes: Un Caso de Estudio en el Sitio Punta de la Peña 9-III Antofagasta de la Sierra, Catamarca.* Trabajo Final de la Carrera de Arqueología, Facultad de Ciencias Naturales e I.M.L, Universidad Nacional de Tucumán. Inédita.

Cotterell, B. y J. Kamminga

1990 *Mechanics of Pre-Industrial Technology. An Introduction to the Mechanics of Ancient and Traditional Material Culture.* Cambridge University Press, Cambridge.

Diehl, M.

1996 The Intensity of Maize Processing and Production in Upland Mogollon Pithouse Villages A.D. 200-1000. *American Antiquity* 61 (1): 102-115.

Elkin, D. C.

1996 *Arqueozoología de Quebrada Seca 3: Indicadores de Subsistencia Humana Temprana en la Puna Meridional Argentina.* Tesis Doctoral en Filosofía y Letras, Facultad de Filosofía y Letras, Universidad de Buenos Aires. Inédita.

Escola, P. S.

1996 Riesgo e Incertidumbre en Economías Agropastoriles: Consideraciones Teórico-Metodológicas. *Arqueología* 6: 9-24.

2000 *Tecnología Lítica y Sociedades Agropastoriles Tempranas.* Tesis de Doctorado en Filosofía y Letras, Facultad de Filosofía y Letras, Universidad de Buenos Aires. Inédita.

Flannery, K.

1986 Ground-Stone Artifacts. En: *Guilá Naquitz. Archaic Foraging and Early Agriculture in Oaxaca, México*, editado por K. Flannery, pp. 147-156. Academic Press.

García, S. P.; D. S. Rolandi y D. E. Olivera

2000 *Puna e Historia. Antofagasta de la Sierra, Catamarca.* Asociación Amigos del Instituto Nacional de Antropología, Buenos Aires.

Hard, R. J.; R. P. Mauldin y G. R. Raymond

1996 Mano Size, Stable Carbon Isotope Ratios, and Macrobotanical Remains as Multiple Lines of Evidence of Maize Dependence in the American Southwest. *Journal of Archaeological Method and Theory* 3 (4): 253-317.

Hocsman, S.

2002 ¿Cazadores-Recolectores Complejos en la Puna Meridional Argentina? Entrelazando Evidencias del Registro Arqueológico de la Microrregión de Antofagasta de la Sierra

(Catamarca). *Relaciones de la Sociedad Argentina de Antropología* 27: 193-214.

2006 *Producción Lítica, Variabilidad y Cambio en Antofagasta de la Sierra -ca. 5500-2000 AP-.* Tesis de Doctorado en Ciencias Naturales, Facultad de Ciencias Naturales, Universidad Nacional de La Plata. Inédita.

Horsfall, G. A.

1987 Design Theory and Grinding Stones. En: *Lithic Studies Among the Contemporary Highland Maya*, editado por B. Hayden, pp. 332-337. University of Arizona Press, Tucson.

Leroi-Gourhan, A.

1972 *La Prehistoria.* Ediciones Labor, Barcelona.

López Campeny, S. M. L.

2001 *Actividades Domésticas y Organización del Espacio Intrasitio. El Sitio Punta de la Peña 9 (Antofagasta de la Sierra, Prov. de Catamarca).* Trabajo Final de la Carrera de Arqueología, Facultad de Ciencias Naturales e I.M.L, Universidad Nacional de Tucumán. Inédita.

2004 ¿La Casa en Orden? Análisis de Procesos Culturales Vinculados con la Producción y Disposición Espacial de Residuos Arqueológicos. Ponencia presentada en el *XV Congreso Nacional de Arqueología Argentina*, Universidad Nacional de Río Cuarto.

Mauss, M.

1967 *Introducción a la Etnografía.* Ediciones ISTMO, Madrid.

Nelson, M. y H. Lippmeier

1993 Grinding-Tool Design as Conditioned by Land-Use Pattern. *American Antiquity* 58 (2): 286-305.

Olivera, D. E.

1992 *Tecnología y Estrategias de Adaptación en el Formativo (Agro-Alfarero Temprano) de la Puna Meridional Argentina. Un Caso de Estudio: Antofagasta de la Sierra (Pcia. de Catamarca, R.A.).* Tesis de Doctorado en Ciencias Naturales, Facultad de Ciencias Naturales, Universidad Nacional de La Plata. Inédita.

1997 La Importancia del Recurso Camelidae en la Puna de Atacama Entre los 10.000 y 500 Años A.P. *Estudios Atacameños* 14: 29-41.

1998 Cazadores y Pastores Tempranos de la Puna Argentina. En: *Past and Present in Andean Prehistory and Early History. Etnologiska Studier* 42: 153-180.

2001 Sociedades Agropastoriles Tempranas: El Formativo Inferior del Noroeste argentino. En: *Historia Argentina Prehispánica*, dirigido por E. E. Berberián y A. E. Nielsen, Tomo I, pp. 83-125. Editorial Brujas, Córdoba.

Olivera, D. E. y J. R. Palma

1997 Cronología y Registro Arqueológico en el Formativo Temprano en la Región de Humahuaca. *Avances en Arqueología* 3: 77-99.

Paucke, F.

1942-44 *Hacia Allá y Para Acá (Una Estadía Entre los Indios Mocobies, 1749, 1767).* Primera edición completa de la obra en tres tomos. Publicaciones Especiales del Instituto de Antropología V, Departamento de Investigaciones

Regionales, Universidad Nacional de Tucumán - Imprenta y Casa Editora Coni, Buenos Aires.

Pintar, E. L.
1996 *Prehistoric Holocene Adaptations to the Salt Puna of Northwest Argentina*. PhD Dissertation, Southern Methodist University, Dallas. Inédita.
2004a Cueva Salamanca 1: Ocupaciones Humanas en la Puna Sur en el Lapso 7600 a 6200 A.P. Enviado para su publicación en *Actas del XV Congreso Nacional de Arqueología Argentina*, Universidad Nacional de Río Cuarto.
2004b Cueva Salamanca 1: Ocupaciones Altitermales en la Puna Sur. Enviado para su publicación en *Relaciones de la Sociedad Argentina de Antropología*.

Podestá, M. M.
1986-87 Arte Rupestre en Asentamientos de Cazadores-Recolectores y Agro-Alfareros en la Puna Sur Argentina.

Antofagasta de la Sierra, Catamarca. *Relaciones de la Sociedad Argentina de Antropología* 17 (1): 241-263.

Schiffer, M. B.
1987 *Formation Processes of the Archaeological Record*. University of New Mexico Press, Albuquerque.

Spalletti, L.
1984 Revisión sobre el Significado Sedimentológico de Algunas Propiedades Morfométricas, con Especial Referencia a los Conceptos de Ecuanticidad y Esfericidad de los Clastos. *Boletín Sedimentológico* 2 (2-3): 67-80.

Wright, K.
1994 Ground-Stone Tools and Hunter-Gatherer Subsistence in Southwest Asia: Implications for the Transition to Farming. *American Antiquity* 59 (2): 238-263.

ARTEFACTOS LÍTICOS Y VARIABILIDAD DE ASENTAMIENTOS EN CONTEXTOS AGRO-PASTORILES DE ANTOFAGASTA DE LA SIERRA (CATAMARCA, ARGENTINA)

Patricia S. Escola, Salomón Hocsman y Sara M. L. López Campeny

RESUMEN

Se presenta el análisis de conjuntos de artefactos líticos tallados recuperados en contextos residenciales agro-pastoriles de Antofagasta de la Sierra (Puna Meridional Argentina), datados entre ca. 2100 y 500 años A.P. El objetivo de este trabajo es ampliar la base empírica y las variables arqueológicas sobre las cuales discutir el modelo desarrollado por Olivera (1992), que postula la existencia de diferentes categorías de sitios -bases residenciales y puestos- en relación con la dinámica estacional de los grupos agro-pastoriles. Los sitios considerados son Casa Chávez Montículos 1 (2100-1500 años A.P.), Punta de la Peña 9 (2000-500 años A.P.), Real Grande 1 (1100-700 años A.P.); Real Grande 10 (1100-700 años A.P.) y Bajo El Coypar II (1000-600 años A.P.). El aporte a la discusión implica considerar un mayor número de sitios, incorporar en el análisis otros sectores de la microrregión -Sectores Intermedios- y ampliar el período cronológico considerado. Se propone, asimismo, analizar el rango de variabilidad intra e inter categoría de asentamientos: sitios permanentes y temporarios.

Palabras clave: *Funcionalidad de sitios, Variabilidad de sitios residenciales, Artefactos líticos tallados, Sociedades agro-pastoriles, Puna argentina.*

ABSTRACT

The analysis of lithic assemblages from agro-pastoralist residential contexts recovered at Antofagasta de la Sierra (Argentine Southern Puna), dated between ca. 2100 and 500 years B.P., is presented. The goal is to enlarge the empiric database and the archaeological variables for discussing Olivera's model (1992), which states the existence of different categories of sites -base camps and temporary camps- related with seasonal dynamic of agro-pastoralist groups. The sites considered are Casa Chavez Montículos 1 (2100-1500 years B.P.), Punta de la Peña 9 (2000-500 years B.P.), Real Grande 1(1100-700 years B.P.), Real Grande 10 (1100-700 years B.P.) and Bajo del Coypar II (1000-600 years B.P.). A consideration of a larger number of sites, an inclusion of a new area -Sectores Intermedios- and an expansion of the chronological span are our contribution to this discussion. The analysis of the range of variability within intra and inter category of settlements –permanent and temporary sites- as well as the discussion of the variables used to attack site funtion from lithic assemblages analysis is also proposed..

Key words: *Site functionality, Variability at residential sites, Lithic assemblages, Agro-pastoralist societies, Puna of Argentina.*

INTRODUCCIÓN

En este trabajo se plantea el análisis de conjuntos de artefactos líticos tallados, recuperados en contextos residenciales agro-pastoriles de Antofagasta de la Sierra (porción noroeste de la provincia de Catamarca, Puna Meridional Argentina), datados entre *ca.* 2100 y 500 años A.P. El objetivo de nuestra investigación es ampliar la base empírica y las variables arqueológicas sobre las cuales discutir el modelo propuesto inicialmente por Olivera (1992), en lo que respecta a la existencia de diferentes categorías de sitios, en relación con la dinámica estacional de los grupos agro-pastoriles.

La propuesta de Olivera (1992), planteada para un lapso tentativo que va de 2400 a 900 años A.P., parte de la premisa de que los grupos humanos de la Puna Meridional habrían implementado una economía agro-pastoril, con énfasis en el pastoreo de camélidos y el complemento de la caza y la recolección. En base a ese patrón de subsistencia se infiere que el sistema de asentamiento involucrado enfatizaría un alto grado de sedentarismo. No obstante, se advierte que las características ambientales del área, con alta concentración de recursos en sectores definidos, de potencialidad y accesibilidad diferencial, debieron exigir la existencia de un sistema logístico con un grado variable de movilidad.

De este modo, los grupos humanos llevarían adelante la explotación de distintos microambientes con oferta diferencial de recursos, accediendo a ellos ya sea en forma directa y periódica, o indirecta mediante mecanismos de complementariedad y relaciones de intercambio. Esto se traduciría en un patrón denominado "Sedentarismo Dinámico". Esta situación implica, entonces, la existencia de asentamientos tipo base residencial, de ocupación anual, ubicados en los fondos de valle de las cuencas endorreicas o en quebradas protegidas, es decir, en sectores aptos para las prácticas agro-pastoriles. Asimismo, el modelo contempla el traslado de integrantes del grupo humano a otros sectores microambientales para una explotación directa relacionada con el pastoreo y/o la caza. Esta movilidad, con posible periodicidad estacional, generaría asentamientos temporarios o puestos de caza/pastoreo de altura de ocupación recurrente.

En síntesis, es posible distinguir la presencia de:

a.- *Bases residenciales de actividades múltiples* de ocupación prolongada, en las que se desarrollan una amplia variedad de actividades, y

b.- *Puestos temporarios* de ocupación estacional o periódica en los que se realizan actividades específicas.

El aporte de este trabajo a la discusión implica incluir en el análisis un mayor número de sitios que el inicialmente considerado para plantear el modelo, incorporar en el análisis otros sectores de la microrregión (Sectores Intermedios) y ampliar el período cronológico considerado. Se propone, asimismo, analizar el rango de variabilidad intra e inter categoría de asentamientos -sitios permanentes y temporarios-, así como discutir las variables a partir de las

41

cuales se aborda la funcionalidad de los sitios desde el análisis de los artefactos líticos.

Para ello, se analizan: a) aspectos de la diversidad instrumental (riqueza y homogeneidad); b) variedad de subgrupos tipológicos; c) frecuencias de instrumental extractivo versus de consumo/procesamiento; d) variedad de materias primas líticas; y e) longitud de las trayectorias de producción.

EL AREA DE ESTUDIO

Desde un punto de vista ambiental, la Puna es un bioma de desierto de altura (por encima de los 3500 msnm), que se caracteriza por poseer un clima árido y frío, una intensa radiación solar debida a la altitud, gran amplitud térmica diurna/nocturna, marcada estacionalidad con precipitaciones estivales pobres y baja presión atmosférica. El promedio de precipitaciones va de los 18 a los 400 mm anuales en la porción más húmeda de la región, y la cantidad disminuye de noreste a suroeste. La vegetación es de tipo dispersa y compuesta principalmente por comunidades xerofíticas (Yacobaccio 1996).

Un punto importante es lo impredecible del clima puneño en el corto y mediano plazo. Las lluvias de régimen estival, por ejemplo, pueden alternar períodos de algunos años de sequía extrema con otros donde son más abundantes, siendo casi impredecibles las condiciones de año a año (García *et al.* 2000). En general, estas lluvias son erráticas, cortas y de gran intensidad. Esto redunda en una localización espacial predecible de los recursos, aunque no de su abundancia, dado el ambiente extremadamente variable en el corto plazo (Yacobaccio *et al.* 1994).

La microrregión (*sensu* Aschero 1988) de Antofagasta de la Sierra se sitúa en el ángulo noroeste de la provincia de Catamarca (Figura 1). Esta incluye una diversidad de geoformas y un mosaico de recursos y microambientes que permiten acotar un área de investigación representativa de lo que ofrece ambientalmente la Puna. Sus límites geográficos corresponden a un sector de unos 90 km en dirección Norte-Sur y 50 km en dirección Este-Oeste, conformando un área de 4500 km^2 aproximadamente (Aschero *et al.* 2002). La microrregión cuenta y ha contado en el pasado con una serie de condiciones que la han hecho favorable a la ocupación humana. Tales elementos están dados por sectores con cauces fluviales acotados pero permanentes, lagunas y vegas, asociados a una buena disponibilidad de pasturas y del recurso fauna. A ello se suma una excelente oferta local de materias primas líticas y otros recursos minerales esenciales como sales comestibles y alumbres.

Figura 1. Porción septentrional de la microrregión de Antofagasta de la Sierra, con la ubicación de los sitios considerados

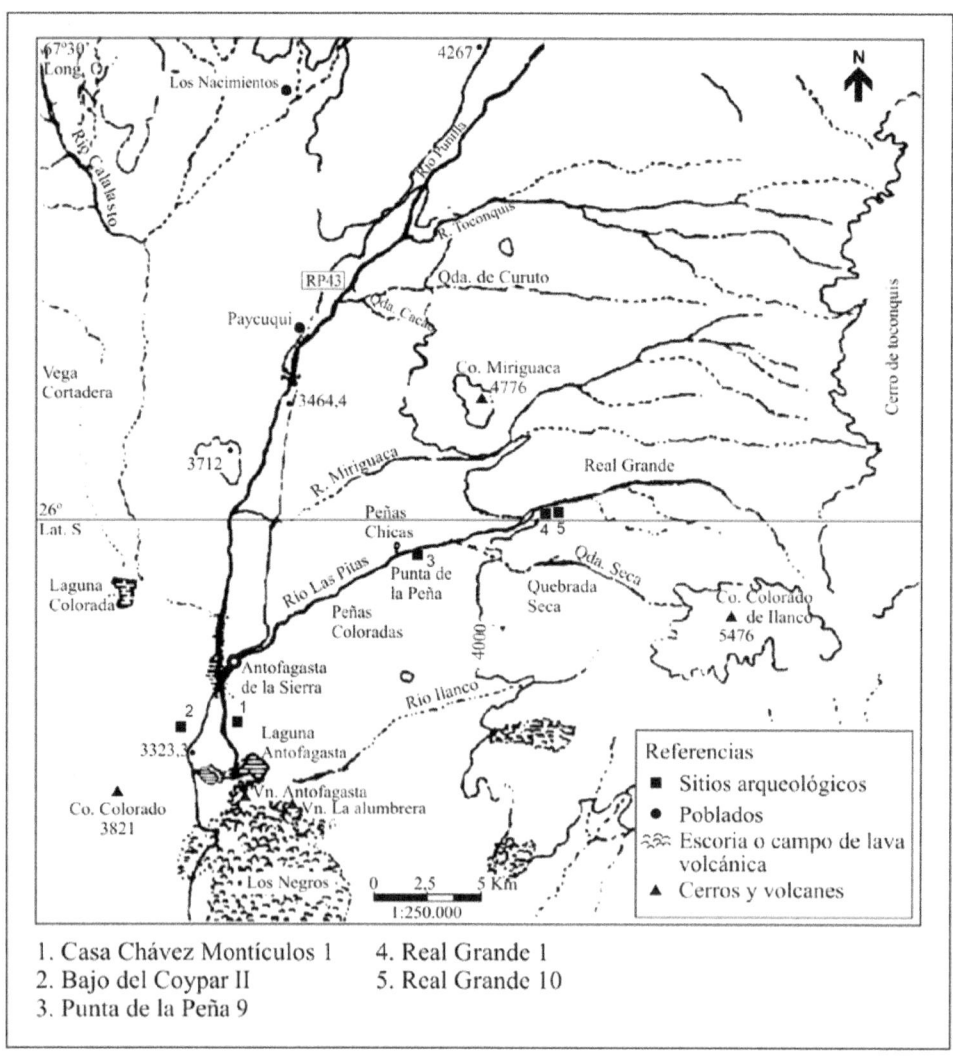

1. Casa Chávez Montículos 1
2. Bajo del Coypar II
3. Punta de la Peña 9
4. Real Grande 1
5. Real Grande 10

42

En función de la existencia de diferencias ecológicas, topográficas y de tipo de recursos, Olivera (1992) distingue tres sectores ambientales:

- *Fondo de Cuenca*: Con una altitud que oscila entre 3400 y 3550 msnm, es el que presenta mejores potencialidades para la agricultura en virtud de su topografía abierta, disponibilidad de agua y suelos fértiles. No obstante, debido al régimen de lluvias y a la particular inestabilidad del ambiente, la realización de prácticas de regadío se vuelve una acción indispensable para el desarrollo de la actividad agrícola. Asimismo, las vegas constituyen aquí la principal oferta forrajera.

- *Sectores Intermedios*: situados entre los 3550 y 3900 msnm. Las áreas de fondo de quebrada con desarrollo de vega constituyen las de mejor productividad desde el punto de vista agrícola-pastoril. Una oferta forrajera apreciable y una provisión continua de agua aparecen acompañadas por la presencia de terrenos aptos para cultivos de escasa extensión.

- *Quebradas de Altura*: entre los 3900 y 4600 msnm. Se definen por sectores de quebradas protegidas por donde corren cursos de agua permanentes. La vega puneña, desarrollada en los fondos de quebrada y en asociación a los cursos de agua, ofrece una alta calidad forrajera, pero con una extensión limitada. En esencia, este sector constituye un ámbito sumamente apto para prácticas pastoriles, permanentes o alternantes, y actividades de caza.

LOS SITIOS ANALIZADOS

Los sitios considerados en este trabajo, siguiendo la diferenciación en sectores altitudinales propuesta por Olivera (1992), son los que se detallan a continuación (Figura 1). En la Tabla 1 se presenta una caracterización sintética de los contextos correspondientes, destacándose la presencia de estructuras, el registro de tecnofacturas y las actividades inferidas para cada uno de los sitios considerados.

Fondo de Cuenca

Casa Chávez Montículos (CChM)

Es un sitio a cielo abierto, que se encuentra sobre la margen izquierda del río Punilla, a 3450 msnm. Consiste en un grupo de diez estructuras monticulares de dimensiones variables, distribuidas en dos grupos alrededor de un espacio central deprimido. Estudios realizados sobre procesos de formación del sitio han permitido asignar un origen fundamentalmente artificial para los montículos, con aporte menor de sedimentación natural (Olivera y Nasti 1993).

Las excavaciones, fundamentalmente en los Montículos 1 y 4, permitieron detectar restos de diferentes tipos de estructuras (habitacionales, de basural, de cavado artificial, de combustión), sectores de talla lítica, evidencias de manufactura y uso de cerámica, indicadores de actividades agrícolas y vestigios de procesamiento y consumo de camélidos (*Lama glama* y *Lama vicugna*). Se destaca la presencia dominante de neonatos y juveniles lo cual indicaría una cierta selectividad en el manejo de los animales. En base a estas evidencias, el sitio fue definido como una Base

residencial de actividades múltiples, presentando una ocupación casi ininterrumpida durante lapsos prolongados (Olivera 1992).

Los materiales líticos puestos aquí en consideración corresponden al Montículo 1 (CChM 1). Los fechados radiocarbónicos disponibles permiten situar las ocupaciones del Montículo 1 entre 2120 y 1530 años A.P. (Olivera 1992).

Bajo del Coypar II (BC II)

Es un sitio a cielo abierto que se sitúa a aproximadamente 3 km de la villa actual de Antofagasta de la Sierra. Se encuentra en una saliente del faldeo de los Cerros del Coypar, inmediatamente relacionado a campos de cultivo.

El conjunto denominado Bajo del Coypar II está compuesto por un grupo de estructuras de plantas variables. En algunos casos, es posible que las estructuras presenten planta de Réctangulo Perimetral Compuesto, aunque actualmente están muy destruidas (Olivera y Vigliani 2000-2002).

De acuerdo a la estratigrafía presentada por el sitio y al material arqueológico recuperado, este sitio habría sido sucesivamente ocupado por pequeños grupos familiares. Se destacan las actividades domésticas y las prácticas de almacenamiento y procesamiento de granos dentro del área de vivienda. Asimismo, la ubicación cercana a los campos agrícolas estaría también mostrando la incidencia de las prácticas agrícolas en la economía doméstica. Cabe destacar que en el Sector III se dejó expuesta una enorme tumba en cista que se hallaba saqueada.

Este trabajo incluye el análisis de los materiales líticos recuperados en los sectores III y IV del sitio (Escola *et al.* 1999). Cabe señalar que para el Sector III (recinto b) se cuenta con tres fechados radiocarbónicos corregidos: 1090, 840 y 780 años A.P., mientras que para el Sector restante, IV (recinto b), se dispone de 4 dataciones corregidas que oscilan entre 920 y 670 años A.P. (Olivera y Vigliani 2000-2002).

Sectores Intermedios

Punta de la Peña 9 (PP9)

Es un sitio a cielo abierto que se encuentra emplazado en la localidad arqueológica de Punta de la Peña, en la cuenca media del río Las Pitas, a una altitud de 3590 msnm. Interesan, en este caso, dos sectores: el sector I y el III.

Sector I PP9 (I)

Está compuesto por unidades subcirculares y elípticas simples, dispersas en la terraza alta del río Las Pitas (Babot *et al* 2006; López Campeny y Escola 2006).

Los materiales considerados en este trabajo proceden del recinto 3 del Sector I. La denominada estructura 3 constituye un recinto sub-elíptico simple, de aproximadamente 3.5 m de longitud máxima, con al menos tres episodios de ocupación intramuro diferenciados. Los mismos se encuentran estratificados en un perfil de 0.70 m de potencia promedio y corresponden en su totalidad a manifestaciones del modo de vida agro-pastoril (Babot *et al.* 2006). Este recinto posee dos dataciones cercanas a 1450 años A.P. y corresponde a una habitación con registro de actividades múltiples de tipo doméstico evidenciadas, entre otros aspectos, por la presencia de estructuras de combustión, cocción y/o almacenamiento de sustancias, regularización y reactivación de artefactos líticos y posible uso de mordientes en la tinción de lanas (Babot 2004, Babot *et al.* 2006).

Sector III PP9 (III)

Corresponde a un conjunto de cinco estructuras arquitectónicas simples y compuestas, ubicadas próximas a un gran farallón de ignimbritas que limita al sitio por el Este. Las estructuras arquitectónicas visibles en superficie presentan forma predominantemente circular (López Campeny 2001a, 2001b; Cohen 2005).

La unidad arquitectónica del sector III, de la cual proceden los materiales aquí analizados (estructura 2), en cambio, presenta una morfología diferente al patrón más recurrente en el sitio. A modo de muros y para delimitar el espacio interno de ocupación, se habrían aprovechado dos bloques de ignimbrita de gran tamaño, desprendidos por derrumbes del farallón, a los que se anexó un tercer cerramiento lateral conformado por un muro de piedra.

Registro Arqueológico	Sitios Arqueológicos				
	CChM 1	PP9 (I y III)	RG 1	RG 10	BC II
Estructuras Registradas	- alineamientos de piedra - montículos - fogones - pisos de arcilla - huellas de poste - basureros	- recintos de piedra - fogones - pisos de arcilla - huellas de poste - basureros - de enterratorio - de almacenaje - corrales - bloques con grabados y morteros	- recintos de piedra - fogones - camadas gramíneas	- muro perimetral - carbones dispersos - paja (camadas?)	- recintos de piedra - fogones - estructuras agrícolas
Tecnofacturas	- conjuntos líticos incluyen palas y raederas con módulo grandísimo - cerámica - artefactos molienda - cuentas minerales	- conjuntos líticos incluyen palas y raederas con módulo grandísimo - cerámica - artefactos molienda - textiles (fibra vegetal, animal y cuero) - cuentas minerales	- conjuntos líticos - cerámica	- conjuntos líticos - cerámica	- conjuntos líticos - cerámica
Actividades inferidas	- manufactura lítica y cerámica - empleo culinario de cerámica - consumo camélidos (todas las partes representadas) - consumo vegetales - almacenamiento - procesamiento - molienda - confección cuentas	- manufactura lítica y textil - empleo culinario de cerámica - consumo camélidos (todas las partes representadas) - consumo vegetales - almacenamiento - procesamiento - molienda - confección cuentas - manejo de ganado - prácticas fúnebres	- manufactura lítica - uso de cerámica - consumo camélidos (selección de partes con bajo rendimiento)	- manufactura lítica	- manufactura lítica - empleo culinario de cerámica - consumo camélidos (esqueleto axial y apendicular) - almacenamiento y procesamiento en baja proporción
Fuentes	Olivera (1992)	López Campeny (2001 a y 2001 b) Cohen (2005) López Campeny y Escola (2006) Babot *et al.* (2006)	Dellino (1998) Escola (2000)	Dellino (1998)	Escola *et al.* (1999) Olivera y Vigliani (2002)

Tabla 1. Síntesis de las características del registro arqueológico de los sitios analizados

Los dos grandes bloques habrían sido empleados como soportes para la colocación de vigas para techar el área, como lo atestiguan una serie de orificios circulares conservados en las superficies verticales de ambas rocas (López Campeny 2001a, 2001b). Además, el bloque de menor tamaño exhibe en su cara superior, un conjunto de grabados rupestres (Aschero *et al.* 2004).

Dicha estructura presenta un conjunto de dataciones que documentan una serie de ocupaciones recurrentes entre *ca.* 2000 y 500 años A.P. Los conjuntos líticos analizados provienen, básicamente, de un espacio doméstico de habitación datado entre 1500 y 1100 años A.P. (niveles 4 y 5) y de ocupaciones domésticas posteriores datadas entre 1100 y 500 años A.P. (niveles 3, 2 y 1) (López Campeny 2001a).

Quebradas de Altura

Real Grande 1 (RG 1)

Es un alero bajo roca que se encuentra en la margen izquierda de la vega de Real Grande, a 4050 msnm.

Las excavaciones en el sitio pusieron en evidencia una serie de eventos de ocupación superpuestos. En este sentido, se recuperó una interesante muestra de material lítico y arqueofaunístico, unos pocos fragmentos de cerámica ordinaria, restos de cestería y textilería, vellones, restos de camadas de gramíneas no muy extensas y restos de estructuras de combustión de pequeño tamaño (Olivera 1992). Este autor postula que el sitio habría funcionado como un "puesto de caza-pastoreo de altura" con ocupaciones que habrían sido periódicas, no permanentes y, posiblemente, de pocos días de duración. Se puede sostener que la mayor parte de los restos óseos recuperados provienen de actividades de caza, asimismo, las actividades de procesamiento primario habrían dominado sobre las de consumo.

Las dataciones radiocarbónicas lo sitúan entre los 1110 y los 680 años A.P. (Olivera 1992).

Los materiales líticos tratados en este trabajo corresponden a la totalidad de las ocupaciones registradas.

Real Grande 10 (RG 10)

Se trata de un alero definido también como "puesto de caza-pastoreo de altura". Se localiza en un sector en donde se ensancha la quebrada en la margen izquierda de la vega de Real Grande, en la cuenca superior del río Las Pitas, a aproximadamente 4100 msnm.

Se caracteriza por poseer dos terrazas, entre 22 y 30 metros de la vega, una de las cuales presenta características naturales mientras que la otra ha sido modificada por acción antrópica (Dellino 1998). Se debe señalar que Real Grande 10 se encuentra a unos 100 metros de distancia, quebrada arriba, de Real Grande 1. El sitio fue datado radiocarbónicamente entre los 1140 y los 730 años A.P. (Olivera y Vigliani 2000-2002).

La información utilizada en este trabajo corresponde a materiales líticos superficiales y de estratigrafía -Sondeos 1 y 2- (Dellino 1998).

CONSIDERACIONES METODOLÓGICAS

El análisis tecno-tipológico de los artefactos líticos se basó en la clasificación técnico-morfológica y morfológico-funcional de Aschero (1975, 1983) y en criterios propuestos por Aschero y Hocsman (2004). Asimismo, para la clasificación de las materias primas líticas se siguió el esquema propuesto por Aschero *et al.* (2002).

Tradicionalmente, la función de los artefactos líticos tallados era usualmente utilizada para generar inferencias acerca de la funcionalidad de los sitios. Estas asignaciones se basaban esencialmente en una ecuación que relacionaba la morfología de las distintas clases instrumentales con funciones únicas y distintivas.

En la actualidad, diversos estudios arqueológicos y etnográficos han puesto en evidencia que dicha ecuación no es válida y, por lo tanto, que la función de los artefactos líticos no puede ser atribuida de manera no ambigua a la morfología de los mismos (Andresfsky 1998; Shott 1989).

Un método de acercamiento a esta problemática, sin la mediación del análisis funcional, es a través del estudio de la variabilidad macroscópica, no ya de especimenes individuales, sino de conjuntos artefactuales. Al respecto, algunos investigadores, sobre la base de modelos de asentamiento subsistencia de cazadores-recolectores, han desarrollado diversos métodos para abordar la funcionalidad de los sitios a través de los conjuntos líticos (Andresfsky 1998). De este modo, siguiendo a Johnson (1989), Chatters (1987) y Andrefsky (1998), entre otros, se puede plantear la existencia de importantes diferencias en los conjuntos líticos entre las bases residenciales y los sitios con ocupaciones temporarias.

En principio, es posible sostener que dichas bases residenciales incluyen un amplio rango de actividades que no se focalizan en una única tarea. Por su parte, los sitios temporarios son el resultado del procesamiento o adquisición de un rango limitado de recursos y esto debería ser reflejado por escasos implementos especializados.

En lo que respecta a los contextos agro-pastoriles, con el incremento del sedentarismo, los sitios residenciales mostrarían una mayor variedad artefactual debido al amplio rango de actividades realizadas anualmente en dicha localización (Rafferty 1985). A su vez, los campamentos temporarios serían funcionalmente específicos, pero dado que las actividades pastoriles poseen cierto grado de predecibilidad en el manejo espacio-temporal de los rebaños, estos asentamientos serían reocupados regularmente manteniendo -en buena medida- la misma funcionalidad (Ebert y Kholer 1988).

De este modo, se debería esperar, por ejemplo, mayor diversidad instrumental, mayor variedad de materias primas y trayectorias de producción más largas en los primeros respecto de los segundos. Asimismo, se puede asumir que la composición de los conjuntos artefactuales no solo debería referir a la función del sitio sino que también el número de clases artefactuales y la frecuencia relativa de artefactos en cada clase podría tomarse como un importante indicio de la funcionalidad de los sitios (Andresfsky 1998).

En función de todo ello, y para abordar el objetivo propuesto, se tomaron en consideración las siguientes variables: a) diversidad instrumental (riqueza y homogeneidad); b) variedad de subgrupos tipológicos; c) frecuencias de instrumental extractivo versus de consumo/procesamiento; d) variedad de materias primas líticas; y e) longitud de las trayectorias de producción. Los resultados de estos análisis son desarrollados en el siguiente apartado.

ANÁLISIS DE LOS CONJUNTOS ARTEFACTUALES

Para evaluar la diversidad de los conjuntos líticos se emplearon el índice H de Shannon-Weaver (1949) -en una de sus fórmulas- y el índice J de homogeneidad de Zar (1974) y Pielou (1977).

Se parte de la base de que las medidas relativas de la diversidad no pueden utilizarse como una forma directa de clasificar a los sitios funcionalmente (Guráieb 1999). Sin embargo, si se asume que, al menos en parte, la diversidad de los conjuntos está vinculada a las conductas que lo produjeron (Shott 1989), estos estudios pueden ser tomados como un punto de partida para generar un orden comparativo en la intensidad residencial relativa (Thomas 1989).

A partir de la información correspondiente a la estructura de clases de artefactos o grupos tipológicos de los sitios analizados (Tabla 2), los resultados obtenidos para los índices H y J pueden verse en la Tabla 3.

Es importante aclarar que la elevada cantidad de clases en que se segmentaron los artefactos formatizados, producto de la utilización de la propuesta clasificatoria de Aschero (1975, 1983), puede afectar en alguna medida los resultados a obtener. Sin embargo, siguiendo a Guráieb (1999), se decidió no subsumir algunas clases dentro de otras mayores, dado que la cantidad de clases artefactuales presentes con significado no ambiguo (raedera, biface, punta de proyectil, cuchillo, muesca, etc.) es muy superior a aquellas otras que podrían ser incluidas dentro de una categoría general de "artefactos retocados marginalmente".

En principio, es factible sostener que los conjuntos artefactuales de los sitios presentan índices de riqueza (H) diferenciados. El sitio CChM 1 y los sectores I y III de PP9 poseen valores altos, mientras que BC II y RG 10 muestran los valores más bajos, dejando a RG 1 en una situación intermedia. Por su parte, el índice de homogeneidad (J) presenta valores relativamente altos, evidenciando una distribución bastante equitativa de artefactos en las diferentes categorías. Sin embargo, otra vez, se observa que los valores más elevados se corresponden con CChM 1 y los sectores I y III de PP9, mientras que los valores más bajos coinciden, en este caso, con los puestos RG 10 y RG 1 (Figura 2).

El coeficiente de correlación (r) entre la riqueza y la homogeneidad es positivo pero no muy elevado, ubicándose por debajo del valor crítico. Tal como se desprende de la Figura 2, se puede decir que la correlación no es muy significativa observándose, sin embargo, un agrupamiento diferenciado de los sitios. Al respecto, es interesante destacar que BC II, en su calidad de unidad doméstica se agrupa, contrariamente a lo esperado, con los puestos temporarios.

A modo de verificación, en función de la incidencia del tamaño de las muestras en las medidas realizadas, se compararon los resultados de la relación de los índices H y J con aquella existente entre los tamaños de muestra y la cantidad de categorías (Tabla 4). Para ello, se graficaron los valores logarítmicos correspondientes a estos últimos,

observándose una correlación positiva entre el tamaño de la muestra y la cantidad de clases (Figura 3).

De la comparación efectuada entre las Figuras 2 y 3 puede advertirse que algunos conjuntos líticos presentan índices de riqueza y homogeneidad con valores mayores o menores que la relación existente entre sus tamaños de muestra y cantidad de clases. Por ejemplo, en la Figura 2 se observa que las estructuras de los sectores I y III de PP9 presentan una correlación mas alta entre riqueza y homogeneidad que la esperada, de acuerdo a la relación tamaño de muestra-cantidad de clases. A su vez, RG 1 muestra valores menores para la relación H-J que para la que existe entre el tamaño de muestra y cantidad de clases. Finalmente, se podría decir que para CChM 1, BC II y RG 10, riqueza y homogeneidad estarían vinculadas con el tamaño de las muestras y la cantidad de clases. En síntesis, siguiendo a Guráieb (1999: 301) "… el hecho que, caso a caso, no siempre covaríen los índices con el tamaño de las muestras corrobora la habilidad de las pruebas realizadas para medir riqueza y homogeneidad sin que el tamaño de las muestras incida en ello".

Se puede concluir que los sitios considerados muestran distinto grado de diversidad (en términos de riqueza y homogeneidad) en la composición de sus conjuntos artefactuales. Por un lado, CChM 1, y los sectores I y III de PP9 poseen una diversidad alta a la que se opone, por otro lado, RG 10 y BC II con una diversidad relativamente baja. Respecto de RG 1, se podría decir que presenta una diversidad media respecto de los anteriores.

Entonces, tomando en cuenta las observaciones efectuadas al principio de este análisis, en cuanto a las inferencias funcionales, se considera que se podría estar en presencia de grados variables de intensidad residencial, grados que no podrían subsumirse bajo las alternativas propuestas de bases residenciales o puestos temporarios.

En lo que respecta a la variedad de subgrupos tipológicos, considerados por filo y no por pieza (Tablas 5a y 5b), la información recuperada muestra que los sitios CChM 1 y PP9 (I y III), se agrupan registrando el mayor número de grupos y subgrupos tipológicos (19 y 36, respectivamente, para el primer sitio mencionado, 15 y 30 para el sector I y 15 y 18 para el sector III en PP9).

A su vez, es interesante, por un lado, lo que evidencia el conjunto de RG 1 que aparece también con una frecuencia bastante elevada de clases instrumentales (12 grupos y 19 subgrupos), tal vez producto de las intensas actividades de procesamiento de camélidos registradas allí y, por otro lado, la baja proporción en BC II y RG 10 (7 grupos y subgrupos y 7 grupos y 9 subgrupos, respectivamente). Ahora bien, en las bases residenciales, donde se realizan múltiples actividades y las ocupaciones son prolongadas, debería observarse una variabilidad importante al nivel de los subgrupos, dados los mayores requerimientos de especificidad morfológico-funcional en razón de diferentes tareas que involucran distintas opciones morfológicas. De esta forma, las bases residenciales del tipo mencionado deberían contar con mayor número de subgrupos presentes.

Instrumentos	Sitios Arqueológicos					
	CChM 1	RG 1	PP9 (I)	PP9 (III)	BC II	RG 10
Palas_Azadas	62	0	3	2	0	0
Filo Arista Sinuosa U/Bif	0	0	3	1	0	0
Raspadores	10	5	0	4	0	0
RUM	6	1	3	2	0	0
Raederas	27	3	2	5	0	3
Raederas Módulo Grand.	9	0	0	0	0	0
RBO	13	5	1	0	0	0
Cuchillos Filo Retocado	2	3	1	2	0	0
Escoplo	0	0	1	0	0	0
Cortantes	6	0	1	4	0	0
Muescas	28	4	7	11	1	0
Denticulados	10	1	2	1	2	1
Puntas entre Muescas	2	0	0	1	0	1
Artefactos Burilantes	7	3	2	12	0	0
Perforadores	3	2	0	2	1	3
Puntas de Proyectil	52	32	1	10	11	16
Choppers	2	0	0	0	0	0
Bifaces	1	1	0	1	0	2
Artefactos Form. Suma.	23	8	3	3	4	10
Percutores	18	0	2	0	4	0
Manos	3	0	0	3	0	0
Molinos	3	0	0	0	0	0
Litos Modificados por Uso	22	0	0	0	1	0
N	309	68	32	64	24	36
Log N	2.48995848	1.83250891	1.50514998	1.80617997	1.38021124	1.5563025
N x Log N	769.39717	124.610606	48.1647993	115.595518	33.1250698	56.02689
K	21	12	14	16	7	7

Tabla 2. Frecuencia de grupos tipológicos de instrumentos por sitio
Referencias: Filo Arista Sinuosa U/Bif.: Filo unifaciales/bifaciales de arista sinuosa; RUM: Artefactos con filos en bisel asimétrico abrupto/oblicuo con microretoque ultramarginal; Raederas Módulo Grand.: Raederas con módulo grandísimo; RBO: Artefactos mediano pequeños/muy pequeños retoque bisel oblicuo sección asimétrica; Artefactos Form. Suma.: Artefactos de formatización sumaria

Indices	Sitios Arqueológicos					
	CChM 1	RG 1	PP9 (I)	PP9 (III)	BC II	RG 10
H	1.107	0.808	1.066	1.056	0.677	0.647
J	0.837	0.748	0.930	0.877	0.801	0.766

Media: 0.893   sd: 0.208
Media: 0.826   sd: 0.069

r = 0.771   Valor Crítico= +/- 0.917 (dos colas 0.1)
r2= 0.590

Tabla 3. Relación entre índices H y J

N y K	Sitios Arqueológicos					
	CChM 1	RG 1	PP9 (I)	PP9 (III)	BC II	RG 10
Log N	2.489	1.832	1.505	1.806	1.38	1.556
Log K	1.322	1.079	1.146	1.204	0.845	0.845

Tabla 4. Relación entre Tamaño de Muestra y Número de Clases

Figura 2. Relación Índices H y J

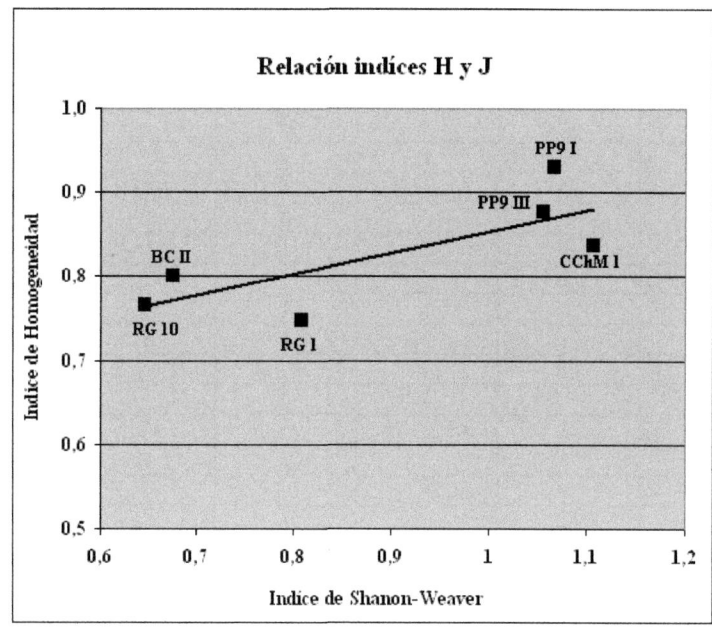

Figura 3. Relación tamaño de muestra con número de clases

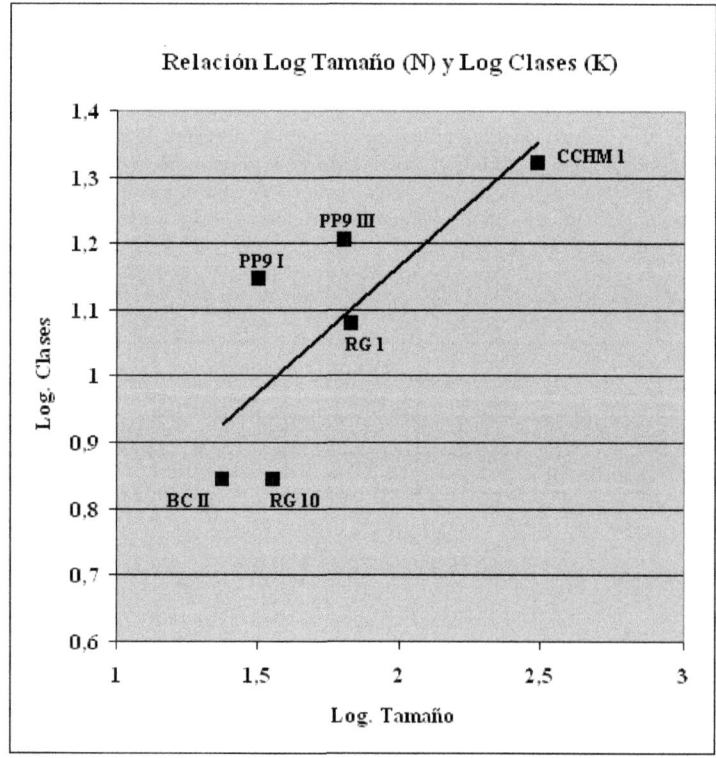

Para tal estimación, se parte de la obtención de la media del número de subgrupos tipológicos por sitio. En función de esto, en las Tablas 5a y 5b se expone la cantidad de subgrupos tipológicos para cada uno de los grupos tipológicos presentes por sitio. Es pertinente realizar algunos comentarios sobre la forma de tratar las muestras, específicamente, la manera de realizar los conteos. Así, en el caso de grupos tipológicos que tengan a nivel de subgrupo una única categoría que sea no diferenciada (por ejemplo, un raspador no diferenciado), se la toma como un sólo caso de subgrupo; no siendo así cuando se presentan combinadas con

subgrupos diferenciados, ya que en tales situaciones no son considerados. Esto se debe a que un subgrupo no diferenciado podría corresponder al o a algún subgrupo diferenciado. Finalmente, se aclara que en los conteos no se han incluido los filos y fragmentos no diferenciados de artefacto formatizado (ver Hocsman 2006).

De esta forma, CChM 1 y el recinto de PP9 III poseen una media de subgrupos por grupo tipológico de 1,85 y 2,00 respectivamente, es decir, valores altos. Les sigue en orden de importancia RG 1, con una media de 1,58. Finalmente, el

48

recinto del sector I de PP9, RG 10 y BC II cuentan con medias relativamente bajas, a saber: 1,29, 1,20 y 1,00, respectivamente. De esto se desprende que CChM 1 y el recinto 2 de PP9 (III) cumplen con la expectativa citada, en tanto que los sitios restantes se alejan en mayor o menor grado de la misma. Destaca el caso del recinto 3 de PP9 (I), con un valor realmente bajo en función de las características del contexto.

Al considerar la relación entre las frecuencias del instrumental extractivo (puntas de proyectil, palas y/ azadas) *versus* de procesamiento/consumo (raederas, muescas, artefactos de formatización sumaria, manos, molinos, etc.) (Tabla 6), surgen algunas tendencias de interés.

Así, se observa que los índices más bajos corresponden a los dos sectores del sitio PP9 (I y III), donde se habrían enfatizado las actividades de procesamiento/consumo. Luego, se presenta CChM 1, también con predominio de este tipo de actividades, pero en donde la presencia de una elevada proporción de puntas de proyectil (fundamentalmente un posible locus de manufactura de puntas de proyectil en el nivel VI) y palas y/o azadas incrementa la presencia del instrumental extractivo. RG 1, por su parte, se sitúa en una posición intermedia donde lo extractivo es, sin duda importante, aunque vuelve a registrarse, con una importante proporción de instrumental de procesamiento/consumo, el desarrollo de actividades de procesamiento de camélidos silvestres para su transporte. Finalmente, con índices elevados que refieren a una notoria presencia de puntas de proyectil, se agrupan BC II y RG 10. Sorprende en BC II la alta frecuencia de puntas de proyectil y no de materiales asociados con la actividad agrícola.

A continuación, analizamos la variedad de las materias primas por sitio, tomando en cuenta la producción lítica total (Tabla 7). Al respecto, hay que destacar que, en términos generales, todos los sitios presentan una elevada variedad de materias primas. Sin embargo, es posible observar que CChM 1 y RG 1 muestran la mayor variabilidad de recursos líticos utilizados con 16 y 15 materias primas diferentes, respectivamente. Luego, les siguen en orden decreciente, el sector III de PP9, BC II y RG 10 con 10 variedades, y finalmente, PP9 (I) con 7 materias primas aprovechadas.

Se considera que la amplia variedad de materias primas utilizadas en la mayoría de los contextos analizados, especialmente en RG 1, estaría vinculada con la dinámica pastoril que lleva a la explotación de recursos líticos de todos los sectores ambientales definidos.

Ahora bien, de forma de profundizar este tema, se analizaron las materias primas por sitio, pero agrupándolas de acuerdo al sector altitudinal de su procedencia (Tabla 8).

Lo primero que resulta es que cada una de las ocupaciones consideradas realizó una explotación dominante de los recursos líticos inmediatos a su localización (Figura 4). Sin embargo, todos los sitios muestran materias primas de todos los sectores ambientales e incluso, con diversa frecuencia, del recurso no local que es la obsidiana.

Cabe destacar que, en el caso de los sectores I y III del sitio PP9 y BC II, se advierte un menor aprovechamiento que en los restantes sitios de las variedades de materias primas

localizadas en el sector de quebradas de altura. Tal vez esto pueda tener relación con una menor importancia del componente pastoril en dichas ocupaciones.

Las trayectorias de producción, por último, se elaboraron sobre la base de la información recuperada del análisis de la distribución de los tamaños de los desechos enteros (Tabla 9) y de la distribución de los tipos de desechos (Tabla 10), completándose el abordaje con la consideración de la frecuencia de núcleos y de artefactos formatizados reactivados y reciclados (Tabla 11).

En la Tabla 12 se presenta una síntesis de cada una de las trayectorias por sitio. Se puede sostener que, salvo en el caso del recinto 3 de PP9 (I), todas las trayectorias se presentan como largas. Sin embargo, es importante destacar que se distinguen por la distinta intensidad con que se desarrollan las etapas de la producción lítica.

En el caso de RG 1, RG 10 y el recinto 2 del sector III de PP9, se ven enfatizadas las últimas etapas, es decir, formatización, regularización y mantenimiento. Cabe destacar que en los registros de estos sitios se evidencia una marcada ocurrencia de artefactos ya terminados o en avanzado estado de manufactura. En el caso de CChM 1 y BC II se puede decir que, respecto de los anteriores, aumenta la proporción relativa de extracción de formas base y formatización. Es interesante advertir que en CChM1 estas instancias se dan en un variado conjunto de materias primas. En BC II, a su vez, la extracción de formas base y la manufactura sólo responde al aprovechamiento de la cuarcita, mientras que en las otras materias primas se enfatizan las últimas etapas. Finalmente, el recinto 3 de PP9 (I) presenta las características de una trayectoria de corta duración, aunque esto podría ser el producto de la limpieza del interior del recinto, que habría eliminado las lascas de mayor tamaño, si es que existieron.

DISCUSION Y CONCLUSIONES

A partir de las variables analizadas, el sitio CChM 1 evidencia una alta diversidad instrumental, una elevada proporción de subgrupos tipológicos, una mayor frecuencia de instrumental de procesamiento/consumo *versus* extractivo, una elevada variedad de materias primas y una trayectoria productiva larga, medianamente equilibrada entre manufactura y reducción primaria. De este modo, es posible sostener, a partir de los análisis efectuados, sumados a las características del registro contextual general, que CChM 1 registra los rasgos típicos de una Base residencial de actividades múltiples de ocupación prolongada.

El sitio RG 1, por su parte, presenta una diversidad instrumental media, una relativamente alta diversidad de subgrupos tipológicos, frecuencias semejantes entre instrumental extractivo *versus* de procesamiento/consumo, elevada variedad de materias primas, y una trayectoria larga aunque enfatizando las últimas etapas de la misma. A su vez, RG 10, muestra una diversidad instrumental baja, una baja proporción de subgrupos tipológicos, una elevada presencia de instrumental extractivo *versus* procesamiento/ consumo, una relativamente alta variedad de materias primas y una trayectoria similar al caso anterior.

Grupo Tipológico	CChM 1	N	PP9 (III)	N	PP9 (I)	N
Punta proyectil	Punta de proyectil	21	Punta de proyectil	12	Punta de proyectil	1
Pala y/o azada	Pala y/o azada	62	Pala y/o azada	2	Pala y/o azada	3
Raspador	Corto frontal	1	Corto lateral	1	-	-
	Restringido frontal	3	Restringido frontal	1		
	Restringido angular	1	Restringido angular	2		
	Restringido lateral	1				
	Fragmento no diferenciado	4				
Raclette	Corto frontal	1	Corto frontal	2	Largo lateral	2
	Corto lateral	3			Largo (posición no diferenciada)	1
	Restringido lateral	1				
	Fragmento no diferenciado	1				
Raedera	Largo lateral	4	Largo frontal	2	Largo frontal	2
	Convergentes en punta de módulo grandísimo	1 / 8	Largo lateral	4		
Artef. med. peq. / muy peq. R.B.O.	Frontal	2	-	-	Lateral	1
	Lateral	7				
	Convergente en ápice romo	2				
	Fragmento no diferenciado	1				
Cuchillo fil reto.	Fragmento no diferenciado	2	Frontal	2	Lateral sin ápice activo	1
Cortante	Retocado frontal	2	Retocado restringido angular	1	Retocado restringido frontal	1
	Fragmento no diferenciado	3	Retocado corto frontal	1		
			Retocado corto lateral	2		
Muesca retocada y de lascado simple	Frontal	1	Frontal	6	Frontal	2
	Lateral	2	Lateral	2	Lateral	2
	Pieza entera no diferenciada	1			Angular	2
	Fragmento no diferenciado	12			Fragmento no diferenciado	1
Denticulado	Corto frontal	2	Corto lateral	1	Corto frontal	1
	Corto lateral	2			Largo frontal	1
	Fronto-lateral	1				
	Fragmento no diferenciado	3				
Punta entre muescas	Frontal	2	Frontal	1	-	-
Artefacto burilante	Punta burilante angular	1	Punta burilante angular	4	Punta burilante angular	1
	Punta burilante angular en filo retocado	1	Punta burilante de retoque alternante angular	2		
	Punta burilante de retoque alternante angular	1	Punta burilante axial	1		
	Fragmento no diferenciado	2	Punta burilante frontal	1		
			Muesca burilante lateral	1		
			Muesca burilante de retoque alternante lateral	1		
			Muesca burilante angular	1		
			Buril	3		
Perforador	Punta triédrica de sección asimétrica (base no formatizada)	1	Punta triédrica de sección asimétrica (base no formatizada)	1	-	-
	Punta de sección simétrica (cuerpo/base formatizada)	1	Punta de sección simétrica (cuerpo/base formatizada)	1		
Escoplo	-	-	-	-	Corto frontal	1
Chopper	Sección asimétrica frontal	2	-	-	-	-
Biface	Biface	1	Biface	1	-	-
Filo bifacial arista sinuosa	-	-	Filo bifacial arista sinuosa	1	Filo bifacial arista sinuosa	2
Filo unifacial arista sinuosa	-	-	-	-	Filo unifacial arista sinuosa	1
Artefacto c/ format. sum.	Artefacto con formatización sumaria	18	Artefacto con formatización sumaria	3	Artefacto con formatización sumaria	3
Percutor	Percutor	15	-	-	Percutor	2
Manos- molinos	Mano	3	Mano	3	-	-
	Molino	3				
Lito no dif. modif. por uso	Lito no diferenciado modificado por uso	21	-	-	-	-
Fragmen. no dif	Fragmento no diferenciado	61	Fragmento no diferenciado	10	Fragmento no diferenciado	6

Tabla 5a. Presencia de grupos y subgrupos tipológicos por sitio

Grupo Tipológico	BC II	N	RG 1	N	RG 10	N
Punta proyectil	Punta de proyectil	11	Punta de proyectil	32	Punta de proyectil	16
Pala y/o azada	-	-	-	-	-	-
Raspador	-	-	Largo frontal	1	-	-
			Restringido lateral	1		
			Fragmento no diferenciado	3		
Raclette	-	-	Corto lateral	1	-	-
Raedera	-	-	Largo frontal	1	Largo frontal	2
			Pieza entera no diferenciada	1	Largo lateral	1
Artef. med. peq. / muy peq. R.B.O.	-	-	Lateral	3	-	-
			Convergentes en ápice romo	1		
			Convergentes en punta	1		
Cuchillo de filo retocado	-	-	Lateral	3	-	-
			Convergentes en ápice romo	1		
			Convergentes en punta	1		
Cortante	-	-	-	-	-	-
Muesca retocada y de lascado simple	Lateral	1	Angular	2	-	-
			Fragmento no diferenciado	2		
Denticulado	Largo frontal	1	Corto lateral	1	Largo frontal	1
	Fragmento no diferenciado	1				
Punta entre muescas	-	-	-	-	Fragmento no diferenciado	1
Artefacto burilante	-	-	Punta burilante de retoque alternante angular	1	-	-
			Punta burilante angular en filo retocado	1		
Perforador	Pieza entera no diferenciada	1	Punta triédrica sección asimétrica (base no format.)	1	Punta sección simétrica (base no formatizada)	1
			Punta sección simétrica (cuerpo / base formatizada)	1	Punta triédrica sección asimétrica (base no format)	1
					Fragmento no diferenciado	1
Escoplo	-	-	-	-	-	-
Chopper	-	-	-	-	-	-
Biface	-	-	Biface	1	Biface	2
Filo bifacial de arista sinuosa	-	-	-	-	-	-
Filo unifacial de arista sinuosa	-	-	-	-	-	-
Artefacto con format sum	Artefacto con formatización sumaria	4	Artefacto con formatización sumaria	8	Artefacto con formatización sumaria	10
Percutor	Percutor	4	-	-	-	-
Manos-molinos	-	-	-	-	-	-
Lito no dif modif por uso	Lito no dif. modif. por uso	1	-	-	-	-
Fragmen. no dif	-	-	Fragmento no diferenciado	23	-	-

Tabla 5b. Presencia de grupos y subgrupos tipológicos por sitio

Instrumental	Sitios Arqueológicos											
	CChM 1		PP9 (III)		PP9 (I)		BC II		RG 1		RG 10	
	N	%	N	%	N	%	N	%	N	%	N	%
Extractivo	83	28.82	14	18.42	4	10.53	11	45.83	32	35.16	16	44.44
Consumo/ Procesamiento	205	71.18	62	81.58	34	89.47	13	54.17	59	64.84	20	55.56
Total	288	100	76	100	38	100	24	100	91	100	36	100
Relación	0.40	-	0.23	-	0.17	-	0.85	-	0.54	-	0.80	-

Tabla 6. Relación entre instrumentos extractivos *versus* de consumo/procesamiento

Variedad de Materias Primas por Sitios: Instrumentos + Desechos de Talla												
Sitio	CChM 1		PP9 (I)		PP9 (III)		BC II		RG 1		RG 10	
M. P.	N	%.	N	%.	N	%.	N	%.	N	%.	N	%.
Vulcanita 1 (I/A)	2	0.2	78	53.4	96	64.9	5	0.8	917	49.5	320	43.1
Vulcanita 2 (I)	31	3.0	3	2.1	-		2	0.3	137	7.4	17	2.3
Vulcanita 3 (A)	-		6	4.1	1	0.7	-		-		-	
Vulcanita 4 (F)	334	32.3	45	30.8	15	10.1	1	0.2	99	5.3	30	4.0
Vulcanita 5 (A)	6	0.6	1	0.7	-		-		92	5.0	40	5.4
Vulcanita 6 (A)	6	0.6	-	-	-		-		7	0.4	-	
Vulcanita 7 (I)	108	10.4	-	-	-		-		72	3.9	22	3.0
Vulcanita 8 (F)	239	23.1	7	4.8	2	1.3	19	3.2	-		-	
Vulcanita 9 (A)	1	0.1	-	-	1	0.7	-		49	2.6	9	1.2
Vidrio Volc. 1 (?)	-		-	-	2	1.3	-		-		-	
Obsidiana (NL)	214	20.6	6	4.1	24	16.3	159	26.8	345	18.6	273	36.8
Cuarcita (F)	32	3.1	-		4	2.7	342	57.6	3	0.2	-	
Calcedonia (A)	12	1.2	-		-		26	4.4	33	1.8	14	1.9
Ópalo (A)	6	0.6	-		-		6	1.0	27	1.4	14	1.9
Sílice (?)	2	0.2	-		-		-		-		-	
Cuarzo (?)	1	0.1	-		-		6	1.0	-		-	
Ónix (I)	-		-		-		-		28	1.5	-	
Brecha Volc. 1 (A)	-		-		-		-		27	1.4	3	0.4
Brecha Volc. 2 (A)	-		-		-		-		17	0.9	-	
Arenisca (F/I)	12	1.2	-		1	0.7	-		-		-	
Andesita/Dacita (I)	-		-		2	1.3	-		-		-	
Mat. Pr. No Dif. (?)	28	2.7	-		-		28	4.7	2	0.1	-	
TOTAL	1034	100	146	100	148	100	594	100	1855	100	742	100

Tabla 7. Variedades de materias primas utilizadas por sitio.
Referencias Sectores: (F) Fondo de cuenca; (I): Sectores intermedios; (A): Quebradas de altura; (NL): No local y (?): Procedencia incierta

Sitios	Sectores Altitudinales				
	Fondo de Cuenca	Sectores Intermedios	Quebradas de Altura	No Local	Procedencia Incierta
CChM 1	59.7 %	13.6 %	3.1 %	20.6 %	3 %
PP9 (I)	35.6 %	55.5 %	4.8 %	4.1 %	0
PP9 (III)	14.1 %	66.9 %	1.4 %	16.3 %	1.3 %
BC II	61 %	1.1 %	5.4 %	26.8 %	5.7 %
RG 1	5.5 %	12.8 %	63 %	18.6 %	0.1 %
RG 10	4 %	5.3 %	53.9 %	36.8 %	0 %

Tabla 8. Variedades de materias primas discriminadas por sectores altitudinales de procedencia

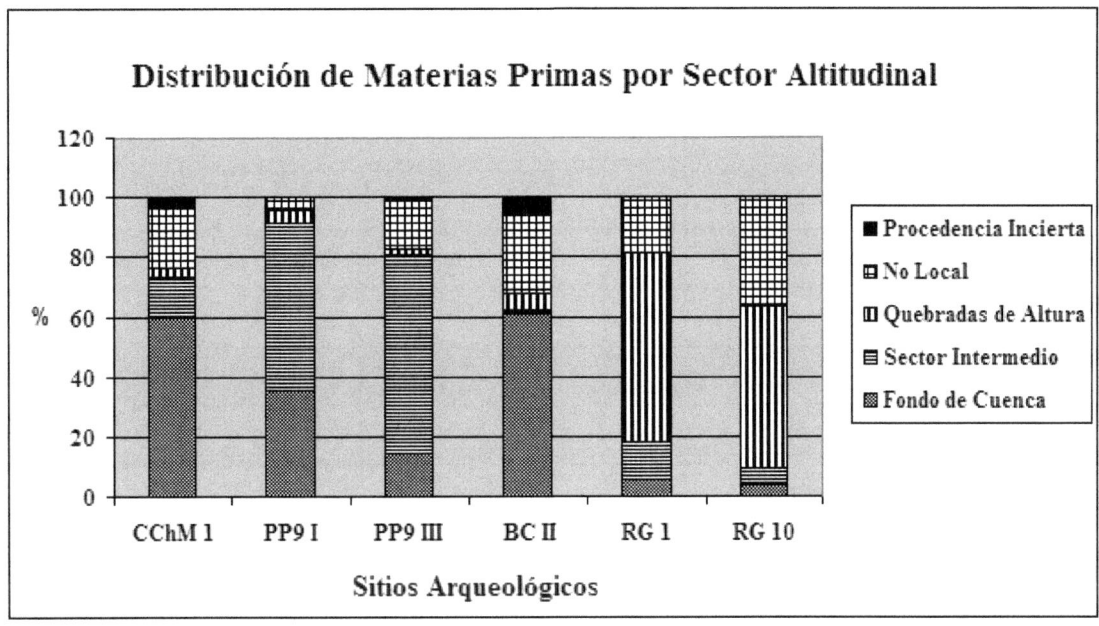

Figura 4. Variedades de mate rias primas líticas por sector altitudinal

Tamaños	Sitios Arqueológicos											
	CChM 1		PP9 (III)		PP9 (I)		BC II		RG 1		RG 10	
	N	%	N	%	N	%	N	%	N	%	N	%
Hipermicrolascas	105	33.3	11	30.56	18	41.86	118	34.20	957	83.3	464	62.60
Microlascas	138	43.8	12	33.33	15	34.88	106	30.72	159	13.8	155	21.94
Pequeñas	50	15.9	8	22.22	4	9.30	54	15.65	27	2.3	65	9.58
Lascas	17	5.4	4	11.11	6	13.95	30	8.70	4	0.4	16	2.50
Grandes	5	1.6	1	2.78	-	-	36	10.43	2	0.2	2	0.28
Muy grandes	-	-	-	-	-	-	1	0.29	-	-	6	0.84
TOTAL	315	100	36	100	43	100	345	100	1149	100	708	100

Tabla 9. Distribución de desechos de talla por tamaño (lascas enteras)

Se considera que ambos sitios presentan las características de puestos temporarios de actividades específicas. Cabe destacar que en ambos registros se manifiesta una importante actividad pastoril junto a la realización de actividades extractivas. Por otro lado, es posible que RG 1, en comparación con RG 10, haya sido más regularmente reocupado y utilizado para realizar actividades extractivas y con más énfasis en el procesamiento.

Hasta aquí, el modelo que se pretende discutir no presenta variaciones. Sin embargo, las evidencias de los sectores I y III del sitio PP9 y los conjuntos líticos de BC II parecen mostrar una variabilidad no contemplada en principio en el modelo. Los tres sitios, correspondientes a sectores habitacionales, fueron interpretados como unidades domésticas con registro de actividades múltiples. Pero, ¿qué indican las variables analizadas hasta ahora?

El recinto 2 de PP9 (III) presenta una alta diversidad instrumental, elevada proporción de subgrupos tipológicos, un importante desarrollo de actividades de procesamiento/ consumo, una relativamente alta variedad de materias primas - con escasez de variedades del sector de quebradas altas-, y una trayectoria de producción larga, pero con énfasis en las últimas etapas. Asimismo, los materiales recuperados del recinto 3, correspondiente al sector I de PP9, registra semejanzas con el anterior conjunto, aunque muestra una baja variedad de materias primas -nuevamente con escasez de recursos del sector de quebradas de altura-, y una trayectoria de producción corta.

En síntesis, se podría sostener que las variables analizadas darían cuenta de la realización de actividades múltiples pero no al mismo nivel que CChM 1. En este sentido, la evaluación de la información obtenida, junto con la del registro contextual, parecería indicar que estos sitios responderían a las características de bases residenciales de actividades múltiples, pero de ocupación no prolongada, aunque recurrente. Cabe destacar que no se deja de lado la posibilidad que actividades de mantenimiento/limpieza en el interior de las estructuras podrían estar influyendo en las inferencias realizadas. Esto podría plantearse como un problema de muestreo, ya que se cuenta con información sobre qué sucede en el interior de las estructuras, pero no en el exterior.

Tipo De Lasca	Sitios Arqueológicos											
	CChM 1		PP9 (III)		PP9 (I)		BC II		RG 1		RG 10	
	N	%	N	%	N	%	N	%	N	%	N	%
Primaria	16	2.54	7	9.09	4	4.17	233	21.92	35	1.53	22	17.05
Secundaria	31	4.91	4	5.19	1	1.04	67	6.30	63	2.75	81	6.28
Con dorso natural	3	0.48	-	-	-	-	26	2.45	3	0.13	3	0.23
Angular	473	74.96	61	79.22	79	82.30	557	52.40	1715	74.89	1060	82.17
Arista	60	9.51	-	-	-	-	77	7.24	204	8.91	40	3.10
Plana	20	3.17	2	2.60	3	3.13	84	7.90	255	11.14	68	5.27
Adelgazamiento bifacial	-	-	-	-	-	-	-	-	2	0.09	-	-
Adventicia	-	-	-	-	-	-	3	0.28	-	-	-	-
Tableta de núcleo	2	0.32	-	-	-	-	-	-	-	-	-	-
Flanco de núcleo	3	0.48	-	-	-	-	-	-	1	0.04	7	0.54
Reactivación directa	5	0.79	3	3.90	8	8.33	2	0.19	9	0.39	7	0.54
Reactivación inversa	-	-	-	-	1	1.04	-	-	1	0.04	1	0.08
Producto Bipolar	19	3.01	-	-	-	-	14	1.32	2	0.09	1	0.08
TOTAL	631	100	77	100	96	100	1063	100	2290	100	1290	100

Tabla 10. Distribución de desechos de talla por tipo de lasca

Sitios Arqueológicos	Mantenimiento	Reciclaje	Artefactos Compuestos	N
CChM 1	4.62 %	4.05%	5.20%	173
PP9 (III)	14.29 %	10.71%	26.80%	56
PP9 (I)	11.42 %	8.57%	17.14%	35
BC II	12.50 %	-	-	24
RG 1	13.63 %	1.52 %	4.50%	66
RG 10	2.77 %	5.56 %	-	36

Tabla 11. Evidencias de reactivación, reciclaje y complementariedad de filos

Sitios	Frecuencia de Extracción Formas-Base	Frecuencia de Formatización de Instrumentos	Frecuencia de Mantenimiento	Frecuencia de Reciclaje
CChM 1	moderada	alta	baja	baja
PP9 (III)	baja	alta	alta	alta
PP9 (I)	ausente	alta	alta	alta
BC II	moderada	moderada	baja	ausente
RG 1	baja	alta	alta	baja
RG 10	baja	alta	baja	baja

Tabla 12. Síntesis de las trayectorias de producción por sitio

Al respecto, uno de nosotros (López Campeny 2004, 2006) ha propuesto una interpretación de ciertas características de los aspectos composicionales y distribucionales de los materiales procedentes de la estructura 2 de PP9 (III). Desde el punto de vista distribucional, evidencias tales como la variabilidad en la localización de ciertas estructuras como fogones o la alternancia registrada en el uso de los mismos espacios como corrales y sectores de habitación humana, proporcionan claves respecto de la existencia de una "dinámica flexible" en el uso del espacio. Esta característica estaría vinculada con una dinámica ocupacional de tipo estacional de las residencias, las que se integrarían así a un circuito anual que emplearía un territorio más amplio. Desde el punto de vista composicional, el análisis de las características de los conjuntos arqueológicos (evidencias de descarte pasivo, provisional o almacenamiento; la condición o estado de los ítems abandonados y los costos de reemplazo de los artefactos descartados) son otros indicadores que también remiten a contextos vinculados con situaciones de retorno previsto a los sitios.

De esta manera, integrando el análisis de ambos aspectos del registro arqueológico -formal y distribucional- se puede sostener que el sitio Punta de la Peña 9 es una base residencial pero, caracterizada por eventos de "traslados" temporarios de las unidades domésticas, con la existencia de una previsión de retorno.

Esto es, se plantea la existencia de movimientos regulares y planeados de los diferentes componentes domésticos o unidades familiares de una residencia a otra, dentro del sistema amplio de asentamiento, implicando tanto la partida planificada como el retorno anticipado a la vivienda, cuando el grupo familiar lo considere oportuno (López Campeny 2004, 2006).
Asimismo, tomando en consideración la escasez de recursos líticos procedentes de las quebradas altas, podría sostenerse que estos movimientos estarían más vinculados con las actividades agrícolas desarrolladas en sectores altitudinales más bajos, que con la dinámica pastoril.

El sitio BC II, finalmente, es el asentamiento que presenta las evidencias más ambiguas. Su conjunto lítico muestra una baja diversidad instrumental, una baja proporción de subgrupos tipológicos, una elevada proporción de instrumental extractivo, específicamente puntas de proyectil, *versus* instrumental de procesamiento, una relativamente alta variedad de materias primas -con escasez de variedades del sector de quebradas altas-, y una trayectoria de producción medianamente equilibrada entre reducción primaria y manufactura aunque vinculada exclusivamente a la cuarcita, no teniendo las mismas características en las materias primas restantes.

Este es un sitio asociado a estructuras de cultivo, cuyo registro contextual da cuenta del uso culinario de cerámica y de la realización de prácticas de almacenamiento y procesamiento de granos. Sin embargo, su conjunto lítico no responde a la realización de las esperadas actividades múltiples de tipo doméstico. Nuevamente, problemas de muestreo podrían estar introduciendo inconvenientes en esta evaluación. Aún así, ¿podría tratarse de un puesto agrícola, de ocupación temporaria, pero recurrente, donde pequeñas unidades familiares desarrollan ciertas actividades y control

de los campos de cultivo? ¿Serán las puntas de proyectil evidencia de actividades predadoras o de defensa?

Evidentemente, las evidencias muestran que aún queda mucho por dilucidar, pero lo que quisiéramos resaltar de los resultados de este trabajo, sin lugar a dudas, es la notable variabilidad existente entre los asentamientos residenciales de los grupos agro-pastoriles puneños estudiados.

AGRADECIMIENTOS

A Carlos Aschero, Daniel Olivera y sus respectivos equipos, sin cuyo trabajo intenso este aporte no habría podido ver la luz. Al CONICET, a la Agencia Nacional de Promoción Científica y Tecnológica, al Instituto Nacional de Antropología y Pensamiento Latinoamericano y al Instituto de Arqueología y Museo de la Universidad Nacional de Tucumán, ya que de distinta manera todas estas instituciones apoyaron y contribuyeron al desarrollo de las investigaciones. A la comunidad de Antofagasta de la Sierra, especialmente a la Familia Morales, que desde hace años nos recibe siempre con el mismo afecto.

BIBLIOGRAFIA

Andrefsky, W.
1998 *Lithics. Macroscopic Approaches to Analysis.* Cambridge Manuals in Archaeology, Cambridge University Press.

Aschero, C. A.
1975 *Ensayo para una Clasificación Morfológica de Artefactos Líticos Aplicada a Estudios Tipológicos Comparativos.* Informe al CONICET, Buenos Aires. Inédito.
1983 *Ensayo para una Clasificación Morfológica de Artefactos Líticos. Apéndices A – C.* Cátedra de Ergología y Tecnología, Universidad de Buenos Aires. Inédito.
1988 De Punta a Punta: Producción, Mantenimiento y Diseño en Puntas de Proyectil Precerámicas de la Puna Argentina. *Precirculados de las Ponencias Científicas presentadas a los Simposios del IX Congreso Nacional de Arqueología Argentina,* pp. 219-229. Buenos Aires.

Aschero, C. A., P. S. Escola, S. Hocsman y J. G. Martínez
2002 Recursos Líticos en Escala Microrregional. Antofagasta de la Sierra 1983-2001. *Arqueología* 12. En prensa.

Aschero, C. A. y S. Hocsman
2004 Revisando Cuestiones Tipológicas en Torno a la Clasificación de Artefactos Bifaciales. En: *Temas de Arqueología. Análisis Lítico,* compilado por A. Acosta y D. Loponte y M. Ramos, pp. 7-25. Buenos Aires.

Aschero, C. A.; A. R. Martel y S. M. L. López Campeny
2004 Tramas en la Piedra: Rectángulos con Diseños Geométricos en Antofagasta de la Sierra (Puna Meridional Argentina). En: *Tramas en la Piedra: Producción y Usos del Arte Rupestre,* editado por D. Fiore y M. Podestá. Sociedad Argentina de Antropología y Asociación Amigos del INAPL, Buenos Aires. En prensa.

Babot, M. del P.

2004 *Tecnología y Utilización de Artefactos de Molienda en el Noroeste Prehispánico*. Tesis de Doctorado en Arqueología. Facultad de Ciencias Naturales e IML, Universidad Nacional de Tucumán. Inédita.

Babot, M. del P.; C. A. Aschero; S. Hocsman; M. Cecilia Haros; L. G. González Baroni y S. V. Urquiza

2006 Ocupaciones Agro-pastoriles en los Sectores Intermedios de Antofagasta de la Sierra (Catamarca). Un Análisis desde Punta de la Peña 9.1. *Comechingonia* 9: 57-75.

Cohen, M. L.

2005 *Entre guano y arena... Ocupaciones recurrentes: Un caso de estudio en el sitio Punta de la Peña 9 III, Antofagasta de la Sierra, Catamarca*. Trabajo Final de Carrera de Arqueología, Facultad de Ciencias Naturales e IML, Universidad Nacional de Tucumán. Inédita.

Chatters, J. C.

1987 Hunter-Gatherer Adaptations and Assemblage Structure. *Journal of Anthropological Archaeology* 6: 336-375.

Dellino, V. E.

1998 *Puestos de Caza y Pastoreo de Altura: Uso y Manejo de Recursos Líticos en la Quebrada de Real Grande (Provincia de Catamarca)*. Tesis de Licenciatura en Ciencias Antropológicas, Orientación Arqueología, Facultad de Filosofía y Letras, Universidad de Buenos Aires. Inédita.

Ebert, J. I. y T. A. Kholer

1988 The Theoretical Basis of Archaeological Predictive Modeling and a Consideration of Appropiate Data-Collection Methods. En: *Quantifying the Present and Predicting the Past: Theory, Method and Application of Archaeology Predictive Modeling*, editado por J. Jugde y L. Sebastian, pp. 104-171. U. S. Department of the Interior, Bureau of Land Management Service Center, Denver.

Escola, P. S.

2000 *Tecnología Lítica y Sociedades Agro-Pastoriles Tempranas*. Tesis de Doctorado en Filosofía y Letras, Facultad de Filosofía y Letras, Universidad de Buenos Aires. Inédita.

Escola, P. S.; A. Elías y L. S. Paulides

1999 Artefactos Líticos en Bajo del Coypar II: Observaciones Tecnológicas Preliminares. Ponencia presentada en Mesa de Comunicaciones Arqueología del Noroeste Argentino, *XIII Congreso Nacional de Arqueología Argentina*, Córdoba.

García, S., D. Rolandi y D. E. Olivera

2000 *Puna e Historia. Antofagasta de la Sierra, Catamarca*. Asociación de Amigos del Instituto Nacional de Antropología, Buenos Aires.

Guráieb, A. G.

1999 Análisis de la Diversidad en los Conjuntos Instrumentales Líticos de Cerro de los Indios I (Lago Posadas, Santa Cruz). *Relaciones de la Sociedad Argentina de Antropología* XXIV: 293-306.

Hocsman, S.

2006 *Producción Lítica, Variabilidad y Cambio en Antofagasta de la Sierra -ca. 5500-1500 AP-*. Tesis de Doctorado en Ciencias Naturales. Facultad de Ciencias Naturales y Museo, Universidad Nacional de La Plata. Inédita.

Johnson, J. K.

1989 The Utility of Production Trajectory Modeling as a Framework for Regional Analysis. Alternative Approaches to Lithic Analysis. En: *Archaeological Papers of the American Anthropological Association* N° 1, editado por D. O. Henry y G. H. Odell, pp. 119-138.

López Campeny, S. M. L.

2001a *Actividades Domésticas y Organización del Espacio Intrasitio. El Sitio Punta de la Peña 9 (Antofagasta de la Sierra, Prov. de Catamarca)*. Trabajo Final de la Carrera de Arqueología, Facultad de Ciencias Naturales e IML, Universidad Nacional de Tucumán. Inédita.

2001b El Hogar, los Ancestros y el Corral: Reocupación y Variabilidad en el Uso del Espacio en Unidades Domésticas Arqueológicas (Sitio Punta de la Peña 9, Antofagasta de la Sierra, Catamarca). *Actas del XIV Congreso Nacional de Arqueología Argentina*. Universidad Nacional de Rosario. En prensa.

2004 ¿La Casa en Orden? Análisis de Procesos Culturales Vinculados con la Producción y Disposición Espacial de Residuos Arqueológicos. *Actas del XV Congreso Nacional de Arqueología Argentina*. Universidad Nacional de Río Cuarto. En prensa.

2006 De un Hogar en la Puna... Historias de Idas y Vueltas. En: *El Hábitat Prehispánico. Arqueología de la Arquitectura y de la Construcción del Espacio Organizado*, editado por M. E. Albeck, C. Scattolin y M. A. Korstanje. En referato.

López Campeny, S. M. L. y P. S. Escola

2006 Un Verde Horizonte en el Desierto: Producción de Cuentas Minerales en Ambitos Domésticos de Sitios Agropastoriles. Antofagasta de la Sierra (Puna Meridional Argentina). En: *Procesos Sociales Prehispánicos en los Andes Meridionales*. Editorial Brujas, Córdoba. En Prensa.

Olivera, D. E.

1992 *Tecnología y Estrategias de Adaptación en el Formativo (Agro-alfarero Temprano) de la Puna Meridional Argentina. Un Caso de Estudio: Antofagasta de la Sierra (Pcia. de Catamarca, R.A.)*. Tesis de Doctorado en Ciencias Naturales, Facultad de Ciencias Naturales, Universidad Nacional de La Plata. Inédita.

Olivera, D. E. y A. Nasti

1993 Site Formation Processes in the Argentine Northwest Puna: Taphonomic Researches on Archaeofaunistic Record Preservation. *Arqueología Contemporánea* 4: 14-29.

Olivera, D. E. y S. Vigliani

2000-2002 Proceso Cultural, Uso del Espacio y Producción Agrícola en la Puna Meridional Argentina. *Cuadernos del Instituto Nacional de Antropología y Pensamiento Latinoamericano* 19: 459-481.

Pielou, E. C.
1977 *Mathematical Ecology*. Wiley-Interscience, New York.

Rafferty, J. E.
1985 The Archaeological Record on Sedentariness: Recognition, Development, and Implications. En: *Advances in Archaeological Method and Theory*, editado por M. B. Schiffer, Volumen 8, pp. 113-156. Academic Press.

Shannon, C. E. y W. Weaver
1949 *The Mathematical Theory of Communication.* Urbana Univesity Press, Urbana.

Shott, M.
1989 Diversity, Organization and Behavior in the Material Record: Ethnographic and Archaeological Examples. *Current Anthropology* 30: 283-315.

Thomas, D. H.
1989 Diversity in Hunter-Gatherer Cultural Geography. En: *Quantifying Diversity in Archaeology*, editado por R. Leonard y G. Jones, pp. 85-91. Cambridge University Press.
Yacobaccio, H. D.
1996 The Evolution of South Andean Hunter-Gatherers. U.I.P.P.S. *Proceedings of the XIII Congress*, Volume 5: 389-394. A.B.A.C.O. Edizioni, Forli.

Yacobaccio, H. G.; D. C. Elkin y D. E. Olivera
1994 El Fin de las Sociedades Cazadoras? El Proceso de Domesticación en los Andes Centro-Sur. *Arqueología Contemporánea* 5: 23-32. Edición Especial: "Arqueología de Cazadores- Recolectores", compilada por L. Borrero y J. L. Lanata.

Zar, J. H.
1974 *Biostatistical Analysis*. Prentice Hall. Englewood Cliff, New Jersey.

LA TECNOLOGIA LÍTICA DURANTE LA OCUPACIÓN INKA
EN LA QUEBRADA DE HUMAHUACA (PROVINCIA DE JUJUY, ARGENTINA)

María Gabriela Chaparro y Julio César Avalos

RESUMEN

Este trabajo ilustra un aspecto poco desarrollado en los estudios de la dominación Inka en el Noroeste argentino (NOA), la tecnología lítica. En este caso particular se presentarán los resultados del análisis de los artefactos líticos confeccionados sobre materias primas no locales de dos asentamientos con ocupación Inka en la Provincia de Jujuy: Los Amarillos, en el Sector Norte de la Quebrada de Humahuaca y Esquina de Huajra en el Sector Meridional de la misma. El examen tecno-tipológico comparativo de los artefactos líticos de ambos sitios permitió corroborar algunas tendencias alcanzadas individualmente por los autores en relación a la circulación de recursos no locales y la producción de puntas de proyectil durante la economía estatal.

Palabras claves: *Economía Inka, Quebrada de Humahuaca, Tecnología lítica, Puntas de proyectil, Materias primas líticas no locales.*

ABSTRACT

This paper shows an aspect scarcely developed in studies of Inka's domination at the Northwestern Argentina (NOA), such as lithic technology. In this particular case, the results of the analysis of the lithic artefacts manufactured on non local raw material from two settlements belonging to the Inka period at the Jujuy province of Argentina are presented. Namely Los Amarillos, located at the north of the Quebrada de Humahuaca and Esquina de Huajra posited at the southern section. The study of the technical and typological attributes of the lithic assemblages from both sites allowed to corroborate some tendencies that have been reached individually by the authors in relation to the circulation of exotic lithic resources and the production of projectile points, during the state economy.

Key words: *Inka economy, Quebrada de Humahuaca, Lithic technology, Projectile points, Non local lithic resources.*

LA QUEBRADA DE HUMAHUACA

Ubicación Geográfica

La quebrada de Humahuaca se encuentra en la provincia de Jujuy al norte de la República Argentina. Su límite norte está determinado por la confluencia de los ríos Tres Cruces y El Cóndor que desembocan y conforman el río Grande, principal colector de la cuenca. Dicho río recorre el fondo de la quebrada de norte a sur a través de 120 km. Arqueológicamente se ha convenido que el límite sur de la quebrada está dado por la cota de 2000 msnm que aproximadamente se encuentra en la localidad de Volcán. Las Sierras de Tilcara, Hornocal y Zenta forman el límite oriental y las de Aguilar, Alta y Chañi el occidental. El

ámbito quebradeño comprende la quebrada propiamente dicha y las subsidiarias a éstas con cabecera en la Puna y la vertiente oriental (Nielsen 2001:72; Olivera y Palma 1986:77) (Figura 1).

Figura 1. Ubicación de Esquina de Huajra y Los Amarillos, Quebrada de Humahuaca (tomado de Nielsen y Boschi 2002:13)

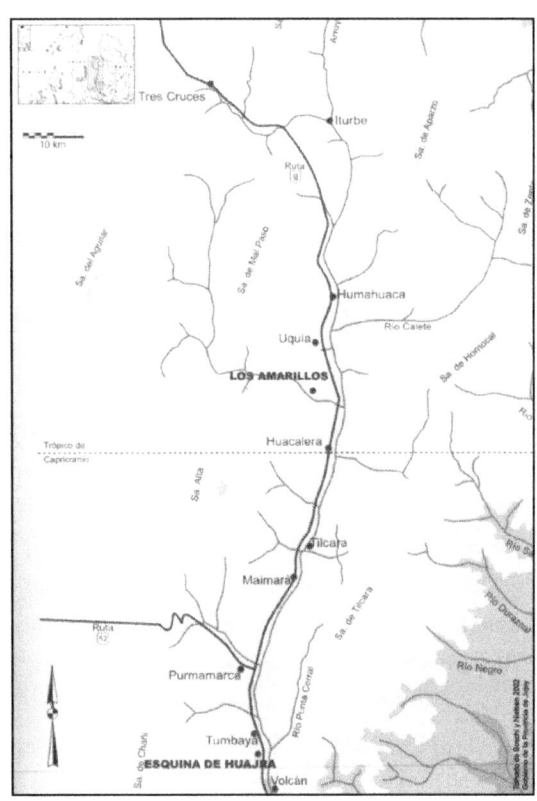

Evolución Social

El siguiente apartado apunta a ubicar temporal así como contextualmente los conjuntos líticos de los componentes bajo consideración y los cambios observados en el registro material. Para ello se proporciona un resumen del esquema de evolución social propuesta por Nielsen (1996b, 2001), para los momentos más tardíos de la Quebrada de Humahuaca, previos a la invasión europea.

Período de Desarrollos Regionales II (1200-1430 A.D.)

Durante este Período tuvieron lugar en la Quebrada de Humahuaca profundas transformaciones de orden demográfico, económico, político y social. En primer lugar, se produce una concentración de la población en un número reducido de grandes asentamientos defensivos distribuidos a lo largo del río Grande y en las porciones inferiores de sus quebradas tributarias (particularmente durante los siglos XIII y XIV).

59

La convergencia demográfica sobre la Quebrada marcaría el inicio de la intensificación productiva y pastoril en esta zona. La expansión masiva de los sistemas agrícolas se produce en el piedemonte oriental del valle del río Grande, a considerable distancia de los núcleos de habitación. También parece establecerse durante esta época un sistema pastoril basado en el traslado estacional de los rebaños entre el fondo de valle y las quebradas altas. El acceso a los recursos silvestres no parece haber implicado control directo, permanente y efectivo de las zonas de yungas, sino mediante el intercambio con comunidades social y culturalmente diferentes o a partir de excursiones desde la Quebrada misma.

La integración política y territorial sería un fenómeno propio de este período, como lo indica el surgimiento de relaciones jerárquicas entre asentamientos y la constitución de una cultura material de elite, que ya habría comenzado a conformarse en el período anterior (Período de Desarrollo Regional I). El surgimiento de un orden social estratificado queda sugerido por la consistente aparición de artefactos rituales y de prestigio, a menudo confeccionados con materiales alóctonos (equipos de inhalar, valvas de moluscos, ornamentos de metales y piedras semipreciosas, instrumentos musicales y adornos de cobre y bronce). Las semejanzas de estilos y composición entre estos conjuntos con otros contemporáneos del NOA y norte de Chile, parecen reflejar el uso de un marco simbólico-esotérico común, que apuntarían a la posición de preeminencias de cada una de ellas en su territorio. Estos conjuntos contrastan con la reorganización estilística de otra clase de artefactos como la cerámica decorada. Estas semejanzas reforzarían el marco ideológico y asegurarían el acceso regular a los bienes exóticos. En este sentido, el auge del tráfico caravanero a larga distancia parece estar muy relacionado a los procesos de complejización política y diferenciación social interna (*v. gr.*, demandas de bienes suntuarios de las elites emergentes), que se inician durante el período anterior.

Los eventos públicos relacionados con los mecanismos de integración política y económica cobran expresión arquitectónica en la construcción de grandes recintos o plazas en algunos sitios y otras estructuras (por ejemplo, plataformas) destinadas a la realización de nuevas acciones de importancia social.

Como disparador de todo este proceso, Nielsen (1996a), plantea el establecimiento de una situación de tensión social o de inseguridad con las poblaciones vecinas; factor que daría cuenta de la tendencia multisecular a la concentración poblacional y la elección de puntos de valor defensivo. Evidencias adicionales de estos conflictos incluyen la construcción de murallas en algunos sitios, las escenas en el arte rupestre, los entierros de decapitados y los trofeos de cráneos.

Período Inka (1430-1536 A.D.)

Con la incorporación del territorio de Humahuaca al *Tawantinsuyu* se producen importantes transformaciones en el escenario social y político. Lejos de revertir los procesos de integración y diferenciación social interna, durante este período, se habrían profundizado y consolidado.

Los conflictos habrían cesado tras esta conquista y el máximo desarrollo de la infraestructura agrícola correspondería a esta época, con la construcción de "Campos del Estado" en el extremo norte de la Quebrada y algunos valles orientales. Como producto de esta expansión, surgen nuevas comunidades (Juire, Putuquito, Papachacra, Pukará del Pie de la Cuesta de Coranzulí), a raíz del traslado de grupos quebradeños a estas zonas anteriormente despobladas o poco explotadas, siendo algunos de estos ocupados hasta la época Colonial. Se levantan también nuevas instalaciones destinadas a satisfacer necesidades derivadas de la administración Inka, como centros de almacenajes (Churqueaguada), fortalezas (Puerta de Zenta, Pukará Morado), postas de enlace (Pueblito Calilegua), y santuarios de altura (Cerro Morado).

Entre los cambios en la escena política local, se puede señalar el desplazamiento de algunos centros de poder regional, con la marginalización o abandono de asentamientos de gran relevancia (por ejemplo, Los Amarillos), favoreciendo sitios de orden secundario (La Huerta), que pasaron a actuar como mediadores, mientras otros son totalmente abandonados (Juella).

También se producen cambios en los marcos de legitimación de la desigualdad, plasmados en la destrucción pública de sepulcros de linajes locales destacados, la declinación del uso de alucinógenos y trofeos de cráneos y la incorporación de nuevos rituales y artefactos de estilo "oficial" a los repertorios de bienes de prestigio local (Nielsen y Walker 1999).

ANTECEDENTES

Históricamente, los conjuntos líticos de las sociedades productoras de alimentos y especialmente de las preestatales e inkas que habitaron el NOA, fueron objeto de escasas investigaciones arqueológicas. Aunque hay que remarcar que en los últimos años se han intentado responder interrogantes acerca de este tema especialmente en sociedades sedentarias tempranas en la región de Antofagasta de la Sierra (Dellino 1998; Escola 2002a, 2002b, 2000c, 2004; Pintar 1995), en la Falda occidental del Aconquija (Lazzari 1997; Scattolin y Lazzari 1997) y en la quebrada de Inca Cueva (Chaparro 2001). Para los períodos de Desarrollos Regionales e Inka se pueden mencionar los trabajos de Avalos (2002) en la quebrada de Humahuaca, Ledesma (2003) en la quebrada del Toro y en la quebrada de Tolombón en Chaparro (2002) y Williams (2003).

Con relación a los estudios tendientes a investigar las redes de distribución de obsidianas en el NOA se puede destacar el trabajo de Yacobaccio *et al* (2004) en el que se realizó un estudio comparativo, mediante el análisis de activación neutrónica, entre diversos artefactos de obsidiana, procedentes de 37 sitios (que abarcan el lapso de 2200 años A.P. hasta los 400 años A.P.) y muestras provenientes de 12 fuentes de obsidianas. Los resultados de dichas investigaciones les permitieron plantear la existencia y recurrencia de la explotación de determinadas fuentes de obsidianas a través de tiempo en desmedro de otras menos explotadas.

Si se realiza un rastreo de esta clase de estudios en los Andes Centrales y Andes Centro Sur podemos citar los trabajos de Burger y su equipo (Burger y Asaro 1978; Burger *et al.* 1994; Burger *et al.* 1998) que se han interesado especialmente en los estudios de caracterización de fuentes de obsidianas y procedencia de artefactos de dicha materia prima sin enfatizar el análisis de la producción tecnológica.

ALGUNAS CONSIDERACIONES TEÓRICO - METODOLÓGICAS

El estudio de la producción y circulación de bienes materiales puede proporcionar valiosa información sobre los contextos sociales y políticos de un sistema económico. Si bien se reconoce un vínculo necesario entre estos componentes, la producción usualmente se la estudia como una forma de entender la circulación (Costin 1991:1). En este sentido, el presente trabajo plantea cómo a partir de la caracterización de la producción de la tecnología lítica y el estudio de las procedencias se puede realizar un acercamiento al estudio de las formas de aprovisionamiento o circulación de materiales de una sociedad bajo un régimen estatal.

Para este abordaje se parte del concepto de *sistema de producción* entendido como la organización interna de actividades y relaciones sociales en un sistema de conducta del pasado, vinculadas al abastecimiento, la circulación, la producción, al uso y/o consumo de materias primas e instrumentos, incluyendo las tecnologías empleadas y los grupos y/o individuos que lo hacen posible (Avalos 2002:7).

Las relaciones entre estos componentes y el papel que desempeñan los grupos e individuos dentro de los mismos, varían de acuerdo a las circunstancias históricas y políticas particulares (Cobb 1992; Marquart 1992). Las estrategias para organizar el trabajo (materiales, personas e instrumentos) y los contextos de manufactura, influyen en el diseño de los artefactos y en el modo de uso y descarte de los mismos. De modo que el registro de la variación morfológica, temporal y distribución espacial de clases de artefactos, constituye una vía de aproximación relevante a la estructura productiva de un sistema sociocultural del pasado.

En este trabajo, el estudio de los sistemas de producción de bienes es abordado desde el punto de vista de la tecnología siguiendo una tradición en la arqueología de los últimos años (Carr 1994; Koldehoff 1987; Nelson 1991; Torrence 1989; entre otros). En este sentido, el término tecnología se refiere a las estrategias productivas que se despliegan para resolver problemas que surgen de acuerdo a las condiciones ambientales, sociales, políticas y económicas (Nelson 1991; véase también Hayden *et al.* 1996). Su organización (*v. gr.*, organización de la tecnología) fue definida como "*the selection and integration of strategies for making, using, transporting, and descarting tools and the materials needed for their manufacture and maintenance*" considerando variables sociales y económicas que influencian estas estrategias (Nelson *op. cit.*:57).

La utilización de modelos sobre trayectorias artefactuales, en este caso trayectorias de reducción lítica (Johnson 1989), permite vincular los conceptos teóricos arriba desarrollados con la información que brinda el registro material. La implementación de esta estrategia metodológica permite identificar técnicas de reducción, secuencias de producción, disponibilidad de recursos entre otras. La comprensión de las trayectorias permite caracterizar la organización tecnológica dentro de una organización mayor. Por consiguiente, la tecnología y las reglas técnicas subyacentes en la producción, identificada a través de los estudios empíricos, conforman los fundamentos para comprender las dinámicas sociales de la producción material (Schiffer y Skibo 1987).

Para estudiar un sistema de producción, en este caso lítica, Costin (1991:18) plantea que los arqueólogos cuentan con dos clases de evidencias: la evidencia directa y la indirecta. La *evidencia directa* consiste en materiales que sirven para identificar los lugares de producción, las materias primas, los implementos empleados en la manufactura (percutores, retocadores, etc.), los subproductos de la producción (núcleos, desechos de talla, rechazos) y no necesariamente los artefactos terminados. La *evidencia indirecta*, por otra parte, es la que proporciona información sobre el sistema de producción sin poder determinar la localización exacta de las actividades productivas. Es decir, los datos indirectos se los obtiene de los productos terminados, más que de los rasgos y artefactos asociados con la producción. Según Costin (1991) estos datos pueden ser empleados para medir características claves de la producción de un sistema. económico de un determinado momento.

Para abordar la circulación de recursos y su transformación en artefactos líticos durante el Período Inka, nos centraremos en aquellas materias primas que no tienen su origen natural en la Quebrada de Humahuaca. Este subconjunto se encuentra representado por la obsidiana, el sílice gris y otros materiales más duros, como la arenisca y la caliza silicificada, el basalto y otras rocas sin identificar[1]. Tanto la obsidiana como el sílice se han empleado casi exclusivamente para la confección de puntas de proyectiles y en raras ocasiones para la manufactura de otras clases de artefactos.

Todos los artefactos líticos de rocas importadas se clasificaron según los lineamientos propuestos en la Tipología Tecnomorfológica de Aschero (1975, 1983). De tal segregación surgieron tres grupos: Núcleos, Desechos de Talla y Artefactos Formatizados donde se incluyen las Puntas de Proyectil.

ESQUINA DE HUAJRA

Esquina de Huajra es un asentamiento arqueológico localizado sobre las terrazas del río Grande a dos km hacia el sur del pueblo de Tumbaya en la provincia de Jujuy. La ubicación exacta es 23° 53.3′ 65" latitud Sur y 65° 26.91′ 16" longitud Oeste, el mismo se encuentra muy deteriorado y debido a la rectificación de la ruta nacional 40 fue objeto de un rescate arqueológico en el año 2001 dirigido por la Dra. Cremonte y la Lic. Fumagalli.

El sitio presenta un emplazamiento estratégico ya que se encuentra a la entrada de las quebradas que lo comunican con las yungas orientales. El material recuperado procede de tres terrazas, la más baja (Terraza 1) corresponde a un contexto doméstico, posiblemente un patio de vivienda. El muro hallado se encuentra en buen estado de conservación y permitió inferir la presencia de un conjunto de habitaciones y un patio. En el piso de ocupación del patio se hallaron gran cantidad de fragmentos de cerámica, morteros y un fogón. La excavación del sector externo del muro permitió recuperar desechos y artefactos líticos formatizados, un cincel de bronce, restos faunísticos, artefactos en óseos y fragmentos de platos con asa ornitomorfa. Del carbón extraído del fogón se obtuvo el siguiente fechado: 340±59 A.P., calibrado 2 sigmas: 1520 (1590) 1620 A.D. (Beta 193319) (Cremonte 2005).

La Terraza 2 puede tratarse de un sector de circulación interna, ya que se pudieron identificar sólo algunas partes de muros de contención y una menor densidad artefactual a la terraza anterior de la que se pudieron rescatar desechos líticos y un fragmento de núcleo en obsidiana. En cambio la Terraza 3, la más elevada, presentó distintos contextos funerarios a través de cinco enterratorios. De los cuales tres son primarios, uno individual, otro doble en urna y el último múltiple. Los restantes dos entierros son secundarios y múltiples. Existen grandes diferencias entre la cantidad y calidad de artefactos recuperados de los distintos contextos funerarios pero en general se recuperaron los siguientes materiales: artefactos metálicos, líticos, óseos y en madera, cuentas de collar, pigmentos, piezas enteras y fragmentos de cerámica. Tanto la cerámica local como la no local de diversos estilos inkas se encuentra dispersa en forma homogénea por todo el asentamiento (Cremonte 2001). Por el momento, los estudios faunísticos presentan dificultades en el discernimiento de especies silvestres de las domesticadas, aunque a partir de la medición de huesos el porcentaje de vicuña en Huajra alcanza el 23% de la muestra identificable (Mengoni Goñalons 2005).

Las evidencias y los fechados permiten identificar al asentamiento como una instalación Inka que pudo haber participado en las estrategias de control de población del Pucará de Volcán ubicado unos kilómetros hacia el sur y de otros asentamientos ubicados en las Yungas hacia el oriente (Cremonte 2001, 2005). La ocupación de Huajra perduró hasta el período Hispano-Indígena sin evidencias artefactuales de contacto.

Trayectorias de Reducción Lítica

El total de material lítico (artefactos formatizados, productos de talla y núcleos) alcanza a 100 piezas, de los cuales el 91% están confeccionados sobre obsidiana. El 4% sobre sílices y areniscas silicificadas y el restante 5% sobre rocas locales como son la pizarra, el esquisto y la mica (Chaparro 2004). Se realizaron dos análisis de activación neutrónica con el objetivo de conocer las características químicas y por consiguiente la procedencia de la obsidiana de un desecho de talla hallado en el relleno de la Terraza 3 y un fragmento de núcleo de la Terraza 2. El primero de ellos arrojó resultados similares a los de la fuente de Zapaleri (*sensu* Yacobaccio *et al.* 2004) o Laguna Blanca (*sensu* Nielsen *et al.* 1999) ubicada a 215 km en línea recta desde el sitio Esquina de Huajra. La obsidiana del segundo artefacto proviene de la fuente Alto Tocomar ubicada en la cercanía de la localidad de San Antonio de los Cobres (Yacobaccio *et al.* 2004) a unos 100 km aproximadamente del sitio (Escola 2005).
En Esquina de Huajra se recuperaron 91 artefactos de obsidiana donde se incluyen núcleos (3), desechos de talla (61), artefactos formatizados (22) enteros y fracturados y

filos naturales con rastros complementarios (5) (Tabla 1). El análisis tecnomorfológico desarrollado permite inferir que en el sitio se llevaron adelante tareas de manufactura y posible uso de herramientas de obsidiana, sin indicios de reactivación ni manteniendo de artefactos.

Clases de Artefactos	Materias Primas			Total
	Obs	Are-Sil	Otras	
Núcleos	3	0	0	3
Desechos	61	1	1	63
Puntas de Proyectil	3	3	0	6
Otros Artefactos Formatizados	19	0	0	19
Filos Naturales con Rastros Complementarios	5	0	0	5
Lito Modificado por Uso	0	0	1	1
Adornos	0	0	3	3
Total	91	4	5	100

Tabla 1. Clases de artefactos líticos en el sitio Esquina de Huajra. Referencias: Obs.: Obsidiana. Are-Sil: Arenisca silicificada y Sílice

Sólo se recuperaron algunos pocos (3) núcleos de pequeñas dimensiones que presentan fracturas o se encuentran agotados, los mismos podrían haber ingresado con alguna preparación inicial mínima o sin procesamiento previo. Los artefactos formatizados de obsidiana son 22, de los cuales 3 son puntas de proyectil, 8 artefactos de formatización sumaria, 7 artefactos formatizados no diferenciados, 1 punta burilante, 1 muesca retocada, 1 punta entre muescas y 1 artefacto compuesto (raspador-muesca retocada-filo natural con rastros). La totalidad de las puntas de proyectil (3) presentan fracturas en sus aletas y dos de ellas en la altura media del limbo, a pesar de ello se puede estimar que sus tamaños no alcanzan los 25 mm. Además, se puede distinguir que se trata de puntas triangulares, apedunculadas de base cóncava de bordes rectos y que presentan negativos de retoques y microretoques parcialmente extendidos o marginales en ambas caras de la pieza (Figura 2) (Aschero 1975, 1983).

Por otro lado, los restantes tres artefactos formatizados (n=25) sobre otras materias primas son puntas de proyectil. Pero en este caso la cuestión es bastante diferente ya que la ausencia de núcleos y desechos en estas materias primas que indiquen manufactura y formatización, permite inferir que estas puntas ingresaron ya elaboradas al asentamiento.

Dos de estas puntas son de arenisca silicificada rosada, miden entre 27 y 29 mm, son de limbo triangular sin pedúnculo de base cóncava con los bordes algo dentados y se encuentran enteras o con una muy pequeña fractura. Ambas están talladas en ambas caras a través de microretoques extendidos. La restante alcanza los 20 mm, es de sílice de color crema y anaranjado con pedúnculo. En esta punta se puede identificar que se utilizó como forma base una lasca ya que sólo presenta en una de sus caras microretoques marginales y en la otra cara los microretoques la cubren parcialmente (Figura 2). Un dato para destacar es que dos de estas puntas se hallaron asociadas a los enterratorios de la Terraza 3.

62

Figura 2. A y B: Puntas de arenisca silicificada. C: Punta de sílice.
D, E y F: Fragmentos de puntas en obsidiana.

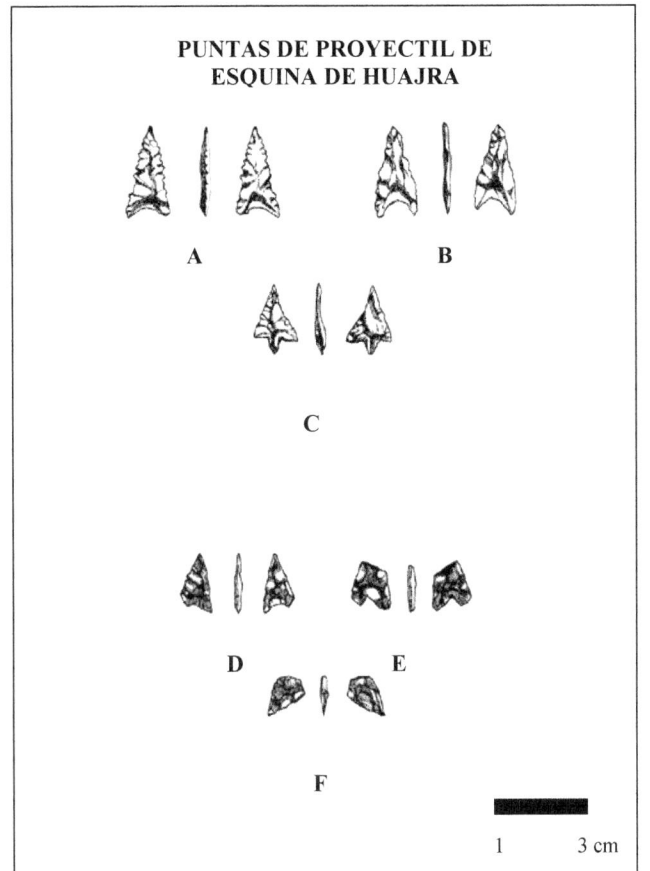

PUNTAS DE PROYECTIL DE
ESQUINA DE HUAJRA

A   B

C

D   E

F

1   3 cm

LOS AMARILLOS

El sitio arqueológico de Los Amarillos se encuentra en la Quebrada de Yacoraite (una de las quebradas tributarias a la Quebrada de Humahuaca y una de las vías principales hacia la Puna). Es uno de los asentamientos más grandes que se conocen para esta región y se lo considera como uno de los de mayor jerarquía (Albeck 1992; Nielsen 1989, 1996a).

El Proyecto de Investigación Omaguaca bajo la dirección del Dr. Nielsen ha excavado en este sitio más de 19 estructuras y varios sondeos. Estos trabajos se concentraron principalmente en el denominado sector central (Complejo A, B y C) (Nielsen 1995; Nielsen y Walker 1999) y en el sector norte (Complejo E) (Nielsen 2001). En el Complejo A se han identificado dos momentos de ocupación. El primero corresponde al Período de Desarrollos Regionales II (entre 780±70 A.P., 620±49 y 505±50 A.P.) y el segundo al Período Inka (520±40 y el 320±50 A.P.) (Nielsen 1997).

Las evidencias de ocupación Inka en Los Amarillos se restringen al área central. Durante esta época, el Complejo A corresponde a un área doméstica que surge luego de la destrucción y remodelación de las estructuras del período precedente (Nielsen y Walker 1999). Los complejos B y C corresponden a áreas de plazas, patios y estructuras y sólo se han recuperado materiales de filiación Inka en los niveles superiores de los rellenos de los recintos excavados y en superficie (Nielsen 1995). Dado que la morfología de las puntas de proyectil es similar en ambos componentes, se tomó en consideración la disposición estratigráfica, los

fechados radiocarbónicos y la asociación con materiales diagnósticos para separar los artefactos líticos correspondientes al componente Inka del período precedente.

El conjunto lítico del componente Inka suma 282 artefactos, de los cuales 221 están confeccionados sobre materiales alóctonos en la forma de núcleos, desechos de talla y puntas de proyectil. Durante este período, así como en el anterior, estos materiales han sido empleados casi exclusivamente para la manufactura de puntas de proyectil, siendo muy raro su empleo para la manufactura de otras clases de instrumentos (Avalos 2002).

Por su parte, las rocas localmente disponibles, como la cuarcita, pizarras, etc., se caracterizan por poseer granos relativamente gruesos y fractura irregular, propiedades que no las hace muy adecuadas para la manufactura de pequeñas puntas de proyectil, pero sí para la confección de una amplia variedad de instrumentos que requieren poca elaboración, que luego de ser utilizados han sido inmediatamente descartados. Dada la abundancia de este recurso en la región, este recurso ha sido reducido en forma extensiva. El uso extensivo de estos materiales se manifiesta en el gran número de núcleos relativamente grandes, altamente corticales y con pocas extracciones, tallados mediante la percusión simple y sin preparación previa y en la predominancia de lascas grandes y con reserva cortical, etc.

Trayectoria de Reducción Lítica

Un total de 221 de los 282 artefactos líticos recuperados en los contextos inkaicos del sector central corresponden a materiales alóctonos. Este grupo está formado por la obsidiana, el sílice gris y por materiales menos quebradizos como la arenisca y la caliza silicificada. Si bien para este sitio aún no se poseen datos específicos sobre el origen de estos materiales, estudios recientes sobre procedencia de obsidiana indican que una de las fuentes utilizadas en la Quebrada de Humahuaca es la de Laguna Blanca (Nielsen *et al.* 1999) o Zapaleri (Yacobaccio *et al.* 2004), que se encuentra en el punto tripartito entre Chile, Bolivia y Argentina.

La obtención de materia prima sin procesar se encuentra representada al menos por un nódulo de obsidiana, varios núcleos descartados de pequeñas dimensiones y lascas corticales. Estos artefactos junto a otras clases (pequeñas lascas de reducción bifacial[2], puntas terminadas e inconclusas, rechazos, etc.) representan toda la variación morfológica que se genera en la manufactura de puntas de proyectil[3].

El examen de la Tabla 2, en la que se sintetizan las clases y cantidades de artefactos líticos del período Inka de Los Amarillos, pone en evidencia algunos puntos de interés. En primer lugar, la obsidiana constituye la mayor parte (con el 90.1%), seguida en menor proporción por el sílice gris (7.2%) y por materiales menos quebradizos (2.7%), como la arenisca y la caliza silicificada. En segundo lugar, es notorio que el número de puntas de proyectil confeccionadas con rocas silíceas sea superior al número de desechos de talla y de núcleos del mismo material. Por último, el grupo de materiales duros se diferencian de la obsidiana y el sílice por estar representados sólo por productos terminados.

63

Clases de Artefactos	P. INKA			Total
	Obsidiana	Sílice	Rocas Duras	
Núcleos	11 (5.5)	1 (6.2)	-	12 (5.4)
Desechos	167 (84)	7 (43.8)	-	174 (78.7)
Puntas Inconclusas	7 (3.5)	-	-	7 (3.2)
Puntas Terminadas	14 (7)	8 (50)	6 (100)	28 (12.7)
Total	199 (100)	16 (100)	6 (100)	221 (100)

Tabla 2. Clases de artefactos líticos de materiales alóctonos del Componente Inka de Los Amarillos. Los porcentajes entre paréntesis.

A pesar de que en el asentamiento se haya recuperado toda la variación morfológica que se genera en la manufactura de puntas de proyectil, no existen garantías de que todas hayan sido confeccionadas en el lugar o incluso que las etapas de manufactura estén organizadas de forma similar. Una de las formas de explorar esta relación es mediante el índice de producción (relación entre subproductos y productos de la producción) (Costin 1991).

Índice	Obsidiana	Sílice	Otras Alóctonas
* Subproducto/producto	13.21	1	0
** Subproductos/ productos y piezas inconclusas	8.5	1	0

Tabla 3. Valores de los índices entre productos y subproductos de la confección de instrumentos sobre materiales alóctonos.
Referencias: * Incluye la suma total de núcleos, desechos de talla y piezas inconclusas dividido por el número total de productos terminados. ** Incluye la suma total de núcleos y desechos de talla dividida por la suma de total de productos y piezas inconclusas.

Ahora bien, empleando los datos de la Tabla 2, la Tabla 3 muestra los valores de los índices entre los desechos de producción, productos terminados y piezas inconclusas para cada clase de materia prima. Los valores obtenidos representan el peso que tiene una clase de artefacto con respecto al total de cada grupo (Figura 3).

Como se puede observar, en todos los casos los índices son muy bajos, incluso para los materiales que se encuentran representados por un número mayor de desechos como la obsidiana. Dicho de otra manera, el número de ítems dentro de la categoría de los subproductos no alcanzan para explicar cuantitativamente el número de puntas terminadas representadas en el conjunto lítico del Componente Inka de Los Amarillos[4]. La disparidad de los índices presentados anteriormente posiblemente se deba a que una importante porción de puntas de proyectil ingresó al asentamiento como productos terminados. Asimismo, el ingreso al asentamiento de productos líticos ya elaborados está indicada también por la presencia de puntas de proyectil terminadas confeccionadas con materias primas duras y ausencia total de

artefactos vinculables a su manufactura, como núcleos y lascas de ésta clase de material.

Figura 3 Puntas de Los Amarillos. A, B y C: Obsidiana; D, E y F: Sílice; G: Caliza silicificada y H: Arenisca

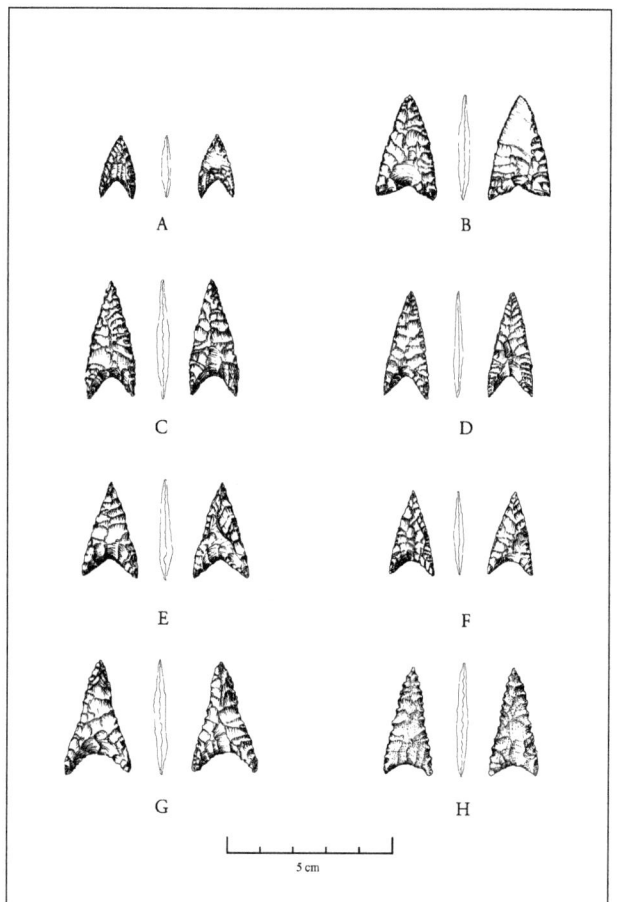

DISCUSIÓN

Desde tiempos cronológicamente tempranos, las comunidades que habitaron la Quebrada de Humahuaca utilizaron materias primas líticas importadas de distinta naturaleza. Estos materiales constituían una fuente atractiva por la excelente fractura que presenta la talla y por ser muy adecuados para la manufactura de pequeñas puntas de proyectil. Pero no es hasta el Período de Desarrollos Regionales, por lo menos en esta área[5], que la explotación de esta clase de rocas se orienta preferentemente hacia la obsidiana y a las rocas silíceas (Albeck 1992, 1994; Nielsen 2001; Olivera y Palma 1997, entre otros).

Al menos para el caso de la obsidiana, los datos hasta ahora disponibles indican que las fuentes utilizadas durante el dominio Inka en la Quebrada de Humahuaca siguen siendo las mismas a las utilizadas en los períodos anteriores (ver Tabla 1 en Yacobaccio et al. 2004). No obstante, la descripción de los datos relativos a la procedencia de las materias primas por sí solos no ofrecen información acerca de la interacción social asociada (Burger y Asaro 1978:316) ni los mecanismos implementados en el acceso y distribución de los recursos líticos (Yacobaccio et al. 2004). En tal sentido, en los Andes Centro Sur el Estado Inka aseguró su financiamiento evitando cambios en las economías preexistentes de las regiones conquistadas (D'Altroy y Earle

1985; Nielsen 2001:233; entre otros). Algo similar podría estar ocurriendo con la explotación y la circulación de la obsidiana.

Con relación a este recurso no existe indicación alguna sobre el control de la explotación y/o tráfico de estas materias primas. Los datos recogidos por Nielsen *et al.* (1999) en la Reserva Eduardo Avaroa (Sud Lípez, Dto. Potosí, Bolivia) donde se encuentra la fuente de obsidiana Laguna Blanca indican que, aparte del Tambo de Licancabur, la presencia Inka en el área se restringe meramente a la circulación, y las redes de intercambio locales preexistentes siguen manteniendo cierta autonomía en la circulación de objetos como la obsidiana, incluso "filtrándose" en éstas algunos objetos de gran valor o carga simbólica.

Por su parte, el uso de esta roca durante el Período Inka en la Quebrada de Humahuaca manifiesta muchas semejanzas con el Período precedente, señalando pocos cambios en la tecnología lítica local a pesar de las profundas transformaciones en la esfera sociopolítica y organización productiva, que significó su incorporación al *Tawantinsuyu* (Avalos 2002:117). Se siguen empleando las mismas materias primas y confeccionando las mismas morfologías de puntas de proyectil, en nuestro caso puntas apedunculadas de limbo triangular y de base cóncava o escotada.

Con relación a las formas de obtención, los datos presentados aquí indican que en la Quebrada de Humahuaca, durante el Período bajo consideración, coexistieron al menos dos formas básicas: la adquisición de materiales en bruto y la obtención de materia prima en la forma de productos terminados.

La primera forma queda manifiesta por la recuperación de núcleos y desechos de talla de materiales alóctonos en los sitios aquí analizados. Una vez obtenidos, estas rocas han sido utilizadas casi exclusivamente para la manufactura de puntas de proyectil y en menor medida para otras clases de artefactos. Asimismo, la recuperación de estos materiales en todos los sectores investigados tanto en el sitio de Huajra como en Los Amarillos parece indicar la inexistencia de restricciones de acceso a estos recursos y de lugares especiales destinados a su reducción.

En cuanto a la segunda forma de obtención, los índices de producción obtenidos, al menos para Los Amarillos, indican que los subproductos no pueden explicar cuantitativamente el número de productos, por lo que se propone que esta diferencia puede deberse a que un número importante de puntas de proyectil ingresaron al asentamiento en la forma de productos terminados.

La obtención de productos terminados se manifiesta con mayor claridad en los casos de puntas de proyectil confeccionadas con materiales más duros, como la arenisca y la caliza silicificada. Aparte de los sitios tratados aquí, los reiterados hallazgos de puntas confeccionadas con estos materiales en sitios o depósitos con materiales de filiación Inka en la Quebrada de Humahuaca y zonas aledañas, como Huachichocana (Fernández Distel 1974), Puerta de Zenta, Papachacra, Santa Bárbara (ciudad de Humahuaca), Churqueaguada y la ausencia de las mismas en el período precedente, lleva a proponer que la incorporación de estos materiales dentro de la tecnología lítica es un fenómeno

propio del Período Inka. No obstante, las puntas confeccionadas con estos materiales no son numerosas como para suponer que se haya buscado reemplazar aquellos tradicionalmente utilizados.

Las puntas de proyectil confeccionadas en arenisca y caliza silicificada se presentan en Huajra y en el componente Inka de Los Amarillos, como así también en los sitios señalados anteriormente, sólo en la forma de productos finalizados sin ninguna indicación de manufactura local. Ahora bien, independientemente de si esta clase de puntas es el resultado de actividades de especialistas y si estas estuvieron o no mantenidas y/o controladas por el Estado, lo cierto es que las comunidades de la Quebrada de Humahuaca las obtenían pero no estaban participando en su producción.

Por último y a pesar de que estos materiales (obsidiana, areniscas, sílices) no se presentan de forma natural en la Quebrada de Humahuaca y que posean muy buenas propiedades para la talla, no se ha observado que los mismos hayan sido tratados de manera "especial". En el caso de Huajra no hay evidencias de mantenimiento de filos, ni reactivación de ápices que aludan a una estrategia de conservación de materia prima, en este sentido coincidimos con Lazzari en que "...*una clase de objetos puede proceder de lugares lejanos, ser intercambiado y aún así no ser considerado exótico y por ende no ser manufacturado o depositado de manera especial*" (1999:140). En Los Amarillos, tanto la obsidiana como el sílice han sido reducidos con la técnica bipolar generando una gran cantidad de desechos, sin evidencias de preparación previa de los mismos. Un gran número de las puntas de proyectil confeccionadas con estas rocas, han sido recuperadas de los rellenos de recintos y en los depósitos de basura secundaria y no parecen haber sido alguna vez enastiladas, utilizadas ni reparadas (Avalos 2002).

CONCLUSIONES

Al igual que en otras áreas de los Andes Centrales, en la Quebrada de Humahuaca, los materiales importados han sido explotados y distribuidos con el fin de ser utilizados en actividades de subsistencia y en la confección de armas de guerra (Albeck 1992; Avalos 2002; Burger y Asaro 1978:296).

Sin embargo, el hecho de que no se hayan percibido cambios significativos en la tecnología Inka con respecto al período anterior (Avalos 2002) no quiere decir que la organización de la producción no haya sido alterada. De hecho, la incorporación de la Quebrada de Humahuaca al *Tawantinsuyu* se manifiesta en una mayor variabilidad de sitios con respecto al período precedente como resultado de una nueva organización y distribución espacial de la población (organización del trabajo). Estos cambios podrían reflejarse en una composición y distribución de artefactos completamente diferente a la de los períodos anteriores, tanto a nivel intra como interregional. Por lo tanto, reconstruir el sistema de producción Inka requiere analizar una variedad de sitios correspondientes al período así como los anteriores para poder evaluar cambios temporales en el manejo de la tecnología lítica, las formas que adoptaron y su rol en los sistemas productivos. Asimismo, la organización de la producción puede no ser homogénea en grandes áreas sino que puede estar fuertemente condicionada por las características ambientales y por los procesos locales de cada región, por lo que es difícil abordar problemas más complejos sólo a partir del análisis de los materiales líticos. A pesar de esto, se considera que los datos líticos, junto a los que se derivan del análisis de otras clases de artefactos, pueden constituir una herramienta sensible para comprender las formas que adoptó en esta región la dominación imperial y las posibles formas de resistencia o no de las poblaciones locales.

Por lo tanto, las afirmaciones que se han ofrecido aquí son argumentos que pretenden dar cuenta de la composición de los conjuntos de artefactos importados al menos para el período Inka de la Quebrada de Humahuaca. Dichas afirmaciones no deben ser consideradas como interpretación concluyente sino como puntos de partida que deben ser evaluadas con otras investigaciones.

Por último, se espera que este trabajo inspire el desarrollo de análisis de otros conjuntos líticos y generen nuevas preguntas. De esta forma, se va a lograr una mejor comprensión de los sistemas de producción, su relación con otras actividades productivas y su rol en los sistemas sociocultural previos a la invasión europea a la región.

AGRADECIMIENTOS

Este trabajo se enmarca en los siguientes proyectos: "Proyecto de Investigación Omaguaca" dirigido por el Dr. Axel Nielsen y "Al Borde del Imperio. Paisajes Sociales en áreas periféricas del Kollasuyusu: yungas y valles meridionales de Jujuy, sur de la sierra de Chañi y Quebradas transversales del Valle Calchaquí, Salta" (PICT Nº 04-08720) dirigido por la Dra. Verónica Williams. Agradecemos a la Dra. Beatriz Cremonte la posibilidad de analizar el material de Esquina de Huajra así como compartir la información sobre la caracterización general del sitio. Los análisis de NAA de las obsidianas fueron realizados por los Dres. Michael Glascock y Robert Speakman del Research Reactor Center (University of Missouri) y fueron enviados por la Dra. Patricia Escola como parte del proyecto PEI 6272 (CONICET) "Tras las antiguas rutas de intercambio". Nuestro agradecimiento a ella y al Arql. Salomón Hocsman por la invitación a publicar en este libro. Agradecemos también al Dr. Guillermo Mengoni Goñalons por facilitar manuscritos propios, a la Dra. Verónica Williams y al Mg. Rafael Curtoni por los comentarios a los borradores previos y a Roberto Pappalardo que realizó los dibujos de los puntas de Huajra. Uno de los autores desea expresar su especial agradecimiento a Axel Nielsen, con quien tuvo largas conversaciones que fueron muy fructíferas con respecto al conjunto lítico de Los Amarillos y sobre el área meridional de la República de Bolivia. Sin embargo, toda responsabilidad por los conceptos aquí vertidos es exclusivamente nuestra.

NOTAS

[1] Se debe remarcar la presencia de areniscas y sílices en la Quebrada de Humahuaca y en sus proximidades, pero estas, a diferencia de las empleadas para la confección de puntas de proyectiles, presentan fractura irregular y no son muy apropiadas para la reducción bifacial.

[2] Aludimos como lascas de reducción bifacial a aquellas obtenidas durante la confección de artefactos con reducción bifacial (para la distinción entre reducción y adelgazamiento bifacial, ver Aschero y Hocsman 2004:7).

[3] Consideramos como productos de la manufactura de puntas de proyectil a todas aquellas piezas que exhiben mayor elaboración y se expresan en piezas que poseen ápice y aletas destacadas. Como puntas de proyectil inconclusas se hace referencia a las piezas que por algún motivo han sido descartadas antes de ser terminadas. Éstas últimas pueden ser esbozos, rechazos o accidentes de talla. Estas formas se caracterizan por ser piezas con menos elaboración que las anteriores y se manifiestan en formas bases más espesas, asimétricas y pueden poseer ápices y aletas torcidas y/o no destacadas, etc.

[4] A partir de algunos experimentos replicativos, se sabe que la reducción bipolar así como la manufactura de pequeños bifaces generan un gran número de desechos de pequeño tamaño (Nami 1999, Avalos 2001). En Los Amarillos para recuperar de artefactos pequeños se han utilizado zarandas con mallas de 5 mm. de abertura. Por otra parte, se quiere señalar que la baja frecuencia del sílice gris en relación a la obsidiana, no sólo se presenta en Los Amarillos, sino que en muchos otros sitios del PDR II e Inka de la Quebrada de Humahuaca. Estas diferencias se invierten cuando se las compara con sitios de la Puna de Jujuy, donde el sílice más que la obsidiana es la materia prima predominante. Las diferencias señaladas confieren mayor significación puesto que indican que se tratan de propiedades de la estructura del registro arqueológico regional más que posibles defectos de la técnica de recuperación o a procesos postdepositacionales.

[5] En otras áreas como Antofagasta de la Sierra, Puna meridional argentina, desde el año 2500 A.P. existe una marcada tendencia en el uso de obsidiana para la confección de puntas de proyectil triangulares apedunculadas pequeñas semejantes a las descriptas en este trabajo (Escola 2000a; Hocsman 2004).

BIBLIOGRAFÍA

Albeck, M. E.
1992 El Ambiente como Generador de Hipótesis sobre Dinámica Sociocultural Prehispánica en la Quebrada de Humahuaca. *Cuadernos* 3: 95-103. Facultad de Humanidades y Ciencias Sociales, Universidad Nacional de Jujuy.
1994 Quebrada de Humahuaca en el Intercambio Prehispánico. En: *De Costa a Selva,* editado por M. Albeck, pp. 117-132. Instituto Interdisciplinario Tilcara, Facultad de Filosofía y Letras, Universidad de Buenos Aires.

Aschero, C. A.
1975 *Ensayo para una Clasificación Morfológica de Artefactos Líticos Aplicada a Estudios Tipológicos Comparativos.* Informe al CONICET, Buenos Aires. Inédito.
1983 *Ensayo para una Clasificación Morfológica de Artefactos Líticos. Apéndices A - C.* Cátedra de Ergología y Tecnología, Universidad de Buenos Aires. Inédito.

Aschero, C. A. y S. Hocsman
2004 Revisando Cuestiones Tipológicas en Torno a la Clasificación de Artefactos Bifaciales. En: *Temas de*

Arqueología. Análisis Lítico, compilado por A. Acosta, D. Loponte y M. Ramos, pp. 7-25. Buenos Aires.

Avalos, J. C.
2001 *Experimentación en la Reducción Bipolar y Réplicas de Puntas de Proyectil sobre Vidrios Volcánicos*. Inédito.
2002 *Sistema de Producción Lítica de una Comunidad Tardía de la Quebrada de Humahuaca*. Tesis de Licenciatura en Antropología. Facultad de Humanidades y Ciencias Sociales, Universidad Nacional de Jujuy. Inédita.

Burger R. y F. Asaro
1978 Análisis de Rasgos Significativos en la Obsidiana de los Andes Centrales. *Revista del Museo Nacional de Lima* 43: 281-326.

Burger R.; F. Asaro; H. Michel; F. Stross y E. Salazar
1994 An Inicial Consideration of Obsidian Procurement and Exchange in Prehispanic Ecuador. *Latin American Antiquity* 5 (3): 228-255.

Burger R.; F. Asaro; P. Trawick y F. Stross
1998 The Alca Obsidian Source: the Origin of Raw Material for Cuzco Type Obsidian Artefacts. *Andean Past* 5: 198-202.

Carr, P.
1994 The Organization of Technology: Impact and Potential. En: *The Organization of North American Prehistoric Chipped Stone Tool Technologies*, editado por P. Carr, pp. 1-8. International Monographs in Prehistory, Ann Arbor, Michigan.

Costin, C.
1991 Craft Specialization: Issues in Defining, Documenting, and Explaining the Organization of Production. En: *Archaeological Method and Theory*, editado por M. Schiffer, Volumen 3, pp. 1-56. University of Arizona Press, Tucson.

Cremonte, B.
2001 *Esquina de Huajra (TUM 10, Departamento Tumbaya - Jujuy). Informe de Rescate Arqueológico*. Inédito.
2005 *El Imperio Perdura en las Fronteras más Lejanas. Instalaciones Incaicas Tardías en Jujuy. Argentina*. Trabajo presentado en la VIII Reunión Latinoamericana de Investigación en Ciencias Sociales y Humanidades: La Frontera una nueva concepción cultural. Universidad Autónoma de Yucatán, Facultad de Ciencias Antropológicas, Mérida, México. Inédito.

Cobb, C.
1992 Archaeological Approaches to the Political Economy of Nonstratified Societies. En: *Archaeological Method and Theory*, editado por M. Schiffer, Volumen 4, pp. 43-100. University of Arizona Press, Tucson.

Chaparro, M. G.
2001 La Organización de la Tecnología Lítica en Sociedades Pastoriles Prehistóricas (desde *ca* 2.000 A.P.) en la Quebrada de Inca Cueva: El Caso de la Cueva 5 (Jujuy, Argentina). *Arqueología* 11: 9-47.
2002 Informe de Análisis Lítico del Sitio Tolombón. Trabajo de Campo Año 2001. Provincia de Salta. *Intersecciones* 3: 119-123.

2004 *Informe del Material Lítico, Esquina de Huajra, Jujuy*. Inédito.

D'Altroy T. y T. Earle
1985 Staple Finance, Wealth Finance, and Storage in the Inka Political Economy. *Current Anthropology* 26: 187-206.

Dellino, V. E.
1998 *Puestos de Caza y Pastoreo de Altura: Uso y manejo de recursos líticos en la Quebrada de Real Grande. Provincia de Catamarca*. Tesis de Licenciatura en Ciencias Antropológicas, Orientación Arqueología. Facultad de Filosofía y Letras, Universidad de Buenos Aires. Inédita.

Escola, P. S.
2000a *Tecnología Lítica y Sociedades Agropastoriles Tempranas*. Tesis de Doctorado en Filosofía y Letras. Facultad de Filosofía y Letras, Universidad de Buenos Aires. Inédita.
2002b Caza y Pastoralismo: un Reaseguro para la Subsistencia. *Relaciones de la Sociedad Argentina de Antropología* XXVII: 233-245.
2002c Disponibilidad de Recursos Líticos y Fuentes de Aprovisionamiento en un Sector de la Puna Meridional. *Mundo de Antes* 3: 65-84.
2004 Tecnología Lítica y Sociedades Agro-pastoriles Tempranas. En: *Temas de Arqueología, Análisis Lítico*, compilado por A. Acosta, D. Loponte y M. Ramos, pp. 59-100. Buenos Aires.
2005 *Informe Final de Investigación*. Proyecto: Tras las Antiguas Rutas de Intercambio: Distribución y Circulación de Obsidianas en el NOA. PEI 6272. CONICET. Inédito.

Fernández Distel, A.
1974 Excavaciones Arqueológicas en las Cuevas de Huachichocana, Departamento de Tumbaya, Provincia de Jujuy, Argentina. *Relaciones de la Sociedad Argentina de Antropología* VIII: 101-126.

Hayden, B.; N. Franco y J. Spafford
1996 Evaluating Lithic Strategies and Design Criteria. En: *Stone Tools: Theoretical Insights into Human Prehistory*, editado por G. Odell, pp. 9-45. Plenum Press.

Hocsman, S.
2004 Tecnología Lítica Extractiva en Bases Residenciales de Cazadores-recolectores y Grupos Agropastoriles: Una Comparación. *Actas del XIV Congreso Nacional de Arqueología Argentina. Simposio Estudios Tecnológicos en Arqueología. Sección A: La Tecnología y Actividades Extractivas*. Facultad de Humanidades y Artes, Escuela de Antropología. Universidad Nacional de Rosario. En prensa.

Johnson, J.
1989 The Utility of Production Trajectory Modeling as a Framework for Regional Analysis. En: *Alternatives Approaches to Lithics Analysis*, editado por D. Henry y G. Odell, pp. 119-138. Archaeological Papers, N°1. Washington, DC, American Anthropological Association.

Koldehoff, B.
1987 The Cahokia Flake Tool Industry: Socioeconomic Implications for Late Prehistory en the Central Mississippi Valley. En: *The Organization of Core Technology*, editado por J. Johnson y C. Morrow, pp. 151-185. Westview Press. Boulder. Colorado.

Lazzari, M.

1997 La Economía más Allá de la Subsistencia: Intercambio y Producción Lítica en el Aconquija. *Arqueología* 7: 9-50.

1999 Distancia, Espacio y Negociaciones Tensas: el Intercambio de Objetos en Arqueología. En: *Sed Non Satiata. Teoría Social en la Arqueología Latinoamericana Contemporánea*, editado por A. Zarankin y F. Acuto, pp. 117-151. Ediciones Del Tridente.

Ledesma, R.

2003 Diseño de Puntas de Proyectil. Una Vía de Análisis Alternativo para el Estudio de Identidad en la Quebrada del Toro, Provincia de Salta, Argentina. *Cuadernos* 20: 241-269. Universidad Nacional de Jujuy.

Marquardt, W.

1992 Dialectical Archaeology. En: *Archaeological Method and Theory*, editado por M. Schiffer, Volumen 4, pp. 101-140. The University of Arizona Press, Tucson.

Mengoni Goñalons, G. L.

2005 La Arqueofauna de Esquina de Huajra, Quebrada de *Humahuaca, Jujuy (Informe Preliminar)*. Inédito.

Nami, H. G.

1999 Observaciones Preliminares sobre el Análisis de las Puntas de Proyectil del Sitio Antiguito (Provincia de Salta). Apéndice 3. En: B. Ventura, Arqueología de Los Valles Orientales a las Serranías de Zenta y Santa Victoria, Salta. Tesis Doctoral en Filosofía y Letras. Universidad de Buenos Aires. Apéndice inédito.

Nelson, M. C.

1991 The Study of Technological Organization. En: *Archaeological Method and Theory*, editado por M. Schiffer, Volumen 3, pp. 57-100. University of Arizona Press, Tucson.

Nielsen, A. E.

1989 *La Ocupación Indígena del Territorio Humahuaca Oriental durante los Períodos de Desarrollos Regionales e Inka*. Tesis Doctoral en Historia. Universidad Nacional de Córdoba. Inédita.

1995 Asentamiento y Proceso Sociocultural Prehispánico en la Quebrada de Humahuaca, Jujuy, Argentina. *Anales del Instituto de Arte Americano e Investigaciones Estéticas Mario J. Buschiazzo* 30: 101-112. Universidad de Buenos Aires.

1996a Apuntes para el Estudio Arqueológico de la Evolución Social en la Quebrada de Humahuaca (Jujuy, Argentina). *Actas del I Congreso de Investigación Social*. Facultad de Filosofía y Letras, Universidad Nacional de Tucumán.

1996b Demografía y Cambio Social en la Quebrada de Humahuaca (Jujuy, Argentina) 700-1535 D. C. *Relaciones de la Sociedad Argentina de Antropología* XXI: 355-385.

1997 *Tiempo y Cultura Material en la Quebrada de Humahuaca (700-1650 D.C.)*. Instituto Interdisciplinario Tilcara, Facultad de Filosofía y Letras, Universidad de Buenos Aires.

2001 Evolución Social en Quebrada de Humahuaca (AD 700-1536). En: *Historia Argentina Prehispánica,* dirigido por E. E. Berberián y A. E. Nielsen, Tomo I, pp. 171-264. Editorial Brujas.

Nielsen A. E.; M. Vázquez; J. Avalos y C. Angiorama

1999 Prospecciones Arqueológicas en la Reserva "Eduardo Avaroa" (Sud Lipez, Departamento Potosí, Bolivia). *Relaciones de la Sociedad Argentina de Antropología* XXIV: 95-124.

Nielsen, A. E. y W. Walker

1999 Conquista Ritual y Dominación Política en el *Tawantinsuyu*: El Caso de Los Amarillos (Jujuy, Argentina. En: *Sed Non Satiata: Teoría Social en la Arqueología Latinoamericana Contemporánea*, editado por A. Zarankin y F. Acuto, pp. 153-169. Ediciones Del Tridente.

Nielsen, A. E. y L. Boschi

2002 *Quebrada de Humahuaca. Provincia de Jujuy. Argentina. Un itinerario cultural con 10.000 años de historia*. Gobierno de Jujuy.

Olivera, D. E. y J. Palma

1986 Sistemas Adaptativos Prehispánicos durante los Períodos Agro-alfareros de la Quebrada de Humahuaca, Jujuy, R. A. *Cuadernos del Instituto Nacional de Antropología y Pensamiento Latinoamericano* 11: 75-98.

1997 Cronología y Registro Arqueológico en el Formativo Temprano de la Región de Humahuaca. *Avances en Arqueología* 3:77-99. Instituto Interdisciplinario Tilcara, Facultad de Filosofía y Letras, Universidad de Buenos Aires.

Pintar, E. L.

1995 Cazadores y Pastores Arcaicos en la Puna Andina. *Relaciones de la Sociedad Argentina de Antropología* XX: 129-140.

Scattolin, M. y M. Lazzari

1997 Tramando Redes: Obsidianas al Oeste del Aconquija. *Estudios Atacameños* 14: 189-209.

Schiffer, M. B. y J. Skibo

1987 Theory and Experiment in the Study of Technological Change. *Current Anthropology* 28 (5): 595-622.

Torrence, R.

1989 Retooling: Towards a Behavioral Theory of Stone Tools. En: *Time, Energy and Stone Tools*, editado por R. Torrence, pp. 57-66. Cambridge University Press, Cambridge.

Yacobaccio, H. D.; P. S. Escola; F. Pereyra; M. Lazzari y M. D. Glascock

2004 Quest for Ancient Routes: Obsidian Sourcing Research in Northwestern Argentina. *Journal of Archaeological Science* 31: 193-204.

Williams, V.

2003 Nuevos Datos sobre la Prehistoria Local en la Quebrada de Tolombón. Provincia de Salta. Argentina. En: *Local, Regional, Global: Prehistoria, protohistoria e historia en los Valles Calchaquíes, Anales Nueva Época* 6, editado por P. Cornell y P. Stenborg, pp. 163-210. ES 46, GOTARC C 54. Instituto Iberoamericano, Universidad de Göteborg.

EL ESTUDIO DE ARTEFACTOS LÍTICOS COMO INDICADORES DE FUNCIONALIDAD DE SITIOS. UN CASO DE ESTUDIO EN LAS SIERRAS DE CÓRDOBA

Diego Rivero y Gabriela Srur

RESUMEN

En este trabajo se analiza cuáles son los aspectos, dentro del análisis lítico, que mejor permiten realizar inferencias funcionales sobre los sitios arqueológicos. Para ello, se analiza una muestra de artefactos proveniente de dos componentes del sitio El Alto 3 (Córdoba, Argentina), localizado en las Sierras de Córdoba.

Palabras clave*: Funcionalidad de sitios, Análisis lítico, Artefactos, Cazadores-recolectores, Sierras de Córdoba.*

ABSTRACT

The purpose of this paper is to evaluate the utility of some features of stone tools´s analysis for to assign functionality to archaeological sites. For this, two samples of artifacts from two components of the El Alto 3 site (Córdoba, Argentina), located in the Córdoba mountains, are analized.

Key words:*Site functionality, Lithic analysis, Artifacts, Hunter-gatherers, Córdoba mountains.*

A partir de fines de la década del ´60, se realizaron varios intentos por vincular los artefactos líticos recuperados en los sitios arqueológicos con las actividades en las que habían sido empleados, y de esta manera poder determinar la funcionalidad de los asentamientos (Ammerman y Feldman 1974; Binford y Binford 1966; Carr 1994; Cowan 1999).

Sin embargo, numerosos estudios han alertado acerca de que los patrones de organización espacial de artefactos, desechos y rasgos, que constituyen lo que se conoce como la "estructura del sitio", no siempre poseen una relación directa con la naturaleza de las actividades realizadas en la localidad, o con su función en el sistema de asentamiento regional (Binford 1977, 1978; O´Connell 1987; Gamble 1991; Schiffer 1972).

Como una vía de solución para este inconveniente, algunos investigadores han propuesto realizar excavaciones en las que se expongan grandes superficies, para lograr una interpretación más acertada de los patrones presentes en la estructura del sitio (Aldenderfer 1998; Farizy 1994; Gamble 1991; O´Connell 1987). Sin embargo, no siempre es posible realizar intervenciones de esta naturaleza, además los conjuntos líticos obtenidos en las excavaciones con frecuencia son el resultado de palimpsestos, producto de múltiples ocupaciones que no tuvieron, necesariamente, la misma función (Binford 1982).

En el marco de esta problemática, en este trabajo se evaluó la relevancia de algunos aspectos del análisis de artefactos líticos para realizar inferencias funcionales sobre los sitios arqueológicos. Para ello, se analizó una muestra de artefactos formalizados proveniente de los Componentes 1B y 2 del

sitio El Alto 3 (Dpto. Punilla, Córdoba, Argentina), localizado en las sierras de Córdoba, para los cuales se han propuesto funcionalidades diferentes. El análisis incluyó la clasificación tipológica de los artefactos formatizados, el grado de inversión de trabajo en su manufactura, la materia prima utilizada, el estado de fragmentación de la muestra, evidencias de mantenimiento de los filos y el tamaño de los instrumentos. Los resultados de este estudio permitieron contrastar las hipótesis funcionales que se habían planteado sobre cada uno de los componentes, y proponer algunas vías de análisis que se relevaron diagnósticos acerca de la funcionalidad de las ocupaciones.

FUNCIONALIDAD DE SITIOS Y ARTEFACTOS

Los ambientes montañosos se caracterizan, en general, por ser heterogéneos, de baja productividad y predictibilidad, y altamente inestables y frágiles en cuanto a recursos de subsistencia (Aldenderfer 1998). Por lo tanto, los grupos que habitaron este tipo de ambientes emplean estrategias de asentamiento del tipo logísticas, con una baja movilidad residencial (Aldenderfer 1998, entre otros). En este marco, emplean básicamente dos tipos de asentamientos: las bases residenciales y los sitios logísticos -*v.gr.* campamentos breves, puestos de caza- (Binford 1980, 1982), en cada uno de los cuales se generan "firmas" arqueológicas distintivas, las que posibilitarían la identificación de la funcionalidad principal que tuvieron los sitios arqueológicos.

En general, en las bases residenciales, que es donde la mayor parte del grupo reside en forma permanente, se realizan múltiples actividades que generan áreas de descarte de artefactos y desechos. El grado de correlación de estos items con las actividades realizadas depende de varios factores, entre los que se cuentan la duración de la ocupación, la frecuencia de cambios de lugar de las áreas de actividad y el número de integrantes de la comunidad (Binford 1988; O´Connell 1987). Por otra parte, en los sitios logísticos se desarrolla un número más limitado de actividades (Binford 1978) dependiendo de la distancia a las bases residenciales, el objetivo de la salida logística y el número de integrantes de la misma (Binford 1977, 1978).

Asimismo, es muy frecuente que al cambiar de localización un campamento base, el anterior asentamiento residencial sea empleado como sitio logístico para el establecimiento de campamentos breves, debido a que ambas clases de asentamientos precisan de condiciones de emplazamiento similares (cercanía a fuentes de agua y leña, entre otras) (Binford 1982).

Esta situación se agudiza en los ambientes montañosos, ya que la disponibilidad de localidades apropiadas es bastante acotada, por lo que se espera que la reutilización de los mismos espacios constituya un fenómeno frecuente.

Sitios Residenciales	Sitios Logísticos
• Alta diversidad de artefactos	• Baja diversidad de artefactos
• Artefactos correspondientes a distintas esferas funcionales	• Artefactos correspondientes a esferas funcionales similares
• Artefactos fracturados y agotados	• Artefactos situacionales
• Desechos de manufactura y mantenimiento de artefactos	• Bases de puntas de proyectil, indicando *retooling*
	• Desechos de las últimas etapas de manufactura y mantenimiento de artefactos

Tabla 1. Expectativas de artefactos en sitios residenciales y logísticos
Fuentes: Binford (1978, 1979, 1982), Gamble (1990), Aldenderfer (1998), Cowan (1999)

Debido a esta situación, los estudios etnoarqueológicos efectuados por Binford (1978, 1982, 1988) sugieren que las localidades empleadas para establecer campamentos base, presentan una variedad más compleja de restos arqueológicos que aquellas empleadas únicamente para establecer sitios logísticos. Asimismo, debería haber una correspondencia entre el potencial económico de un lugar y la naturaleza de las actividades efectuadas allí, así como entre éstas y los ítems que ingresan al registro arqueológico (Binford 1982).

Ahora bien, ¿cómo acceder a la funcionalidad de los sitios a través de los artefactos líticos?. En base a las propuestas de diferentes investigadores (Aldenderfer 1998; Binford 1978, 1979, 1982; Cowan 1999; Gamble 1990), puede proponerse un modelo acerca de la estructura que tendrían los conjuntos líticos presentes en sitios arqueológicos que fueron bases residenciales o campamentos/estaciones logísticas (Tabla 1).

Un aspecto importante de esta propuesta lo constituyen las esferas funcionales a las que corresponden los artefactos identificados. Este punto no siempre puede ser abordado con certeza, ya que existen casos como el que se presenta aquí, donde no es posible realizar análisis funcional debido a que las características de las materias primas (*v.gr.* cuarzo) impiden la observación de micropulidos y otros microrrastros funcionalmente diagnósticos (Castro com. pers. 2004).

Otro problema de la aplicación del modelo en arqueología es que se asume pennecontemporaneidad entre las diferentes clases de sitios. Esto se refiere a que los sitios considerados corresponden a un período durante el cual las estrategias tecnológicas adoptadas fueron las mismas, o con variaciones de poca magnitud. Cuando los sitios analizados pertenecen a períodos diferentes, caracterizados por la adopción de distintas estrategias tecnológicas, la comparación entre los conjuntos se hace muy complicada. Esto es un problema sobre el que volveremos más adelante.

UN CASO DE ESTUDIO EN LAS SIERRAS DE CÓRDOBA

El sitio El Alto 3 es un alero localizado en las cotas superiores de una cabecera de quebrada a 1650 msnm -31° 24´S y 64° 44´O- en el sector oriental de los contrafuertes de la Pampa de Achala (Dpto. Punilla, Pcia. de Córdoba) en las Sierras de Córdoba, que conforman las Sierras Centrales de Argentina junto con las Sierras de San Luis (Figura 1). La altura del techo es superior a los 2 m y tiene una profundidad de 5 m, mientras que su boca tiene un largo de 23 m.

En las tareas de excavación realizadas en el interior y exterior del abrigo, se identificaron cuatro componentes culturales en sucesión estratigráfica, correspondiendo los tres inferiores a grupos cazadores-recolectores (Roldán *et al.* 2004). En este trabajo, el análisis se centrará en los artefactos recuperados en los componentes 1B (en adelante C1B) y 2 (en adelante C2).

A partir de las investigaciones realizadas (Roldán *et al.* 2004), se ha propuesto que la localidad fue utilizada para establecer campamentos base durante el período correspondiente al C1B que, en base a artefactos temporalmente diagnósticos como las puntas de proyectil lanceoladas y a las dataciones de los otros componentes del sitio, puede ubicarse cronológicamente entre 8500 y 5000 años A.P., aunque la extensión temporal del componente parece ser bastante acotada, por lo que se lo puede considerar funcional y tecnológicamente "homogéneo". Por otro lado, durante el período correspodiente al C2, datado en 2770 ± 80 años A.P. (LP- 1287) y 2990 ± 70 años A.P. (LP-1502), el sitio habría funcionado como un campamento logístico, vinculado con las actividades cinegéticas.

Artefactos Recuperados

Los artefactos fueron clasificados tecnotipológicamente siguiendo las propuestas de Aschero (1975, 1983). A continuación, se presenta brevemente la información referida a los instrumentos obtenidos en los dos componentes mencionados.

Componente 1B

El conjunto lítico consiste en 68 artefactos formatizados (Tabla 2), 83 núcleos y nucleiformes, y 3845 desechos de talla. Este conjunto se caracteriza por la presencia de puntas de proyectil apedunculadas de limbo lanceolado, puntas de proyectil con pedúnculo destacado y hombros, y preformas, confeccionadas mediante adelgazamiento bifacial.

Sin embargo, la mayor parte de los instrumentos obtenidos se formatizaron mediante retoque marginal (raspadores, puntas entre muescas, cuchillos) (Figura 3). Asimismo, se encuentran presentes varios artefactos pulidos (manos, placa grabada).

Figura 1. Localización del sitio El Alto 3

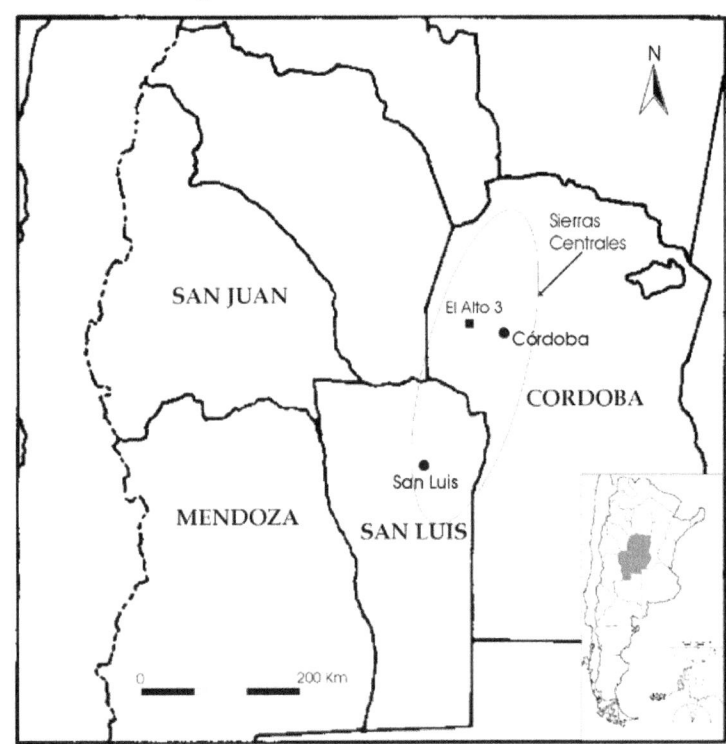

La muestra presenta una alta diversidad de grupos tipológicos, donde las puntas de proyectil, preformas y raspadores conforman los grupos dominantes, mientras que se destaca que el 10% de los artefactos son compuestos. Por otra parte, el 71% de los artefactos se encuentran fracturados, lo que representa un porcentaje muy alto. Asimismo, se han detectado evidencias de mantenimiento en el filo de algunos útiles (principalmente puntas de proyectil y raspadores).

Con respecto al tamaño de los instrumentos, predominan los mediano grande y grandes. Coincidiendo en parte con el tamaño de las extracciones de los núcleos recuperados (Figura 2), y con las dimensiones del 26 % de los desechos de talla (Srur 2004).

La materia prima principal en la que están trabajados estos artefactos es el cuarzo (94.1%), que constituye un recurso local y abundante en el área. El 5.8 % restante lo conforman rocas no locales como ópalo, calcedonia, pórfiro y brecha, cuya localización se encuentra en un radio que va de 10 a 100 km de distancia. Estas materias primas se emplearon exclusivamente para la confección de algunas de las puntas de proyectil (N=4).

Componente 2

La muestra consiste en 16 instrumentos (Tabla 3), 19 núcleos y 1890 desechos de talla. Los instrumentos con mayor grado de inversión de trabajo consisten en puntas de proyectil apedunculadas de limbo triangular, confeccionadas mediante reducción bifacial (*sensu* Aschero y Hocsman 2004). Los restantes instrumentos poseen únicamente retoques marginales y parcialmente extendidos (cuchillos, raspadores, punta entre muescas) (Figura 4). La mayoría de los instrumentos fueron confeccionados en cuarzo, con

excepción de un raspador de ortocuarcita, que es una roca disponible a unos 10 km del sitio. El conjunto de instrumentos presenta baja diversidad, destacándose los raspadores y en segundo término las puntas de proyectil, ambos grupos tipológicos constituyen aproximadamente el 50% de la muestra. Es notable la baja frecuencia de artefactos compuestos, la ausencia de evidencias de mantenimiento de filos, y la reducida fragmentación del conjunto que sólo alcanza el 20%, formado casi exclusivamente por las puntas de proyectil.

En lo referido al tamaño de los instrumentos, éstos se reparten entre las categorías mediano grande y grande; que son considerablemente mayores al tamaño de los desechos (Roldán *et al.* 2004) y de las extracciones de los núcleos, que corresponden casi en su totalidad a los tamaños pequeño y mediano-pequeño (Figura 5).

DISCUSIÓN

Los conjuntos artefactuales analizados poseen notables diferencias entre sí, principalmente en lo referido a la diversidad que presentan las muestras[1] (Tablas 2 y 3) y el grado de inversión de trabajo[2] (Tabla 4) según las *Clases Técnicas* (Aschero y Hocsman 2004).

Como puede observarse, los artefactos del C1B evidencian una mayor inversión de trabajo en su confección que los pertenecientes al C2, principalmente resaltan en los primeros la gran proporción de útiles confeccionados mediante el empleo de la técnica de adelgazamiento bifacial, mientras que casi la totalidad de los artefactos del C2 se manufacturaron con retoques marginales, con excepción de la elaboración de las puntas de proyectil, que incluyó la reducción bifacial (Tabla 4).

71

Grupos Tipológicos	N	%
Raspadores	15	20
Filos bisel asimétrico microrretoque ultramarginal	2	2.7
Raederas	3	4
Cuchillos de filo retocado	2	2.7
Muescas de lascado simple	8	11
Denticulados	2	2.7
Puntas entre muescas	3	4
Artefacto burilante	1	1.3
Puntas de proyectil apedunculadas	6	8.1
Puntas de proyectil c/pedúnculo destacado y hombros	3	4
Preformas de puntas apedunculadas	5	6.8
Fragmento apical de punta de proyectil	1	1.3
Esbozo de pieza bifacial	1	1.3
Percutores	1	1.3
Artefactos o filos de formatización sumaria	3	4
Fragmento no diferenciado de artefacto	1	1.3
Raspador + muesca de lascado simple	2	2.7
Filo bisel asimétrico + filo c/microrretoque sumario	1	1.3
Filo bisel asimétrico + raedera	1	1.3
Raedera + muesca de lascado simple	1	1.3
Punta entre muescas + muesca de lascado simple	1	1.3
Filo form. bif. Arista sinuosa + muesca de lasc. simple	1	1.3
Manos de molino	2	2.7
Placa grabada	1	1.3
Artefacto pulido	1	1.3
Total	68	100

Tabla 2. Artefactos formatizados del Componente 1B

Grupos Tipológicos	N	%
Raspadores	6	35.3
Cuchillos de filo retocado	1	5.9
Muescas de lascado simple	1	5.9
Denticulados	1	5.9
Cuchillo denticulado	1	5.9
Puntas entre muescas	1	5.9
Puntas de proyectil apedunculadas	2	11.8
Fragmento no diferenciado de artefacto	1	5.9
Punta entre muescas + filo c/microrretoque sumario	1	5.9
Manos de molino	1	5.9
Total	16	100

Tabla 3. Artefactos formatizados del Componente 2

Una característica notable del conjunto más temprano (C1B) es la referida al diseño de los instrumentos extractivos (puntas de proyectil). Éstas evidenciarían un énfasis en la confiabilidad (*sensu* Bleed 1986). En general, las puntas de proyectil de limbo lanceolado y gran espesor, como las que caracterizan a este componente, precisan una gran habilidad e inversión de trabajo en su manufactura, y para su enmangue es necesario un mayor tiempo y cuidado que para puntas más pequeñas, debido al diámetro del intermediario y a la mayor cantidad de adhesivo y tendón requerido para fijar adecuadamente este tipo de puntas. Debido a estas características, y a la baja tasa de fracturas que poseen las formas lanceoladas, se considera que este tipo de instrumento de emplea en sistemas de armas confiables (Woods 1988).

Por otro lado, las consideraciones de diseño de las puntas de proyectil triangulares apedunculadas del C2, parecen haber acentuado la mantenibilidad (*sensu* Bleed 1986), ya que al ser más pequeñas y delgadas, su confección y enmangue requieren una menor inversión de trabajo y habilidad. Por otro lado, este tipo de puntas posee una alta tasa de fracturas, por lo que serían empleadas en equipos de caza diseñados para ser mantenibles (Woods 1988).

La observación de ambos conjuntos, además, sugiere que si bien la adopción de estrategias tecnológicas expeditivas (Nelson 1991) fue la dominante (que se explica en gran parte por la amplia disponibilidad regional de materias primas adecuadas), existiría un mayor desarrollo de éstas en los momentos más tardíos. Por lo que estaríamos tratando con dos conjuntos generados bajo estrategias tecnológicas diferentes.

Esto representa una luz de alerta, ¿hasta qué punto las diferencias observadas entre ambos grupos son funcionales o responden a consideraciones tecnológicas distintas?. Este es un problema generado por estar tratando con conjuntos diacrónicos, que poseen estrategias tecnológicas diferentes. Una forma de neutralizar este "ruido" puede ser la consideración del estado de fragmentación de las muestras y la relación de tamaño entre los artefactos y las extracciones medidas en los núcleos

Figura 2: Relación tamaño de instrumento-tamaño de extracción para el C1B
Referencias: 2: Pequeño, 3: Mediano pequeño, 4: Mediano grande, 5: Grande, 6: Muy grande, 7: Grandísimo

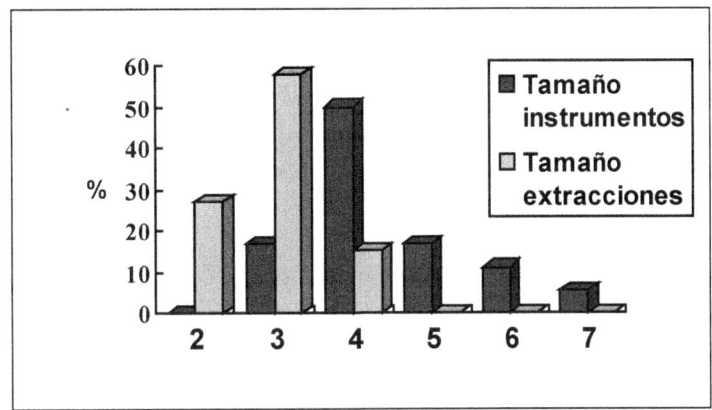

Figura 3. Instrumentos de C1B; 1 y 3, Puntas de proyectil; 2, Filo bisel asimétrico microrretoque ultramarginal; 4 y 8, Cuchillos; 5, Denticulado; 6 y 7, Raspadores; 9, Raspador + Muesca de lascado simple

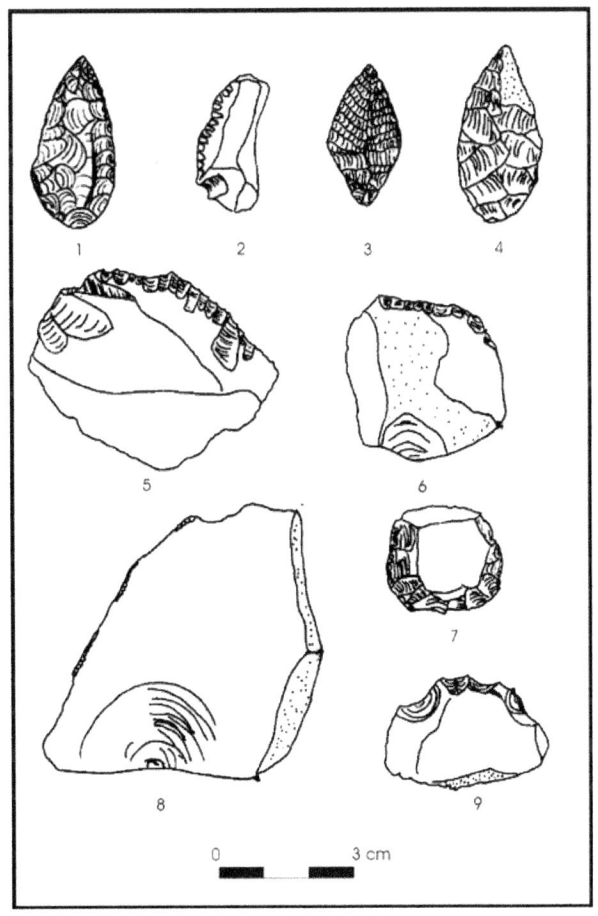

73

Figura 4. Instrumentos del C2; 1, 2, 4, Raspadores; 3, Denticulado; 5, Punta de proyectil

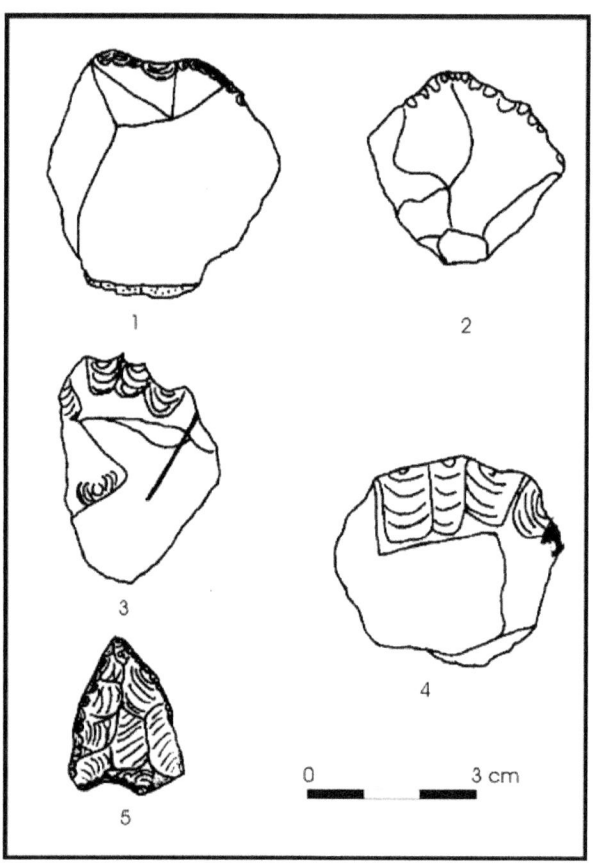

Figura 5. Relación tamaño de instrumento-tamaño de extracción para el C2
Referencias: 2: Pequeño, 3: Mediano pequeño, 4: Mediano grande, 5: Grande, 6: Muy grande, 7: Grandísimo

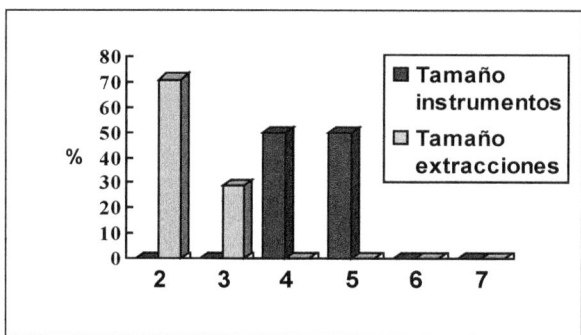

El alto grado de fragmentación que presenta el conjunto lítico del C1B (71%), sumado a la presencia de artefactos con evidentes marcas de reactivación, sustentan la idea de que en esta localidad se habrían realizado actividades de descarte de artefactos fracturados y/o agotados y de mantenimiento de equipos.

Asimismo, el análisis del tamaño de los instrumentos y de las extracciones en los núcleos (Figuras 2 y 5), permite sugerir que en el C1B se pudo haber producido la extracción de formas base para la formatización de instrumentos de tamaños mediano pequeños y mediano grandes. Mientras que aquellos útiles de mayor tamaño, que constituyen la mayor parte, seguramente fueron introducidos al sitio.

Debe destacarse que los núcleos poseen pocas extracciones y no existen evidencias de que hayan sido muy explotados, influenciando de esta manera las tendencias observadas en la relación del tamaño de los instrumentos y de las extracciones en los núcleos. Además, debiso a la gran disponibilidad local de cuarzo no se esperaría una gran explotación de los núcleos.

El C2, a diferencia del anterior, posee muy bajos porcentajes de instrumentos fracturados (20%) y todos los instrumentos poseen tamaños mayores a aquéllos de los negativos de lascado medidos en los núcleos (Figura 5), lo que permite asumir que en la localidad la producción de artefactos formatizados habría ocupado un lugar mínimo, y que los mismos habrían sido introducidos al sitio terminados y descartados luego de ser empleados en sus tareas, o dejados como equipamiento de sitio (*sensu* Binford 1979). Por otra parte, casi los únicos útiles fracturados consisten en puntas de proyectil, sugiriendo la reparación de armas.

74

Clases Técnicas	Componente 1B	Componente 2
Formatización unifacial marginal	43	12
Formatización bifacial marginal	2	1
Reducción unifacial	-	-
Reducción bifacial	-	2
Adelgazamiento unifacial	-	-
Adelgazamiento bifacial	18	-
Total de Artefactos	63	15
Inversión de Trabajo	2.4	1.5

Tabla 4. Inversión de trabajo calculada para cada componente

Estos indicadores apoyarían la hipótesis de que la localidad, durante el período representado por el C1B, se habría utilizado principalmente para la instalación decampamentos base en los que realizarían tareas de manufactura, uso, mantenimiento y descarte de instrumentos. En tanto que la evidencia analizada para el C2 arrojó resultados coherentes con los esperados para sitios logísticos, tales como campamentos transitorios, donde las actividades de talla serían, principalmente, el mantenimiento y descarte de instrumentos.

CONCLUSIÓN

El análisis de los conjuntos de artefactos de ambos componentes ha posibilitado avanzar hacia la determinación de la funcionalidad de la localidad durante los dos períodos considerados.

En este estudio se logró alcanzar resultados que avalan las hipótesis funcionales oportunamente propuestas para los dos momentos de ocupación del sitio. Sin embargo, no todos los indicadores empleados tuvieron igual utilidad para la determinación de las actividades realizadas y para la asignación funcional de los componentes analizados. En este sentido, la relación de los tamaños de los instrumentos con las dimensiones de los negativos de lascado en los núcleos, la presencia de reactivación, la proporción de instrumentos fracturados y el tamaño de los desechos de talla, son las vías de análisis que se revelaron más diagnósticas de la función del sitio.

Por otro lado, la diversidad de los artefactos, si bien es una característica útil para determinar funcionalidad de sitios, su empleo se ve reducido debido a que puede estar determinada por consideraciones tecnológicas, antes que funcionales. Además, la diversidad es afectada por problemas como el "palimpsesto" y el tamaño de la muestra, como en este caso, requiriendo cuidadosos controles antes de emplear este indicador (Borrero 1989).

La profundización de los estudios en otros sitios o componentes de cronología comparable a los considerados aquí, posibilitarán discutir si este cambio en la funcionalidad del sitio El Alto 3 es un caso aislado, o está evidenciando cambios en las estrategias adaptativas y rangos de acción de las poblaciones serranas con posterioridad al 3000 AP.

Finalmente, puede señalarse que el análisis de artefactos líticos puede aportar importantes vías de contrastación de hipótesis funcionales de sitios. Sin embargo, este tipo de estudio tiene limitaciones que hacen necesaria la consideración de otros aspectos aparte de los artefactos, como son las evidencias arqueofaunísticas, las condiciones de emplazamiento de sitio y el potencial económico de su localización, entre otros.

AGRADECIMIENTOS

Deseamos agradecer a nuestro Director Dr. Eduardo Berberián, por su permanente aliento. A la Congregación Hermanas de La Paz, por la asistencia prestada. Asimismo, fueron invalorables las discusiones e intercambio de ideas con Fabiana Roldán, Eduardo Pautassi, Sebastián Pastor, Shilo Hocsman, Patricia Escola, Teresa Civalero y Nora Franco.

NOTAS

[1] En nuestro caso, la diversidad de los instrumentos no sería un indicador útil al poseer una alta correlación con el tamaño de la muestra (r^2=0.93, r=0.96, y=0.26x + 5.08).

[2] En base a la propuesta de Aschero y Hocsman (2004), se asigna un valor que va de 1 a 6 para cada clase técnica, según la inversión de trabajo, luego se multiplica este valor por el total de instrumentos incluidos en cada clase técnica, y se divide el valor resultante por el n total de instrumentos, obteniéndose un índice de inversión de trabajo. De esta manera, un conjunto formado exclusivamente por artefactos con adelgazamiento bifacial tendría un valor de 6, mientras que uno conteniendo sólo artefactos de formatización unifacial marginal tendría una inversión de trabajo de valor 1.

BIBLIOGRAFIA

Aldenderfer, M.
1998 *Montane Foragers, Asana and the South-Central Andean Archaic.* University of Iowa Press. Iowa.

Ammerman, A. y M. Feldman
1974 On the "Making" of an Assemblage of Stone Tools. *American Antiquity* 39 (4): 610-616.

Aschero, C. A.

1975 *Ensayo para una Clasificación Morfológica de Artefactos Líticos Aplicada a Estudios Tipológicos Comparativos*. Informe al CONICET. Buenos Aires. Inédito.

1983 *Ensayo para una Clasificación Morfológica de Artefactos Líticos. Apéndices A - C*. Cátedra de Ergología y Tecnología, Universidad de Buenos Aires. Inédito.

Aschero, C. A. y S. Hocsman

2004 Revisando Cuestiones Tipológicas en Torno a la Clasificación de Artefactos Bifaciales. En: *Temas de Arqueología. Análisis Lítico,* compilado por A. Acosta, D. Loponte y M. Ramos, pp.7-25. Buenos Aires.

Binford, L. R.

1977 Forty-Seven Trips: a Case Study in the Character of Archaeological Formation Processes. En: *Stone Tools as Cultural Markers: Change, Evolution and Complexity,* editado por R. V. S. Wright, pp. 24-36. Australian Institute of Aboriginal Studies, Canberra.

1978 Dimensional Analysis of Behavior and Site Structure: Learning from an Eskimo Hunting Stand. *American Antiquity* 43 (2): 330-361.

1979 Organization and Formation Processes: Looking at Curated Technologies. *Journal of Anthropological Research* 35 (3): 255-273.

1980 Willow Smoke and Dogs´ Tails: Hunter-gatherer Settlement Systems and Archaeological Site Formation. *American Antiquity* 45 (1): 4-20.

1982 The Archaeology of Place. *Journal of Anthropological Archaeology* 1 (1): 5-31.

1988 *En Busca del Pasado*. Editorial Crítica, Barcelona.

Binford, L. R. y S. Binford

1966 A Preliminary Analisys of Functional Variability in the Mousterian of Levallois Facies. *American Anthropologist* 68 (2): 238-295.

Bleed, P.

1986 The Optimal Design of Hunting Weapons: Maintainability or Reliability. *American Antiquity* 51 (4): 737-747.

Borrero, L. A.

1989 Sistemas de Asentamiento: Cuestiones Metodológicas y el Caso del Norte de Tierra del Fuego. *Revista de Estudios Regionales* 4: 7-26. Centro Interdisciplinario de Estudios Regionales, Universidad Nacional de Cuyo.

Carr, P. (editor)

1994 *The Organization of Prehistoric North American Chipped Stone Technologies*. International Monographs in Prehistory, Archaeology Series 7. Ann Arbor, Michigan.

Cowan, F. L.

1999 Making Sense of Flake Scatters: Lithic Technological Strategies and Mobility. *American Antiquity* 64 (4): 593-607.

Farizy, C.

1994 Spatial Patterning of Middle Paleolithic Sites. *Journal of Anthropological Archaeology* 13:153-160.

Gamble, C.

1990 *El Poblamiento Paleolítico de Europa*. Editorial Crítica, Barcelona.

Nelson, M. C.

1991 The Study of Technological Organization. En: *Archaeological Method and Theory,* editado por M. Schiffer, Volumen. 2, pp. 57-100. University of Arizona Press, Tucson.

O´Connell, J.

1987 Alyawara Site Structure and its Archaeological Implications. *American Antiquity* 52 (1): 74-108.

Roldán, F.; Rivero, D.; Sanabria, J. y G. Arguello

2004 Geoarqueología del Sitio El Alto 3 (Punilla, Prov. de Córdoba). Primera Aproximación. *Actas del XV Congreso Nacional de Arqueología Argentina*. Universidad Nacional de Río Cuarto, Córdoba. En prensa.

Schiffer, M. B.

1972 Archaeological Context and Systemic Context. *American Antiquity* 37 (1): 16-165.

Srur, G.

2004 La Organización de la Tecnología Lítica Durante el Holoceno Temprano en las Sierras de Córdoba. *Actas del XV Congreso Nacional de Arqueología Argentina*. Universidad Nacional de Río Cuarto, Córdoba. En prensa.

Woods, J.

1988 Projectile Point Fracture Patterns and Inferences About Tool Function. *Idaho Archaeologist* 11 (1): 3-7.

LA EXPLOTACIÓN DE DEPOSITOS SECUNDARIOS DE RODADOS EN EL CURSO MEDIO DEL RÍO NEGRO Y EL LITORAL MARÍTIMO PAMPEANO

Mariano Bonomo y Luciano Prates

RESUMEN

En este trabajo se presentan los resultados del estudio de la explotación de rocas en forma de rodados en el valle del río Negro, en Norpatagonia, y en el litoral marítimo de la región pampeana (Argentina). A partir de la información geológica disponible y del estudio de muestras de depósitos secundarios obtenidas en ambas regiones, se ofrece un esquema general de su distribución, disponibilidad natural y tipos de rocas representadas. Luego se plantean las principales tendencias tecnológicas observadas en la talla de los rodados, enfatizando en la posible correlación entre la forma y el tamaño en que se presentan y los métodos empleados para su reducción. Por último, se comparan las evidencias abordadas en este análisis con las procedentes de otras zonas vecinas donde también se utilizaron rodados para la elaboración de artefactos (p. ej. litoral marítimo norpatagónico y valle inferior del río Colorado). De acuerdo con los resultados obtenidos se propone que los cazadores-recolectores prehispánicos tomaron distintas decisiones en el proceso de manufactura de los artefactos según las características de los nódulos.

Palabras claves: *Pampa, Patagonia, Rodados, Tecnología lítica.*

ABSTRACT

This paper presents a study of the exploitation of cobbles in the Río Negro Valley in northern Patagonia and on the maritime coast of the Pampas in Argentina. Based on geological data and samples from secondary deposits, a general scheme about their distribution, availability, and types of rocks represented is presented. As follows, we present the main technological patterns observed in the worked cobbles, emphasizing the possible correlation between the form and size of the cobbles with the methods used in reduction of cobbles. Finally, evidence from this analysis is compared with evidence originating from other neighboring regions where cobbles were also used in the manufacture of lithic artifacts (e.g., the northern Patagonian coast and the lower valley of the Río Colorado). In accordance with these results, we propose that prehispanic hunter-gatherers made distinct decisions in the manufacturing process of lithic artifacts in relation to the differences in the original form of the cobbles.

Key words: *Pampa, Patagonia, Cobble/pebble, Lithic technology.*

INTRODUCCIÓN

Durante las dos últimas décadas, las investigaciones regionales sobre las fuentes de aprovisionamiento de rocas han cobrado especial importancia en los estudios de tecnología lítica de las regiones pampeana y patagónica (Berón *et al.* 1995; Chauvín y Crivelli Montero 1999; Flegenheimer y Bayón 2002; Franco y Borrero 1999; Messineo *et al.* 2004; Nami 1992; Oliva y Moirano 1997; Stern *et al.* 2000; entre muchos otros). Entre los diversos temas abordados se incluyen la distribución espacial y caracterización de las fuentes de obtención (primarias y secundarias); la procedencia, composición mineral, propiedades químicas y textura de las materias primas y la correspondencia entre las rocas de las zonas de origen y las explotadas en los sitios arqueológicos. Siguiendo esta línea de investigación, en este trabajo se dan a conocer los resultados del estudio de diferentes fuentes potenciales de aprovisionamiento de rodados en el valle del río Negro y litoral marítimo pampeano.

Los depósitos secundarios de rodados fueron fuentes de abastecimiento de materia prima continuamente utilizadas por los grupos humanos que habitaron diversas partes del mundo. En la región pampeana y en Norpatagonia, las rocas de estas acumulaciones fueron frecuentemente empleadas para la manufactura de artefactos por los cazadores-recolectores prehispánicos (Armentano 2004; Bayón y Zavala 1997; Berón 2004; Bonomo 2004, 2005; Bórmida 1964; Curtoni 1994; Eugenio 1998; Nami 2000a; Prates 2004; Sanguinetti de Bórmida 1999). En el litoral marítimo pampeano y norpatagónico y en los valles de los ríos Colorado y Negro, los rodados forman parte de diferentes unidades sedimentarias que están ubicadas fundamentalmente en la superficie del terreno en posiciones topográficas particulares (pedimentos, terrazas, pie de montes, etc.). En términos generales, las clases de rocas representadas en los depósitos comparten un origen primario común y, por lo tanto, las materias primas aprovechadas por las poblaciones muestran similitudes importantes. Aun así, los rodados exhiben ciertas diferencias morfológicas en los distintos ambientes de depositación, debido a que los agentes naturales de transporte no fueron los mismos ni actuaron con igual frecuencia e intensidad.

El objetivo del presente trabajo es, en primer lugar, sistematizar la información referida a los tipos de depósitos secundarios de rodados que los grupos humanos pudieron utilizar para abastecerse de materias primas en el valle del río Negro y en el litoral marítimo de la región pampeana. A partir de la información geológica consultada y de muestreos realizados en los depósitos, se ofrece un esquema general de su distribución, disponibilidad natural y materias primas representadas.

En segundo lugar, se analizan algunas tendencias tecnológicas en relación con la forma y el tamaño en que se presentan los rodados en las distintas áreas y, en tercer lugar, los métodos y técnicas con los que fueron reducidos. Por último, y teniendo en cuenta el registro arqueológico regional, se discuten los criterios de selección y las diferentes secuencias de reducción de acuerdo a las características intrínsecas de los rodados empleados y a los conocimientos técnicos de las poblaciones del pasado.

ANÁLISIS DE LAS FUENTES NATURALES DE RODADOS DISPONIBLES

Metodología

Con la finalidad de lograr una aproximación a la estructura regional de los recursos líticos (*sensu* Ericson 1984) procedentes de depósitos secundarios, fueron estudiados de manera exploratoria los depósitos de rodados del valle medio del río Negro (entre la localidad de Choele Choel y el paraje Boca de la Travesía) y del litoral marítimo pampeano (entre Cabo Corrientes y la desembocadura del río Quequén Salado). Para la selección de las técnicas de análisis y criterios metodológicos aplicados se tomaron como referencia los trabajos de Nami (1992), Shelley (1993), Berón et al. (1995) y Franco y Borrero (1999). Durante los trabajos de campo efectuados en ambos sectores se realizaron muestreos aleatorios simples de los rodados presentes en distintas acumulaciones naturales. Según la disposición y concentración de los clastos fueron establecidas unidades de muestreo cuadrangulares (de 0.5x0.5 m) o lineales[1] (transectas de 1.5 m de ancho), dentro de las cuales fueron recuperados los rodados analizados (N= 386). Para estas tareas no se tuvieron en cuenta aquellos depósitos en los que existía la posibilidad de que hayan sido generados por la acción antrópica. Tal es el caso de los rodados hallados en la línea de médanos de la costa atlántica pampeana y en las riberas altas de los cauces antiguos del río Negro, ya que pudieron ser trasladados hasta esos lugares por las poblaciones humanas. Tampoco se consideraron los clastos con diámetro menor a 3 cm, debido a que éstas son las dimensiones mínimas requeridas habitualmente para el empleo de la técnica de talla bipolar (Franco y Borrero 1999)[2].

En los muestreos realizados en el valle medio del río Negro y la costa pampeana se registraron datos acerca de la distribución espacial y ubicación topográfica de las acumulaciones, materias primas más abundantes y dimensiones máximas de los rodados. Debido a la variabilidad en la forma de los clastos del río Negro, se emplearon para su clasificación 4 categorías morfológicas: esferoides, facetados, chatos e indiferenciados. La identificación macroscópica de las distintas rocas que se incluyen entre los rodados, como basaltos, andesitas, riolitas, granitos, dacitas, sílices, etc. presenta ciertas dificultades (Bonomo 2004). Por ello, en este trabajo se agruparon tentativamente en las siguientes clases generales: ígneas básicas, ígneas intermedias, ígneas ácidas y rocas silíceas. A su vez, con el objetivo de disminuir las posibilidades de error en la clasificación macroscópica de las materias primas de los artefactos líticos (N= 5141), se efectuaron 16 cortes delgados que permitieron ajustar la determinación específica en base a la composición mineralógica.

El estudio arqueológico de los modos de explotación de los depósitos superficiales de rodados requiere, en primer lugar, unificar la terminología geológica empleada para su denominación. Siguiendo el *Diccionario Sedimentológico* de Teruggi (1982), en este trabajo se utiliza la categoría de cantos rodados (y su simplificación, rodados) para distinguir a los clastos redondeados cuyas dimensiones granulométricas son mayores que las correspondientes a las arenas y menores que las de los bloques, es decir, entre los 0.4 y 25.4 cm.

También se incluyen dentro de esta categoría los rodados facetados, los cuales poseen la superficie externa abradida, aristas redondeadas y una o varias caras planas (Teruggi 1982: 21, 79). A su vez, los rodados se subdividen en tres grupos menores de acuerdo con su diámetro: las guijas, los guijarros y los guijones (Tabla 1).

Además de la clasificación geológica de los rodados según su morfología y tamaño, es necesario establecer los criterios utilizados para denominar a los depósitos de gravas[3] existentes en el área de interés de este estudio. Esto se debe a que hay distintas formaciones con rodados que presentan singularidades en cuanto a su origen, distribución espacial y morfología de los clastos. De esta manera, se diferencian los Rodados Patagónicos propiamente dichos de los rodados costeros y de los rodados fluviales. Estos tres tipos de depósitos están constituidos por rocas que fueron erosionadas, transportadas y depositadas por diversos agentes naturales. En los tres casos, la mayoría de los rodados tiene su origen primario en distintos afloramientos de la Cordillera de los Andes. Sobre la base de la información geológica disponible y de los muestreos efectuados, se analizan a continuación los depósitos de rodados localizados tanto en el río Negro y las planicies adyacentes como en distintos sectores de la costa atlántica pampeana (Figura 1).

Categorías Granulométricas		Largo Máximo	Equivalente en Inglés
Clasto — Bloque	-	>25.6 cm	-
Clasto — Rodado — Guijón	6.4 –25.6 cm		Cobble
Clasto — Rodado — Guijarro	1.6-6.4 cm		Pebble
Clasto — Rodado — Guija	0.4-1.6 cm		Pebble
Clasto — Arena-limo	-	<0.4 cm	-

Tabla 1. Clasificación granulométrica según tamaño de grano

Rodados Patagónicos y Rodados Fluviales del Valle Medio del Río Negro

La Formación de Rodados Patagónicos (también denominados Rodados Tehuelches) son grandes acumulaciones de gravas que se emplazan principalmente en la superficie de diferentes unidades geomórficas. Puede presentarse suelta o fuertemente cementada por material calcáreo (Cortelezzi et al. 1968) y, aunque generalmente sus espesores son inferiores a 1 m (Teruggi et al. 1964), en determinados sectores su potencia supera los 15 m. Posee una amplia distribución geográfica que abarca desde las planicies ubicadas al norte del río Colorado, en la provincia de La Pampa, hasta Tierra del Fuego y desde la Cordillera de los Andes hasta la costa atlántica patagónica. Si bien estos depósitos han sido objeto de controversia en cuanto a su edad, actualmente se sostiene que el comienzo de su formación puede remontarse al Mioceno Superior, quizás entre 7 y 12 millones de años (Rabassa com pers. 2005). Las propuestas también fueron controvertidas en cuanto a su génesis (véanse síntesis en Fidalgo y Riggi 1970 y Trebino 1987). Aunque les fue atribuido un origen marino, glacial y/o fluvial, actualmente se propone que en este proceso participaron múltiples agentes, principalmente glacifluviales (Cortelezzi et al. 1968; Teruggi et al. 1964; Trebino 1987).

En cuanto a la composición litológica de los clastos, los depósitos de Rodados Patagónicos muestran una gran variabilidad. En los distintos estudios geológicos realizados en Patagonia (Fidalgo y Riggi 1970; Teruggi *et al.* 1964; Trebino 1987) se observa que poseen elevados porcentajes de rocas volcánicas intermedias y básicas (andesitas y basaltos). En menor proporción también fueron registradas rocas piroclásticas, pórfidos, granitos, calcedonias, lava vesicular y piedra pómez (Cortelezzi *et al.* 1968).

Figura 1. Delimitación de los sectores estudiados en la región pampeana y Norpatagonia

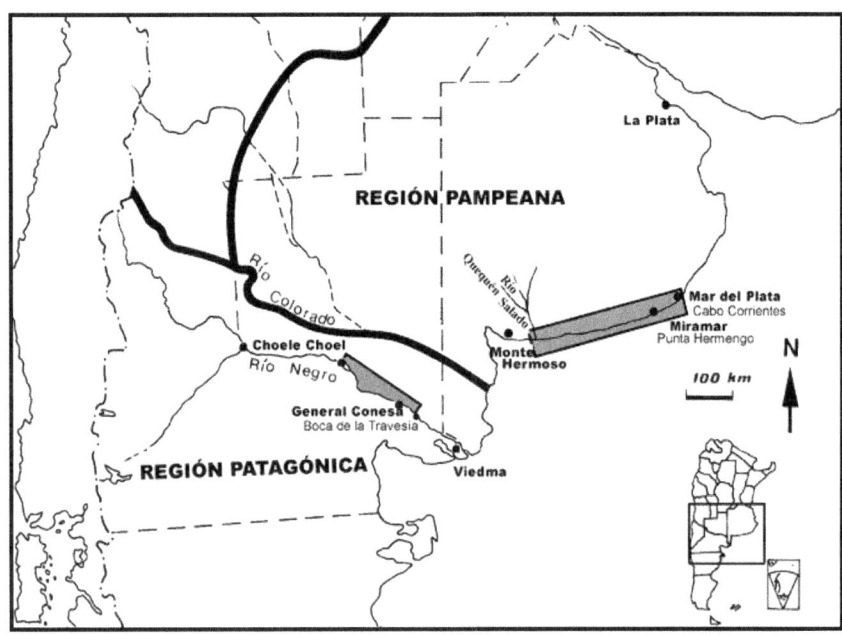

En el norte de la Patagonia, más precisamente en el área comprendida entre los ríos Colorado y Negro, Cortelezzi y colaboradores (1968) realizaron un análisis regional de los Rodados Patagónicos. Observaron que los rodados no son iguales en toda la zona, sino que registran una progresiva disminución del tamaño desde la cordillera hacia el mar. Este patrón de reducción del tamaño se relaciona con la pérdida de capacidad de transporte del agente que los depositó. En este sector los rodados están conformados por guijas y guijarros que generalmente no superan los 5 cm de largo máximo, aunque pueden alcanzar medidas de hasta 8 cm.

Un problema que no ha sido satisfactoriamente resuelto ni explícitamente planteado en la bibliografía es cómo denominar a los rodados depositados en el litoral marítimo y en los valles actuales de los ríos. Fidalgo y Riggi (1970: 436) plantean que no todos los depósitos de grava que se encuentran en la superficie de la Patagonia deben ser englobados dentro de los Rodados Patagónicos. Proponen que deben considerarse como tales los desarrollados con anterioridad a los sedimentos glaciales y fluvioglaciales del Pleistoceno y excluirse los depósitos costeros de indiscutible origen marino. En ese sentido, en este trabajo se considera que los rodados fluviales encajonados en los valles de los ríos norpatagónicos y los rodados costeros dispuestos sobre las playas patagónicas y pampeanas no deben ser incluidos en la categoría de Rodados Patagónicos (Luis Spalletti com. pers. 2005). Este término debería restringirse a los rodados de las mesetas, desvinculados en su génesis de las redes modernas de drenaje, depositados durante un período cronológico previo y en un paisaje muy diferente del actual (Jorge Rabassa com. pers. 2005). En su estudio sobre los depósitos de la región de San Blas, Trebino (1987) también considera que los Rodados Patagónicos son aquellos depositados en el techo de la denominada antigua planicie aluvial disecada (*sensu* González Díaz y Malagnino 1984). Esta fue formada por procesos aluviales e incluye la mayor parte de las planicies norpatagónicas. Luego de la depositación de los Rodados Patagónicos se formaron sobre ella los grandes valles fluviales actuales. Aunque los sedimentos depositados por los ríos en su fondo no pueden ser equiparados a los niveles antiguos de Rodados Patagónicos, esto no implica que muchos de ellos correspondan a clastos originarios de dicha Formación retrabajados por la acción fluvial.

Figura 2. Afloramiento de Rodados Patagónicos en la planicie ubicada al norte de la cuenca del río Negro

Los rodados fluviales depositados en los valles actuales son característicos de las cuencas norpatagónicas. Los registrados en el río Negro, a diferencia de los del río Colorado que se acumulan principalmente en las proximidades de sus cabeceras (Blasi 1986: 160), están disponibles de manera casi continua en la mayor parte de su cuenca. El relevamiento efectuado muestra que estos depósitos son muy abundantes en el sector medio del valle. Principalmente, fueron registrados sobre el lecho de los cauces actuales y abandonados del río (Figura 3). Acumulaciones similares también se observan en los perfiles naturales que exponen los sedimentos de la terraza de inundación ubicada por encima de la planicie de inundación actual. Estos últimos probablemente constituyan materiales clásticos depositados por el río antes de cambiar su nivel de base.

Figura 3. Depósito secundario de rodados fluviales del valle medio del río Negro

Debido al transporte diferencial de las corrientes, el tamaño de los rodados registrados en el valle medio del río Negro es diferente en el cauce principal y los canales tributarios. En un mismo depósito también varían las dimensiones de estos clastos según se encuentren en los sectores profundos o altos del lecho. En el río Negro se muestrearon 3 depósitos, totalizando 195 rodados analizados. En términos generales, puede señalarse que poseen dimensiones mayores que los Rodados Patagónicos. Los rodados fluviales con dimensiones comprendidas entre los 3 cm y los 15 cm de diámetro, están regular y abundantemente distribuidos en toda el área. En los depósitos relevados también se registraron rodados de mayores dimensiones, cuyo diámetro promedio es de 22 cm. Si bien estos últimos presentan baja frecuencia, se encuentran disponibles en la mayoría de los sectores del valle. El lecho actual del río, y también algunos sectores de los cauces abandonados, presenta un manto casi continuo de rodados. Debido a que no están cubiertos por agua, los depositados en los cauces secos son más fácilmente accesibles.

En lo referido a la composición litológica de los clastos, las tendencias son similares a las registradas en los Rodados Patagónicos. Para la determinación de algunas rocas se realizaron cortes delgados que aún están siendo analizados. Los resultados preliminares obtenidos indican la presencia de 4 rocas ígneas básicas (basaltos), 2 intermedias (no diferenciables), una roca ácida (riolítica) y una silícea de grano muy fino (posiblemente sedimentaria química) (Schalamuck com. pers. 2001). Mediante la observación macroscópica de las muestras recuperadas en el río Negro se determinó el predominio de rocas ígneas intermedias (andesitas). Les siguen en abundancia las ígneas ácidas (riolitas y granitos) y las básicas (basaltos). Con valores menores aparecen las tobas, diversas rocas silíceas y las cuarcitas; las indeterminadas alcanzan el 15,9% (Tabla 2). En cuanto a la forma de los clastos, se reconoció un marcado predominio de las formas esferoides (42.2%), seguidas por las formas indiferenciadas (37.1%), facetadas (14.2%) y chatas (1.5%).

Muestra	IB	II	IA	Sil	TS	Cal	Cua	Ind	Total
A	15	19	16	1	5	-	0	9	65
B	10	27	12	-	3	1	1	11	65
C	12	25	11	-	5	-	1	11	65
Total	37	71	39	1	13	1	2	31	195
%	19	36.4	20	0.5	6.7	0.5	1	15.9	100

Tabla 2. Materias primas registradas en los depósitos naturales de rodados fluviales del río Negro
Referencias: IB: Igneas básicas, II: Igneas intermedias; IA: Igneas ácidas; Sil: Silíceas; TS: Toba silicificada; Cal: Calcedonia; Cua: Cuarcita; Ind: Indeterminadas

Rodados Costeros del Litoral Marítimo Pampeano

Los rodados costeros son clastos depositados en las playas patagónicas y pampeanas. Proceden principalmente de aportes fluviales de los ríos patagónicos o de acumulaciones formadas sobre la plataforma continental durante las regresiones marinas del Cuaternario. Después de su arribo al océano, fueron retrabajados y seleccionados por la acción marina. Por tal motivo, estos rodados presentan grandes similitudes con los descriptos anteriormente en cuanto a la composición litológica (Ameghino 1909; Frenguelli 1931, 1940; Teruggi 1959). Deben diferenciarse de los rodados costeros aquellos procedentes del Sistema Serrano de Ventania dispuestos en el sector costero ubicado entre el balneario Pehuen-Có y Farola Monte Hermoso. Estos depósitos poseen rodados fluviales de metacuarcita y subarkosa arrastrados por antiguos cauces del río Sauce Grande durante el Holoceno (Bayón y Zavala 1997).

El transporte de los rodados a lo largo de la costa pampeana actúa en sentido oeste-este por deriva litoral (ángulo oblicuo de incidencia del oleaje). Su traslado hasta la zona de acción de las olas se vincula con los consecutivos aumentos del nivel del mar que redistribuyeron antiguos depósitos de gravas ubicados en la actual plataforma continental (Federico Isla com. pers. 2002; véanse también Mouzo 1982: 109 y Parker et al. 1997: 85). Posteriormente, estos clastos fueron depositados sobre la playa por fenómenos episódicos de alta energía de ola (tormentas) y mareas. El transporte marino genera formas elípticas y achatadas en los rodados (Isla 1984; Spalletti 1980).

En la costa atlántica pampeana las fuentes de rodados no poseen una distribución continua (Flegenheimer y Bayón 2002). En el presente, las acumulaciones se extienden principalmente entre el sector rocoso de Cabo Corrientes y el río Quequén Salado. Al sudoeste de este río los rodados son muy escasos, aunque aparecen en algunos sitios arqueológicos (Bayón y Zavala 1997). Si bien algunos rodados volcánicos pueden arribar al nordeste de su distribución actual (Frenguelli 1940), en general son petrográficamente distintos a los ubicados al sudoeste del Cabo Corrientes. Estos últimos están formados por ortocuarcitas de la Formación Balcarce, limolitas arenosas, arcillitas arenosas y limos cementados por carbonato de calcio (Cortelezzi et al. 1968; Isla 1984). Los afloramientos de Cabo Corrientes actúan en el presente como una barrera que dificulta el paso de los rodados hacia el norte (Ameghino 1909; Federico Isla com. pers. 2001).

Los límites de la distribución espacial de los rodados costeros han ido variando a lo largo del tiempo, esencialmente como consecuencia de las variaciones del nivel del mar. Estos cambios produjeron la mencionada redistribución de los depósitos de gravas y la modificación de la configuración costera, afectando el ángulo e intensidad del oleaje que transporta en forma selectiva los rodados. A esto se le adicionan fenómenos menores que inciden en que estos clastos no lleguen al sector de rompiente (Isla 1997; Isla et al 1998).

Los depósitos localizados en el litoral marítimo pampeano están compuestos por guijas, guijarros y guijones de diversos tamaños (entre los que se incluye un gran número con medidas inferiores a los 3 cm). Los diámetros máximos registrados en los muestreos son de 9 cm de promedio, alcanzando algunos rodados medidas excepcionales de 15 cm. Además, se observó una leve disminución del tamaño de los depositados en la zona ubicada entre Cabo Corrientes y Punta Hermengo, en Miramar. Estudios geológicos sobre los sedimentos de las playas bonaerenses (incluidos los rodados costeros), indican un aumento granulométrico bastante regular en sentido nordeste-sudoeste (Spalletti y Mazzoni 1979; Teruggi 1959). Si bien aún deben ser evaluados los efectos estacionales o de tormentas que pudieron afectar tanto a las muestras de dichos estudios como a las del aquí presentado, se puede sostener que existe un incremento del tamaño de los rodados debido al transporte en esta dirección.

Durante los muestreos realizados en la costa se detectaron rodados concentrados y aislados en distintas sectores del perfil de playa (p. ej. restingas, líneas de mareas y bermas de tormenta). Los clastos se localizan en áreas puntuales, así como también diseminados en toda la zona litoral. Los rodados, a su vez, pueden hallarse en antiguas líneas de playas del Holoceno (Frenguelli 1931; Isla 1997, Isla et al. 1998). Además de la variación en el tamaño de los rodados a lo largo de la costa se detectan diferencias transversales en su disponibilidad. Los rodados son seleccionados topográficamente por la acción marina de acuerdo con su forma y tamaño (Isla 1984). Durante las tormentas, aquellos con formas obladas y achatadas son expulsados lejos por el mar con mayor frecuencia. Es decir, que estos clastos con dos caras mayores van a ser acumulados por las tormentas más frecuentemente en la playa distal. Por el contrario, los de formas redondeadas son concentrados en las proximidades de la línea de mareas, por lo que son depositados y retrabajados

por el oleaje marino (Isla 1984; Isla et al. 1998; Spalletti 1980). Esta selección en función de la morfología de los rodados tiene importantes implicancias arqueológicas, ya que la forma de los nódulos incide en la manera de iniciar la reducción. Los rodados de formas redondeadas presentan mayores dificultades para el inicio de la reducción, limitando la ubicación y la dirección de los primeros lascados (Shelley 1993).

La localización puntual de los depósitos secundarios de rodados es móvil y cambiante, ya que la deriva litoral transporta los clastos hacia nuevas posiciones. Sin embargo, las puntas y cabos funcionan como obstáculo de la deriva (Figura 4). Estos accidentes forman bancos de arena que guían a los materiales grandes hacia la playa permitiendo que aquí se concentren grandes cantidades de rodados sobre la superficie de la playa frontal. Estos lugares podrían haber sido explotados de manera más frecuente o intensa por los cazadores-recolectores.

Figura 4. Banco de rodados costeros del litoral marítimo pampeano

TENDENCIAS TECNOLÓGICAS OBSERVADAS EN EL REGISTRO ARQUEOLÓGICO

En la mayoría de los sitios arqueológicos localizados en el río Negro y en la costa pampeana los rodados fueron la materia prima empleada con mayor frecuencia y en algunos casos la única. Con el objetivo de evaluar si las diferencias registradas en los rodados influyeron en los modos de explotación de los recursos líticos, a continuación se dan a conocer distintos aspectos tecnológicos reconocidos en los sitios de los dos sectores. Para el análisis de los artefactos se siguieron los lineamientos generales propuestos por Aschero (1975, 1983) y Bellelli et al. (1985-87). Estos estudios apuntaron a generar información sobre las materias primas utilizadas, la forma original de los nódulos tallados, los grados de reducción de los núcleos, las técnicas de talla empleadas y las características de los instrumentos confeccionados. Es preciso puntualizar que para abordar algunos de estos aspectos no se utilizaron los mismos atributos tecno-morfológicos en cada uno de los sectores. Esto se debe a que la utilidad de los distintos atributos depende de las preguntas específicas que se intentaron responder en cada sector de acuerdo con las particularidades de los rodados en ambos ambientes y de los procedimientos diferentes con los que fueron explotados.

Muestra	IB	II	IA	Síl	TS	Ind	Total
A	1	5	3	1	-	-	10
B	2	6	-	-	-	1	9
C	3	3	2	-	1	1	10
D	1	3	2	-	1	1	8
E	1	6	1	-	1	1	10
F	1	4	1	-	1	3	10
G	2	3	2	1	1	1	10
H	1	5	4	-	-	-	10
I	2	3	4	1	-	-	10
J	2	3	2	-	-	2	9
K	-	6	4	-	-	-	10
L	1	5	4	-	-	-	10
M	1	4	1	1	1	1	9
N	2	5	2	-	-	1	10
O	1	2	4	-	2	-	9
P	2	4	4	-	-	-	10
Q	2	3	1	-	1	-	7
R	3	3	4	-	-	-	10
S	2	2	3	-	1	2	10
T	1	3	3	-	2	1	10
Total	31	78	51	4	12	15	191
%	16,2	40,9	26,7		6,3	7,8	100

Tabla 3: Materias primas registradas en los depósitos naturales de rodados costeros del litoral marítimo pampeano*
Referencias: IB: Igneas básicas; II: Igneas intermedias; IA: Igneas ácidas; Síl: Silíceas; TS: Tobas silicificadas; Ind: Indeterminada; A: Barranca de los Lobos; B: La Estafeta (Chapadmalal); C: Balneario Cruz del Sur; D: Aº La Ballenera; E: Ea. La Eufemia; F: Ea. Bellamar; G: Aº Chocorí; H: Ea. Moromar; I: Aº El Moro; J: Arenas Verdes; K: Quequén; L: Punta Florida; M: Médano Blanco; N: Ea. La Pandorga; O: Balneario San Cayetano; P: Balneario Orense; Q: 4to. Salto; R: Pozo Alonso; S: Caracolero y T: Reta.
* Nota: se tomaron muestras al azar de un máximo de 10 rodados por depósito

Valle Medio del Río Negro

En el valle del río Negro los sitios arqueológicos son muy numerosos y la mayoría se encuentra en estrecha asociación espacial con antiguas fuentes de agua (p. ej. paleocauces, lagunas disecadas). Los materiales incluidos en el análisis fueron recuperados de manera sistemática en 9 sitios superficiales: La Herradura 1 (LH1), La Herradura 2 (LH2), La Victoria 1 (LV1), La Victoria 2 (LV2), Rincón del Palo 1 (RP1), Rincón del Palo 2 (RP2), Rincón (R), Primer Bajo (PB) y Ojo de Agua (OA) (Tabla 4). Es importante agregar que en 7 de estos conjuntos se recuperó alfarería y en 8 se registraron algunos restos faunísticos (*Lama guanicoe*, *Chaetophractus* sp., *Zaedyus pichiy*, *Diplodon chilensis*, peces y cáscaras de huevo de Rheidae).

En los sitios del valle medio del río Negro se observan las siguientes tendencias tecnológicas:

-La materia prima empleada para la manufactura de artefactos mediante talla en estos sitios fue obtenida de rocas en forma de rodados. Entre ellas predominan las silíceas

(51.5%) y las ígneas básicas (21.8%). En proporciones menores aparecen las calcedonias (6.5%) y las ígneas intermedias (5.6%). Las ígneas ácidas, la cuarcita, el cuarzo y la escoria volcánica presentan valores inferiores al 5%.

-El 52.2% de los artefactos presenta restos de corteza. Este constituye un atributo muy generalizado en el registro arqueológico del río Negro.

- En lo referido a los núcleos, predominan las materias primas ígneas básicas 38.9%, seguidas por las silíceas (25%) y por las ígneas intermedias (13.9%). El 98.4% presenta extracciones realizadas mediante percusión directa a mano alzada y sólo al 7.8% le fueron extraídas lascas mediante percusión bipolar; el 40% de estos últimos son de materias primas silíceas.

- En muy pocos casos fue posible estimar el tamaño inicial de los nódulos tallados debido a que las extracciones efectuadas transformaron la morfología original de los rodados. Los núcleos de materias primas volcánicas (basalto, andesita y riolita) en los que pudo establecerse el largo máximo de la forma-base (N= 7) presentan un diámetro promedio de 12 cm y, aunque la mayoría mide más de 12 cm, no se registraron núcleos con medidas inferiores a los 9 cm. El avanzado estado de reducción que poseen los núcleos sobre rodados de rocas silíceas o calcedonias no permitió reconocer tendencias en cuanto a la selección de tamaños.

- Al igual que lo ocurrido con las dimensiones, la forma original de los rodados explotados en los sitios no pudo ser tipificada en todos los casos. El importante grado de modificación en algunos de ellos (principalmente los de materias prima silíceas) no permitió distinguir los atributos morfológicos del soporte. La forma de los clastos fue identificada en 28 núcleos, todos manufacturados sobre materias primas volcánicas (basalto, andesita y riolita). En estos predominan las formas facetadas (85.7%), seguidas por las esferoides (10.7%) y las chatas (3.6%).

- Otro atributo útil para reconocer la morfología de los rodados es el tipo de talón cortical registrado en las lascas. Las tendencias observadas en las materias primas volcánicas son consistentes con el predominio en la utilización de rodados facetados, ya que el 61.4% de los talones corticales (sobre un total de 83) tiene forma plana (talón liso-natural *sensu* Aschero 1975). Una situación diferente muestran las lascas de rocas silíceas y de calcedonia en las que sólo 23.1% de los talones corticales (sobre un total de 39) son lisos.

Sitios	IT	IM	P	N	DT	Total
LH1	11	0	0	13	129	153
LH2	0	0	0	9	19	28
LV1	16	0	1	0	114	131
LV2	7	0	1	4	123	135
RP1	9	1	0	3	18	30
RP2	27	4	0	5	185	217
R	0	0	2	9	57	68
PB	20	1	0	5	75	100
OA	30	5	1	16	264	311
Total	120	11	5	64	984	1184

Tabla 4. Categorías generales de artefactos líticos recuperados en el valle medio del río Negro
Referencias: IT: Instrumentos tallados; IM: Instrumentos de molienda; P: Percutores; N: Núcleos; DT: Desechos de talla

- Las tendencias observadas en los núcleos de materias primas de mejor calidad (silíceas y calcedonias) pueden resumirse en: predominio de tamaños mediano-pequeño (42.1%) y mediano-grande (31.6%); abundantes tipos morfológicos formales (21%) (*sensu* Andrefsky 1998); baja proporción de reserva de corteza (los núcleos presentan un promedio cercano al 10% de su superficie cubierta con corteza); numerosas extracciones realizadas (11.5 de promedio por núcleo); alta frecuencia de núcleos en los que se utilizaron negativos de lascados como plataformas de percusión (100%).

- En los núcleos sobre rodados de rocas de menor calidad (volcánicas) se observó: predominio de tamaños muy grandes (79.5%) y grandes (20.5%); escasos tipos morfológicos formales (2.6%); abundante reserva de corteza (los núcleos presentan en promedio un 52.3% de la superficie cubierta con corteza); bajo número de extracciones (5.1 de promedio por núcleo); baja frecuencia de núcleos en los que se utilizaron negativos de lascados como plataformas de percusión (26.3%).

-Entre los instrumentos formatizados por talla predominan las materias primas silíceas (57.3%), les siguen las de calcedonia (15.4%) y las rocas ígneas (12.8%). Con valores inferiores al 5% aparecen la toba silicificada y el cuarzo.

-Los instrumentos fueron manufacturados principalmente mediante retoques (64%) y microretoques (25%), en general marginales (65%). Los grupos tipológicos representados en los conjuntos son muy variados, predominando los raspadores (17%) y las puntas de proyectil (15%). También aparecen, entre otros, percutores, raederas, filos de bisel asimétrico, cuchillos y muescas.

Litoral Marítimo Pampeano

Los sitios arqueológicos del litoral marítimo pampeano se encuentran localizados en la superficie del terreno en depresiones intermedanosas de la cadena de dunas móviles que abarca desde Miramar a la desembocadura del río Quequén Salado. Fueron analizados los materiales líticos de 10 sitios Mar del Sur (MDS), Moromar (Mo), Arenas Verdes 1 y 3 (AV1, AV3), La Eufemia (LEU), Bellamar 1, 2 y 3 (Be 1, Be2, Be3), Faro Guaraní (FG) y Caracolero (Car). En la mayoría de los sitios de la faja de médanos (salvo AV1) predomina la utilización de rodados costeros (91%) para la manufactura de artefactos líticos (Tabla 5). En 4 de estos sitios se hallaron numerosas cáscaras de huevo de Rheidae. De los sitios incluidos en la Tabla 5 han sido analizados con mayor profundad los conjuntos de MDS, Mo, AV1, FG y Car, mientras que los restantes fueron analizados con menor detalle y sólo se incluyen en el análisis de los instrumentos sobre rodados a los efectos de ampliar la muestra y brindar datos más representativos.

En los conjuntos de MDS, Mo, AV1, FG y Car se observa que:

- Los artefactos sobre rodados costeros más representados en estos sitios son los desechos de talla (53%), seguidos por los núcleos (45%) y, por último, por los instrumentos (2%). Además, en estos conjuntos han sido recuperados 82 rodados sin modificación antrópica.
- Dentro de las materias primas costeras, las más representadas son las ígneas básicas (46%). También están presentes rodados de ígneas ácidas (19%), intermedias (12%) y silíceas (7%).

- Con respecto a la corteza, este atributo está altamente representado en los núcleos, desechos de talla e instrumentos sobre rodados (88%).
- De acuerdo a la morfología elíptica que poseen los rodados costeros, el 50% de los artefactos sobre rodados de estos sitios poseen módulos de Longitud-Anchura mediano alargado, laminar normal y laminar angosto.
- La técnica de talla bipolar está ampliamente representada en los artefactos sobre rodados (70%). Fue registrada en la totalidad de los núcleos, en gran parte de los desechos de talla (47%) y en los instrumentos manufacturados mediante lascados (61%).
- Los núcleos bipolares no han sido intensamente explotados. Una gran cantidad presenta sólo un polo modificado (37%), poseen entre un 40% y un 80% de corteza (estos porcentajes se registran en el 64% de los núcleos) y un escaso número de extracciones (entre 4 y 3 negativos promedio por núcleo).

En cuanto a los instrumentos manufacturados sobre rodados costeros (incluidos LEU, Be1, Be2, Be3) se observa que:

- Las materias primas costeras predominantes son las ígneas básicas (64%) y ácidas (20%).
- Los grupos tipológicos más representados son las raederas (53%), los filos de bisel asimétrico (20%), los raspadores, los cuchillos y los artefactos retocados sobre núcleo bipolar (7% cada uno).
- Todos poseen parte de la superficie externa de los nódulos. Han sido elaborados principalmente sobre lascas (90%) tanto bipolares con corteza (47%) como primarias (30%) y secundarias (13%). Además, en algunos sitios (MDS y Mo) se emplearon núcleos bipolares con corteza (10%) como formas-base de instrumentos.
- Fueron principalmente confeccionados mediante retoques unifaciales (90%).

Sitios	IT		PyY		MyB	N		DT		Total
	C	I	C	I	I	C	I	C	I	
MDS	8	1	0	0	0	62	0	141	13	225
Mo	3	0	1	0	0	212	0	72	7	295
AV1	1	12	0	0	0	10	1	16	55	95
AV3	0	0	1	0	0	48	0	461	0	510
LEU	4	0	0	0	0	21	0	112	38	175
Be1	5	4	1	1	0	77	0	1018	26	1132
Be2	4	1	2	1	0	14	0	50	2	74
Be3	4	14	7	1	2	366	0	669	164	1227
FG	2	0	0	0	0	43	0	75	2	122
Car	0	1	0	0	0	4	0	80	17	102
Total	31	33	12	3	2	857	1	2694	324	3957

Tabla 5. Categorías generales de artefactos líticos según la procedencia de la materia prima recuperados en el litoral marítimo pampeano
Referencias: IT: Instrumentos tallados; PyY: Percutores y yunques; MyB: Instrumentos de molienda y bolas; DT: Desechos de talla; C: Materias primas costeras e I: Materias primas del interior (fundamentalmente ortocuarcita del Grupo Sierras Bayas y ftanita)

- En cuanto a la serie técnica, los instrumentos fueron elaborados principalmente mediante retoques (71%) y microretoques (29%), en su mayoría marginales (84%).

- En la manufactura de los instrumentos confeccionados mediante lascados se retocaron principalmente los bordes laterales (80%).
- Han sido elaborados filos con formas geométricas sobre todo convexas (63%) y en menor medida rectas (27%).
- Las formas geométricas del contorno de estos instrumentos son redondeadas y alargadas, similares a la morfología inicial en que se presentan las materias primas costeras. Los instrumentos tienen formas circulares, elípticas, ovales, lanceoladas, amigdaloides y rectangulares redondeadas (76%).

DISCUSIÓN

Para analizar el proceso de producción de artefactos líticos desde el momento en que las materias primas son seleccionadas por los grupos humanos (Ericson 1984; Moore 2003; Shelley 1993), es importante el modo en que éstas se disponen naturalmente en el ámbito regional. Su distribución espacial es un factor clave para reconstruir e interpretar este proceso. Los depósitos gravosos del río Negro y del litoral marítimo pampeano están ampliamente distribuidos y son de fácil acceso. Están constituidos por rocas que han sido seleccionadas por agentes naturales, de acuerdo con su dureza, durante el transporte desde sus lugares de formación primaria. Sin embargo, las acumulaciones difieren en cuanto a la concentración, morfología y dimensiones de los clastos. Diversos estudios muestran que las técnicas de talla empleadas para manufacturar los artefactos líticos se relacionan con el tamaño y la forma en que las rocas se encuentran disponibles en las fuentes de aprovisionamiento (Belardi 2003; Geneste 1991; Goodyear 1993; Nami, 2000b; Pigeot 1991; etc.). En este sentido, para este trabajo adquiere significativa relevancia arqueológica la distinción entre los distintos tipos de depósitos (Rodados Patagónicos, rodados fluviales y rodados costeros). De esta forma, la secuencia de reducción de los rodados que caracteriza a los sitios arqueológicos del río Negro y del litoral marítimo pampeano muestra procedimientos tecnológicos particulares.

En los sitios del río Negro, en general, se realizaron actividades vinculadas con la manufactura de artefactos sobre rodados procedentes principalmente de los depósitos fluviales del fondo del valle. La utilización de los Rodados Patagónicos u otras materias primas no locales debió constituir una situación menos frecuente. Esto se debe a que, por un lado, todos los sitios están en estrecha asociación espacial con depósitos de rodados fluviales. Las acumulaciones de Rodados Patagónicos, que afloran en el tope de las planicies o parcialmente cementados en los límites altos del valle, se encuentran más alejadas (entre 5 y 15 km). Por el otro, los tamaños máximos de los Rodados Patagónicos son menores que el de los núcleos de los sitios en los que pudo identificarse el diámetro del rodado. En estos sitios las actividades no estuvieron restringidas a la producción de artefactos líticos. Por el contrario, la diversidad de materiales registrados en los conjuntos (restos de fauna fluvial y terrestre, artefactos de molienda y fragmentos de alfarería) muestra que en estos sitios se efectuaron tareas diversas, probablemente vinculadas con espacios domésticos.

La percusión directa a mano alzada fue la técnica más empleada para la talla de los rodados en el río Negro. Con frecuencia, el inicio del proceso se realizó utilizando las caras planas naturales de los clastos como plataformas de percusión. Entre las materias primas de distinta calidad para la talla fueron reconocidos además diferentes grados de reducción. Las sílices y calcedonias fueron más reducidas que las de menor calidad, obteniéndose de ellas mayor cantidad de lascas y aprovechándose más intensivamente la masa total de los rodados. Esto se ve reflejado en la poca reserva de corteza registrada en los núcleos, en el mayor número de extracciones que les fueron realizadas y en la frecuente utilización de negativos de extracciones previas como plataformas de percusión (Figura 5). En algunos casos, incluso, los núcleos presentan formas estandarizadas (p. ej. bifaciales y discoidales), lo cual indicaría cierto grado de organización en los pasos de la secuencia de reducción. Dicha ordenación permite lograr un mayor aprovechamiento de la masa del núcleo, al contrario de lo que sucede si las extracciones se realizan de manera espontánea y desorganizada (Pelegrin 1995).

La morfología de los núcleos también se vincula con la abundancia y calidad para la talla de los diferentes tipos de materias primas (Andrefsky 1994). Las rocas de calidades regulares y malas, independientemente de su abundancia en el ambiente local, se relacionan en general con una tecnología informal de núcleos. Por el contrario, en materias primas de buena calidad, los procedimientos tecnológicos suelen variar en función de su disponibilidad. En lugares donde son escasas se vinculan con tecnologías formales, mientras que en ámbitos de mayor disponibilidad se asocian con tecnologías tanto formales como informales (Andrefsky 1998: 152). Aunque en el río Negro los rodados de materias primas de muy buena calidad para la talla (sílices y calcedonia) no son abundantes, se distribuyen de manera homogénea y su aprovisionamiento puede realizarse fácilmente en cualquier sector del valle. Esto se corresponde con las formas estandarizadas de los núcleos elaborados en estas rocas mencionadas en el párrafo anterior.

Figura 5. Núcleos sobre materias primas silíceas

En los rodados de materias primas ígneas (basalto, andesita y riolita) la forma de reducción fue diferente. Su volumen no se aprovechó de manera intensiva. Esto se refleja en los tamaños más grandes de los núcleos y en que las extracciones se restringieron a las partes externas de los nódulos (Figura 6). La producción recurrente de lascas primarias grandes podría vincularse con la utilización de instrumentos con extensos filos naturales sin previa formatización. Esto podría explicar el bajo número de instrumentos retocados en relación con la abundancia de núcleos registrados en estas materias primas. Por otro lado, la marcada selección de formas facetadas podría estar vinculada con la búsqueda de rodados que no requieran la elaboración de plataformas de percusión y permitan la obtención de formas-base con escasas operaciones de reducción (de Beaune 2000).

Las distintas tendencias reconocidas en los grados y modos de reducción de los rodados son consistentes con su aprovisionamiento en las fuentes. Es decir, que las rocas más escasas en los depósitos naturales fueron las más seleccionadas e intensivamente explotadas. Las frecuencias de sílice (51%) y calcedonia (6.5%) en los sitios arqueológicos, a pesar de sus bajos valores en los depósitos secundarios (0.5% cada una), permite reconocer una clara selección a favor de ellas. Las rocas ígneas son más abundantes en las fuentes (74%), pero fueron usadas con menos intensidad en los sitios (32%). Esto permite plantear que el aprovisionamiento de rocas debió estar orientado hacia los rodados cuyas características petrográficas presentan mejores aptitudes para la talla.

La selección diferencial de materias primas de los depósitos naturales también fue observada en el otro sector estudiado en este trabajo, la faja de médanos del litoral marítimo pampeano. Salvo algunas pocas excepciones (véase Bonomo 2005), los artefactos elaborados con rodados costeros dominan los conjuntos artefactuales. En los materiales arqueológicos de estos sitios la frecuencia de rocas ígneas básicas (46%) y silíceas (7%) es mayor que la observada en las acumulaciones naturales de rodados (16% y 2%, respectivamente). Lo contrario ocurre con las rocas ígneas intermedias, las cuales, a pesar de ser abundantes en las fuentes naturales (41%), son escasas en los sitios (12%). Estos depósitos se distribuyen (con densidades variables) sobre la superficie del sector de playa contiguo a las dunas. La visibilidad de las posibles canteras es muy baja (Flegenheimer y Bayón 2002) debido a que la misma acción marina que afecta los depósitos también pudo dispersar y erosionar los materiales arqueológicos descartados sobre la playa. Aun así, se considera que los sitios costeros se ubicaban en las cercanías de las fuentes de rodados. Esto se pone en evidencia en la gran cantidad de núcleos bipolares que no fueron intensamente reducidos y en el hallazgo de nódulos enteros sin modificación antrópica en los contextos litorales. A estas particularidades se le agrega la presencia en varios sitios de percutores y yunques, lo que indica que en la línea de médanos se llevaron a cabo tareas de talla bipolar para la explotación de las materias primas disponibles en sus alrededores.

La baja frecuencia de materiales de molienda y de instrumentos líticos confeccionados mediante lascados, en comparación con la alta proporción de subproductos de la reducción (núcleos y desechos de talla), señala que en estos sitios no se realizaron muchas actividades diferentes del aprovechamiento de los rodados. Estas características son las esperadas para sitios de actividades específicas próximos a las fuentes de abastecimiento de rocas (Cobb y Webb 1994; Dibble 1991). A diferencia de los sitios del valle del río Negro, la mayoría de los contextos de la línea de médanos son considerados talleres donde la actividad principal fue la reducción de rodados. Esta actividad se efectuó con la finalidad de extraer formas-base para la manufactura de instrumentos, productos que, en parte, se transportaron fuera de estos talleres (Bonomo 2004, 2005).

Figura 6. Núcleos sobre rodados de materias primas volcánicas

Los depósitos de rodados utilizados para el abastecimiento de percutores, yunques y materias primas para la talla, no eran los únicos recursos aprovechados en el litoral marítimo. La presencia de instrumentos en los talleres indica que en estos lugares, además de iniciarse la secuencia de reducción de los rodados, se llevó a cabo otro tipo de tareas. En las colecciones del Museo de La Plata se han registrado bolas de boleadora y puntas de proyectil procedentes del área de estudio (Bonomo 2004, 2005). El hallazgo de estos materiales indicaría que también se efectuaron actividades de caza en la faja costera. A esto se le agrega el hallazgo recurrente de cáscaras de huevo de ñandú en los conjuntos que podrían indicar su recolección durante la primavera. Además, el registro arqueológico de los sitios La Olla 1 y 2 (Bayón y Politis 1996) localizados en Monte Hermoso y los escritos posthispánicos (Sánchez Labrador 1936) indican la explotación de lobos marinos, lo cual deja abierta la posibilidad del aprovechamiento de este recurso.

Los rodados con formas discoidales alargadas y poco espesos se tallaron por medio de la técnica bipolar en los contextos costeros. En general, aquellos con morfologías esféricas irregulares no han sido tallados. Los clastos seleccionados para su reducción poseen medidas de entre 3 y 10 cm de largo (guijarros y guijones), mientras que los utilizados como yunques y percutores tienen dimensiones algo mayores (entre 5 y 15 cm). Para ser reducidos los rodados recibieron golpes del percutor sobre uno de los polos. La otra extremidad del rodado se fijaba sobre el yunque formando entre ambos un ángulo de 90° (Figura 7). Esta técnica permite tallar elementos pequeños, con formas redondeadas o con ángulos próximos a rectos entre el lugar a percutir y las caras de la pieza, que de otra manera no podrían ser reducidos (Inizan *et al.* 1995; véanse también Curtoni 1994; Flegenheimer *et al.* 1995 y Nami 2000b). Cuando no se produjeron accidentes de talla, con la técnica bipolar se obtuvieron un núcleo y uno o varios desechos de talla.

Además de las áreas del río Negro y litoral marítimo pampeano presentadas en este estudio, y dentro de una escala geográfica más amplia, en diversos sectores litorales y continentales adyacentes se utilizaron rodados como materias primas. Por un lado, Bayón y Zavala (1997) analizaron los sitios costeros ubicados entre Pehuen-Có y Farola Monte Hermoso. Estos autores interpretaron este sector como un área de aprovisionamiento de rocas, vinculando los sitios estudiados con la abundante disponibilidad de rodados fluviales de metacuarcita y subarkosa procedentes de Ventania (Bayón y Zavala 1997). Estos rodados se hayan concentrados o dispersos y poseen mayores tamaños que los costeros anteriormente descriptos. Además de la percusión directa y bipolar, en estos contextos es muy frecuente la utilización de otro procedimiento para la reducción de rodados, la talla con apoyo. Estas materias primas duras y con formas preferentemente aplanadas, fueron reducidas sobre un yunque a partir de impactos sobre las superficies naturales planas (Flegenheimer *et al.* 1995). A diferencia de la técnica bipolar en la que el percutor, el nódulo y el yunque están alineados en el mismo eje, en la talla con apoyo el contragolpe del yunque cumple un rol indirecto, dado que éste no se encuentra en el mismo eje que el percutor (Mourre 1996).

Figura 7. Elementos utilizados para la talla bipolar (percutor, núcleo y yunque) hallados en los sitios de la faja de médanos

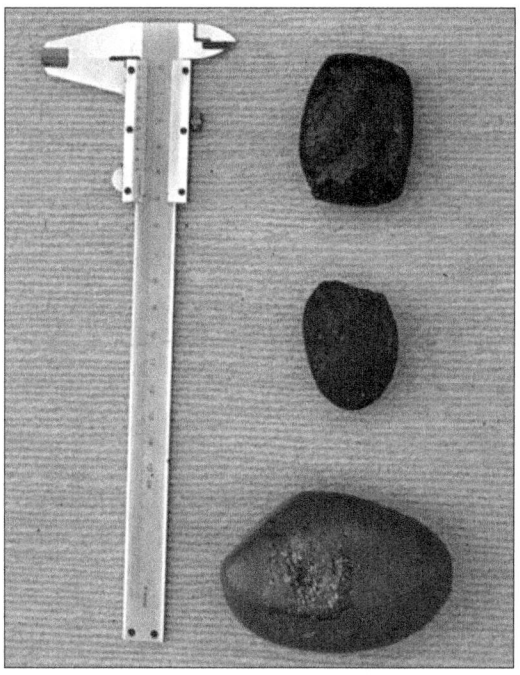

Figura 8. Instrumentos confeccionados mediante lascados sobre rodados costeros recuperados en el litoral marítimo pampeano

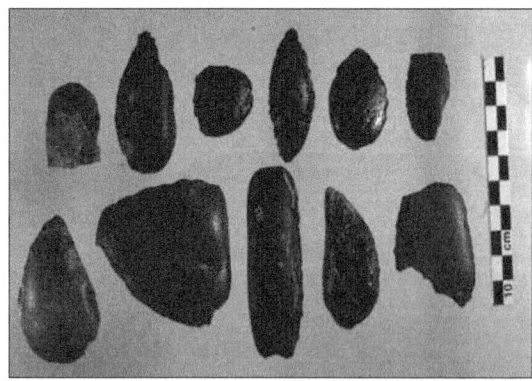

Por otro lado, en el litoral marítimo norpatagónico, principalmente entre San Blas y San Antonio Oeste, los rodados volcánicos y silíceos procedentes de la línea actual de costa y de antiguos cordones litorales (véase Trebino 1987) también constituyeron la materia prima más empleada

(Bórmida 1964; Eugenio y Aldazabal 2004; Nami 2000a; Romer 1999; Sanguinetti de Bórmida 1999; entre otros). En esta zona, a diferencia de la costa pampeana, además de playas arenosas se registran otras constituidas por grandes acumulaciones de rodados. Las formas de los clastos utilizados y las técnicas de reducción aplicadas en estos sitios costeros son muy variables (Eugenio 1998). Se registran rodados con formas esferoides reducidos por medio de la técnica bipolar y núcleos bifaciales, discoidales y unifaciales tallados por percusión directa a mano alzada. Esta variabilidad incluye desde núcleos reducidos sin seguir un orden regular de operaciones, aprovechando las plataformas de percusión generadas a lo largo del proceso de reducción, hasta formas en las que se prepararon frentes para la extracción de lascas (Nami 2000a). Es importante destacar que en las colecciones Vignati y Torres procedentes de San Blas depositadas en el Museo de La Plata se ha observado un procedimiento de talla de los rodados diferente a los de la costa pampeana y del valle del río Negro. Aquellos rodados con morfologías chatas se formatizaron por percusión directa sobre el cuerpo del clasto con corteza. Se elaboraron mediante el retoque perimetral marginal de sus dos caras paralelas, obteniéndose instrumentos bifaciales con muy baja inversión de trabajo (Figura 9).

Por último debe hacerse mención a la utilización de rodados en los sitios arqueológicos de la cuenca inferior del río Colorado (Armentano 2004). En lo referido a las técnicas de talla empleadas, la situación es diferente a la registrada en el valle del río Negro y similar a la del litoral marítimo pampeano. En esta zona la técnica de talla más utilizada para la reducción fue la bipolar. Los núcleos bipolares alcanzan valores mínimos de 67% y máximos de 82% en los sitios del área. Esto también contrasta con la información disponible para el alto valle del río Colorado, donde fueron registrados abundantes núcleos sobre rodados reducidos mediante percusión directa a mano alzada (Aguerre 1984; Gradin 1984). Un estudio sedimentológico realizado sobre el cauce actual del río Colorado (Blasi 1986) muestra que en las cabeceras existen clastos de fracción gruesa (guijarros, guijas y guijones), mientras que en el valle inferior los clastos estarían restringidos a limos y arenas. El aprovisionamiento de rocas en este último sector del valle pudo realizarse en la Formación de Rodados Patagónicos, posiblemente en las planicies o en los bordes altos del valle o de los depósitos marinos próximos a la costa (véanse Armentano 2004 y Martínez 2004).

Figura 9. Instrumentos sobre rodados chatos con retoque perimetral marginal

CONSIDERACIONES FINALES

Los rodados disponibles en el norte de Patagonia y en la región pampeana son diferentes debido a que intervinieron distintos agentes en la formación de los depósitos. Estas variables incidieron en las características de los artefactos líticos que componen el registro arqueológico. A partir de este trabajo se mostró que las fuentes secundarias de obtención de rodados en el litoral marítimo pampeano y Norpatagonia son diversas. La disponibilidad de depósitos naturales en estos sectores es relativamente continua y abundante, por lo cual la recolección y búsqueda de rodados habría implicado un bajo gasto de tiempo y energía. Estas acumulaciones presentan una gran variabilidad de rocas ígneas (sobre todo volcánicas) y silíceas que fueron seleccionadas por sus propiedades físicas para ser reducidas en los sitios ubicados en sus alrededores. Los clastos que componen los depósitos secundarios de Rodados Patagónicos, rodados costeros y rodados fluviales además de presentar una distribución espacial determinada, muestran ciertas diferencias de forma y tamaño. Dentro de los dos primeros, los rodados poseen menores dimensiones y morfologías redondeadas, mientras que en los últimos los tamaños son mayores y son frecuentes las formas facetadas. Esto permitió, en algunos casos, distinguir la procedencia de las rocas utilizadas en los sitios arqueológicos, así como establecer vínculos entre su disponibilidad y las estrategias utilizadas para su aprovisionamiento y reducción.

De acuerdo a las diferencias en los rodados disponibles, los cazadores-recolectores prehispánicos tomaron distintas decisiones en el proceso de manufactura de los artefactos. Los procedimientos secuenciales involucrados en la talla y los productos obtenidos a partir de ella, están asociados a la forma original de los nódulos. La técnica bipolar se utilizó reiteradamente para obtener filos en el litoral marítimo pampeano y el valle del río Colorado. En estas zonas los nódulos son pequeños y es escasa la disponibilidad de rodados facetados de tamaño suficientemente grande para comenzar el proceso mediante percusión directa a mano alzada. Los rodados fluviales procedentes de Ventania con superficies planas y mayores dimensiones que los costeros, fueron frecuentemente tallados con apoyo en el litoral pampeano. En la costa norpatagónica, las técnicas aplicadas fueron diversas y debe destacarse el aprovechamiento de clastos con morfologías aplanadas para la confección de instrumentos. Con ellos se manufacturaron bifaces mediante la talla perimetral de los bordes del rodado original. En los sitios del río Negro se reconoce una clara tendencia hacia la selección de formas facetadas para ser talladas por percusión directa en detrimento de las esferoides que son abundantes en los depósitos naturales. La preferencia de formas facetadas y tamaños grandes en el río Negro pudo estar vinculada con la posibilidad de reducirlos ejecutando una corta serie de operaciones técnicas.

A pesar de las particularidades en cuanto a la morfología y tamaño de los rodados, las técnicas de talla utilizadas y la funcionalidad de los sitios en estos sectores, se observan algunos patrones similares. Estas similitudes en parte responden a que en estos casos fueron utilizados rodados disponibles en abundancia en el ámbito local. En la costa pampeana y el valle del río Negro se seleccionaron parte de las materias primas de los depósitos naturales de los alrededores de los sitios. Con ellas se manufacturaron, en general, instrumentos líticos para los cuales se utilizaron lascas con corteza que fueron escasamente modificadas en una de sus caras. Parte de estos artefactos se descartaron luego de su uso en los mismos lugares donde fueron elaborados, formando parte de una estrategia tecnológica expeditiva.

Por último, debe señalarse que la forma de utilización de las materias primas líticas en un espacio y tiempo dados, se relaciona con variables múltiples. En este trabajo se enfatizó en la importancia que en este proceso desempeñaron la disponibilidad, las características petrográficas, la morfología y el tamaño de los rodados. Sin embargo, otros fenómenos debieron incidir en la toma de decisiones durante la manufactura, uso, reparación y descarte de los artefactos. Esta relación entre las propiedades físicas de las rocas y los procedimientos manuales de reducción no implica que otros factores culturales no hayan sido puestos en juego por las poblaciones humanas a la hora de utilizar diferentes estrategias tecnológicas. Sólo mediante la integración de las esferas económica, social e ideacional podrá comprenderse de manera más completa y humanizada la tecnología lítica de las sociedades del pasado.

AGRADECIMIENTOS

Este trabajo fue realizado gracias a los recursos de los proyectos: "Arqueología de los grupos cazadores-recolectores del sudeste del Area Interserrana Bonaerense" (Código N 330), Universidad Nacional de La Plata y "Arqueología de los grupos cazadores recolectores del Sudeste de la región pampeana" (PIP-CONICET, Nro. 02940/1), ambos dirigidos por Gustavo G. Politis. Los autores desean expresar su agradecimiento a Federico Isla y Luis Spalleti por el aporte de ideas y bibliografía. A Pablo D. González e Isidoro Schalamuck por la realización y determinación de los cortes petrográficos. A Carlos Tramouillies por la confección del mapa. A Jorge Rabassa, Patricia Madrid y Gustavo Martínez quienes, desde diferentes perspectivas, efectuaron la lectura crítica de versiones previas del manuscrito y realizaron valiosos aportes y comentarios.

NOTAS

[1] Es necesario aclarar que la utilización de unidades de muestreo con diferentes formas (cuadrangulares y lineales) no afectó la representatividad de los atributos considerados en este estudio.

[2] Aunque recientemente han sido registrados casos de reducción bipolar de rodados con medidas menores a los 3 cm (Armentano 2004).

[3] El concepto de grava se utiliza para referirse a depósitos de rodados y no a clastos individuales.

BIBLIOGRAFÍA

Ameghino, F.
1909 Las Formaciones Sedimentarias de la Región Litoral de Mar del Plata y Chapalmalán. *Anales del Museo Nacional de Buenos Aires*, 17 (s. 3, 10): 343-428.

Aguerre, A.
1984 Síntesis del Análisis de los Artefactos Líticos Recuperados en la Excavación del sitio Casa de Piedra 1. En: *Investigaciones Arqueológicas en Casa de Piedra*, editado por C. Gradin, pp. 97-133. Dirección General de Cultura y Ente Ejecutivo. La Pampa.

Andrefsky, W.
1994 Raw-Material Availability and Organization of Technology. *American Antiquity* 59 (1):21-34.
1998 *Lithics Macroscopic Approches to Analysis*. Cambridge University Press, Cambridge.

Armentano, M. G.
2004 *Organización de la Tecnología Lítica en el Valle Inferior del Río Colorado (Partidos de Patagones y Villarino, Provincia de Buenos Aires)*. Tesis de Licenciatura en Antropología. Facultad de Ciencias Sociales, Universidad Nacional del Centro de la Provincia de Buenos Aires, Olavarría. Inédita.

Aschero, C. A.
1975 *Ensayo para una Clasificación Morfológica de Artefactos Líticos Aplicada a Estudios Tipológicos Comparativos*. Informe al CONICET. Inédito.
1983 *Ensayo para una Clasificación Morfológica de Artefactos Líticos. Apéndices A - C*. Cátedra de Ergología y Tecnología, Universidad de Buenos Aires. Inédito.

Bayón, C. y C. Zavala
1997 Coastal Sites in Southern Buenos Aires: A Review of "Piedras Quebradas". En: *Quaternary of South America Antartic Peninsula* 10, editado por J. Rabassa y M. Salemme, pp. 229-253. Balkema, Rotterdam.

Bayón, C. y G. Politis
1996 Estado Actual de las Investigaciones en el Sitio Monte Hermoso I (Prov. de Buenos Aires). *Arqueología* 6: 83-116.

Belardi, J. B.
2003 *Paisajes Arqueológicos: Un Estudio Comparativo de Diferentes Ambientes Patagónicos*. Tesis de Doctorado en Filosofía y Letras. Facultad de Filosofía y Letras, Universidad de Buenos Aires. Inédita.

Bellelli, C.; A. Guraieb y J. García
1985-87 Propuesta para el Análisis y Procesamiento por Computadora de Desechos de Talla Lítica (DELCO - Desechos Líticos Computarizados). *Arqueología Contemporánea* 2 (1): 36-53.

Berón M. A.
2004 *Dinámica Poblacional y Estrategias de Subsistencia de Poblaciones Prehispánicas de la Cuenca Atuel- Salado-Chadileuvú- Curacó*. Tesis de Doctorado en Filosofía y Letras. Facultad de Filosofía y Letras, Universidad de Buenos Aires. Inédita.

Berón, M. A.; L. A. Migale y R. Curtoni
1995 Hacia una Definición de una Base Regional de Recursos Líticos en el Área del Curacó. Una cantera taller: Puesto Córdoba (La Pampa, Argentina). *Relaciones de la Sociedad Argentina de Antropología* 20: 111-128.

Blasi, A.
1986 *Sedimentología del Río Colorado*. Tesis de Doctorado en Ciencias Naturales. Facultad de Ciencias Naturales y Museo, Universidad Nacional de la Plata. Inédita.

Bonomo, M.
2004 *Ocupaciones Humanas en el Litoral Marítimo Pampeano: Un Enfoque Arqueológico*. Tesis de Doctorado en Ciencias Naturales. Facultad de Ciencias Naturales y Museo, Universidad Nacional de la Plata. Inédita.
2005 *Costeando las llanuras. Arqueología del litoral marítimo pampeano*. Sociedad Argentina de Antropología, Colección Tesis Doctorales, Buenos Aires.

Bórmida, M.
1964 Arqueología de la Costa Norpatagónica. *Trabajos de Prehistoria* 16: 7-108. Madrid.

Chauvín, A. y E. A. Crivelli Montero
1999 Aprovisionamiento y Circulación de Materias Primas líticas en la zona de Achicó-Campanario, Provincia de Neuquén. En: *Soplando en el Viento. Actas de las III Jornadas de Arqueología de la Patagonia*, pp. 141-154. Neuquén-Buenos Aires.

Cobb, Ch. R. y P. A. Webb
1994 A Source Area Perspective on Expedient and Formal Core Technologies. *North American Archaeologist* 15 (3): 197-219.

Cortelezzi, C.; F. De Francesco y O. de Salvo
1968 Estudio de las Gravas Tehuelches en la Región Comprendida entre el Río Negro y el Río Colorado. Desde la Costa Atlántica hasta la Cordillera. *Terceras Jornadas Geológicas Argentinas* III: 123-145. Buenos Aires.

Curtoni, R. P.
1994 *La Experimentación en Arqueología. Estudio de la Técnica de Reducción Bipolar en la Localidad Arqueológica Tapera Moreira, Cuenca del Río Curacó, Pcia. de La Pampa*. Tesis de Licenciatura en Ciencias Antropológicas. Facultad de Filosofía y Letras, Universidad de Buenos Aires. Inédita.

De Aparicio, F.
1932 Contribución al Estudio de la Arqueología del Litoral Atlántico de la Provincia de Buenos Aires. *Boletín de la Academia Nacional de Ciencias de Córdoba* 32 (B): 1-180.

De Beaune, S.
2000 *Pour une Archéologie du Geste. Boyer, Moudre, Piler, des Premiers Chasseurs aux Premiers Agriculteurs*. CNRS Editions, Paris.

Dibble, H. L.
1991 Mousterian Assamblage Variability on an Interregional Scale. *Journal of Anthropological Research* 47(2): 239-57.

Ericson, J. E.
1984 Toward the Analysis of Lithic Reduction Systems. En *Prehistoric Quarries and Lithic Production*, editado por J. Ericson y B. Purdy, pp. 11-22. Cambridge University Press, Cambridge.

Eugenio, E.
1998 Variabilidad de los Conjuntos Líticos de la Costa Nordpatagónica. *II Congreso Argentino de Americanistas*, Tomo 2, pp. 461-491. Buenos Aires.

Eugenio, E. y V. Aldazabal
2004 Los Cazadores-recolectores del Litoral Marítimo del Área de Bahía San Blas, Buenos Aires. En: *Contra Viento y Marea. Arqueología de Patagonia*, editado por M. T. Civalero, P. M. Fernández y A. G. Guráieb, pp. 687-700, INAPL - SAA, Buenos Aires.

Fidalgo, F. y J. C. Riggi
1970 Consideraciones Geomórficas y Sedimentológicas sobre los Rodados Patagónicos. *Revista de la Asociación Geológica Argentina* 25 (4): 430-443.

Flegenheimer y Bayón
2002 ¿Cómo, Cuándo y Dónde? Estrategias de Abastecimiento Lítico en la Pampa Bonaerense. En: *Del Mar a los Salitrales. Diez mil Años de Historia Pampeana en el Umbral del Tercer Milenio*, editado por D. Mazzanti, M. Berón y F. Oliva, pp. 231-241. Laboratorio de Arqueología, Facultad de Humanidades, UNMDP, SAA, Mar del Plata.

Flegenheimer, N.; C. Bayón y M. I. González de Bonaveri.
1995 Técnica Simple, Comportamientos Complejos: la Talla Bipolar en la Arqueología Bonaerense. *Relaciones* de la *Sociedad Argentina de Antropología* 20: 81-110.

Franco, N. V. y L. A. Borrero
1999 Metodología de Análisis de la Estructura Regional de Recursos Líticos. En: *En los Tres Reinos: Prácticas de Recolección En el Cono Sur de América*, editado por C. A. Aschero, M. A. Korstanje y P. M. Vuoto, pp. 27-37. Instituto de Arqueología y Museo, Tucumán.

Frenguelli, J.
1931 Observaciones Geológicas en la Región Costanera Sur de la Provincia de Buenos Aires. Resultados de la Misión Científica de la Facultad de Ciencias de la Educación de la Universidad del Litoral en el Litoral Atlántico Sur de la Provincia de Buenos Aires, Marzo-Abril de 1924. A*nales de la Facultad de Ciencias de la Educación* 3: 1-145.
1940 Un Mecanismo Poco Conocido para el Transporte y la Dispersión de Rodados Marinos. *Notas del Museo de La Plata* 5 (10): 185-192.

Geneste, J. M.
1991 L'Approvisionnement en Matières Premières dans les Systemes de Production Lithique: la Dimension Spatiale de la Technologie. En: *Tecnología y Cadenas Operativas líticas*, editado por R. Mora, X. Terradas, A. Parpal y C. Plana, pp. 1-36. Barcelona.

González Díaz, E. F. y E. C. Malagnino
1984 *Geomorfología de la Provincia de Río Negro*. San Carlos de Bariloche.

Goodyear, A. C.
1993 Tool Kit Entropy and Bipolar Reduction: A Study of Interassemblage Lithic Variability among Paleo-Indian Sites in the Northeastern United States. *North American Archaeologist* 14: 1-23.

Gradin, C. J.
1984 *Investigaciones Arqueológicas en Casa de Piedra*. Dirección General de Cultura y Ente Ejecutivo Casa de Piedra, Provincia de La Pampa.

Holmes, W.
1912 Stone Implements of the Argentine littoral. En: *Early Man in South America*, editado por A. Hrdlicka, pp. 125-151. Smithsonian Institute, Bureau of American Ethnology 52. Washington.

Inizan, M.; M. Reduron; H. Roche y J. Tixier
1995 *Technologie de la Pierre Taillée 4*. Meudon: CREP Centre National de la Recherche Scientifique et de l'Université de Paris X, Nanterre.

Isla, F. I.
1984 Características Texturales y Comportamiento Hidrodinámico de los Rodados de Playa: Técnicas Multivariadas y Experiencia de Transporte en Condiciones Episódicas. *Revista de la Asociación Argentina de Mineralogía, Petrología y Sedimentología* 15 (1-2): 33-45.
1997 Procesos de Canibalización de la Barrera Medanosa entre Faro Querandí y Mar Chiquita, Buenos Aires. *Revista de la Asociación Geológica Argentina* 52 (4): 539-548.

Isla, F.; G. Bértola M.; Farenga; S. Serra y L. Cortizo
1998 Villa Gesell: Un Desequilibrio Sedimentario Inducido por Fijaciones de Médanos. *Revista de la Asociación Argentina de Sedimentología* 5 (1): 41-51.

Martínez, G. A.
2004 Resultados Preliminares de las Investigaciones Arqueológicas Realizadas en el Curso Inferior del Río Colorado. En: *Aproximaciones Contemporáneas a la Arqueología Pampeana. Perspectivas Teóricas, Metodológicas, Analíticas y Casos de Estudio*, editado por G. Martínez, M. A. Gutierrez, R. Curtoni, M. Berón y P. Madrid, pp. 275-292. Olavarría.

Messineo, P.G.; M.P. Barros; D.G Poiré y L. Gómez Peral
2004 Características Litológicas de los Niveles de *Chert* o Ftanitas en las Sierras Bayas (Partido de Olavarría, Provincia de Buenos Aires. En: *Aproximaciones Contemporáneas a la Arqueología Pampeana. Perspectivas Teóricas, Metodológicas, Analíticas y Casos de Estudio*, editado por G. Martínez, M. A. Gutierrez, R. Curtoni, M. Berón y P. Madrid, pp. 305-317. Olavarría.

Moore, M. W.
2003 Flexibility of Stone Tool Manufacturing on the Georgina River, Camooweal, Queensland. *Archaeology of Oceania* 38: 23-36.

Mourre, V.
1996 *Le Debitage sur Enclume au Paleólithique Inferior et Moyen. Techniques, Méthodes et Schémas Conceptuels*. Article DEA, Departament d'Ethnologie, Sociologie Comparative et Préhistoire, Université Paris X, Nanterre.

Mouzo, F.
1982 Geología Marítima y Fluvial. En: *Historia Marítima Argentina*, Tomo 1, s. 2, pp. 43-117. Departamento de Estudios Históricos Navales, Secretaría General Naval, Armada Argentina. Cuántica Editora, Buenos Aires.

Nami, H.G.

1992 El Subsistema Tecnológico de la Confección de Instrumentos Líticos y la Explotación de los Recursos del Ambiente: Una Nueva Vía de Aproximación. *Shincal* 2: 33-53.

2000a Observaciones Tecnológicas Preliminares sobre Algunos Conjuntos Líticos de la Costa Norpatagónica. *Actas III Congreso Argentino de Americanistas*, pp. 293-315. Buenos Aires.

2000b Investigaciones Actualísticas y Piedra Tallada. *Actas del III Congreso Argentino de Americanistas*, pp. 229-292. Buenos Aires.

Oliva, F. y J. Moirano.

1997 Primer Informe sobre Aprovisionamiento Primario de Riolita en Sierra de la Ventana (Provincia de Buenos Aires, Argentina). En: *Arqueología Pampeana en la Década de los '90*, editado por M. Berón y G. Politis, pp. 137-146. Museo de Historia Natural de San Rafael/INCUAPA, UNICEN, Olavarría.

Parker, G.; M. Paterlini y R. Violante

1997 El Fondo Marino. *El Mar Argentino y sus Recursos Pesqueros* 1: 65-87.

Pelegrin, J.

1995 *Technologie Lithique et Hominisation*. Conferencia dictada en el Coloquio Leroi Gourhan, Meudon-Bellevue (Francia), mayo de 1995. Inédita.

Pigeot, N.

1991 Reflexions sur l'Histoire Tecnique de l'Homme: de l'Evolution Cognitive a l'Evolution Culturelle. *Paleo* n° 3: 167-198. Boulazac, Francia.

Prates, L.

2004 Arqueología de la Cuenca Media del Río Negro (Provincia de Río Negro): Una Primera Aproximación. *Intersecciones en Antropología* 5: 55-69.

Romer, X.

1999 El Estudio de la Organización Tecnológica como Vía de Análisis en la Discusión de Patrones de Uso del Espacio. En: *Soplando en el Viento. Actas de las III Jornadas de Arqueología de la Patagonia*, pp. 199-210. Neuquén-Buenos Aires.

Sánchez Labrador, J.

1936 *Los Indios Pampas, Puelches, Patagones*. Viau y Zona, Buenos Aires.

Sanguinetti de Bórmida, A. C.

1999 Proyecto Norpatagonia. Arqueología de la Costa Septentrional. Separata de los *Anales de la Academia Nacional de Ciencias de Buenos Aires*, pp. 3-35. Buenos Aires.

Shelley, P.

1993 A Geoarchaeological Approach to Secondary Lithic Deposits. *Geoarchaology: An International Journal* 8 (1): 59-72.

Spalletti, L.

1980 Paleoambiente Litoral y Marino Poco Profundo. *Asociación Geológica Argentina, Paleoambientes Sedimentarios en Secuencias Silicoclásticas*. s. B, didáctica y complementaria 8: 93-124. Buenos Aires.

Spalletti, L. y M. Mazzoni.

1979 Caracteres Granulométricos de Arenas de Playa Frontal, Playa Distal y Médano del Litoral Bonaerense. *Revista de la Asociación Geológica Argentina* 34 (1): 12-30. Buenos Aires.

Stern, CH., J. Gómez Otero y J. B. Belardi

2000 Características Químicas, Fuentes Potenciales y Distribución de Diferentes Tipos de Obsidiana en el Norte de la Provincia del Chubut, Patagonia, Argentina. *Anales del Instituto de la Patagonia* 28: 275-290.

Teruggi, M. E.

1959 Las Arenas de la Costa de la Provincia de Buenos Aires entre Cabo San Antonio y Bahía Blanca. *LEMIT* 2 (77): 3-37. La Plata.

1982 *Diccionario Sedimentológico. Volumen I, Rocas Clásticas y Piroclástica*. Edit. Librart. Buenos Aires.

Teruggi, M.; M. Etchichuri y J. Remiro

1964 *Las Arenas de las Costas de la Provincia de Buenos Aires entre Bahía Blanca y el Río Negro*. LEMIT. La Plata.

Trebino, L. G.

1987 Geomorfología y Evolución de las Costas en los Alrededores del Pueblo de San Blas, Provincia de Buenos Aires. *Revista de la Asociación Geológica Argentina* XLII (1-2): 9-22.

Descripción de los Cortes Petrográficos de Artefactos Elaborados sobre Materias Primas Costeras

Los análisis petrográficos fueron realizados por el Dr. Pablo D. González, del Centro de Investigaciones Geológicas de la Facultad de Ciencias Naturales y Museo de la UNLP (CIG). Las observaciones se efectuaron bajo un microscopio petrográfico LEITZ ® Laborlux 12 POL binocular, con nicoles paralelos y cruzados, oculares 10X y objetivos de 4 / 0,12; 10 / 0,25 y 16 / 0,45, perteneciente al CIG. Los resultados obtenidos fueron los siguientes (Pablo González com. pers. escrita 2001-2002):

MUESTRA N° 1: roca de color marrón amarillento de grano grueso y textura homogénea.

Fenocristales:

Feldespato alcalino: individuos euhedrales sin maclar con una corona plumosa de granófiro de poco espesor que lo rodea total o parcialmente. Alteración argílica leve que se acentúa hacia los bordes de los cristales y adopta la forma de una pequeña banda con enturbiamiento.

Plagioclasa: individuos subhedrales a anhedrales que son más pequeños y menos abundantes que los feldespatos alcalinos. Maclada según la ley de Albita. Alteración argílica leve y algunos cristales tienen un incipiente sericitización.

Cuarzo: escaso a ausente, subhedral a anhedral y límpido.

Mafito: forma tabular, euhedral a subhedral, muy escaso y por su alteración extrema a óxidos, no se lo puede identificar.

Pasta: Está constituida por feldespatos y cuarzo de diversa granulometría, que presentan una reducción continua de sus tamaños desde los fenocristales hacia los cristales de la pasta. También lleva pequeñas esferulitas fibrosas radiales. Microvenillas sin un patrón de orientación están rellenas con abundantes óxidos y microcavidades de forma irregular están rellenas con calcita.

Texturas: Porfírica-microporfírica, seriada, esferulítica, granofírica.

Clasificación: pórfido granítico (granófiro).

MUESTRA N°2: roca de color negro, con grano fino y textura homogénea.

Microfenocristales:

Plagioclasa: tablillas subhedrales a euhedrales, frescas con bordes corroídos por la pasta, levemente zonales (directa) y orientadas por una fina laminación por flujo. Los individuos más grandes tienen inclusiones de vidrio castaño de la pasta.

Ortopiroxeno: glomérulos (2-3 cristales) de pequeños individuos subhedrales que se agrupan junto a diminutos cristales de magnetita. Los bordes están cribados por reacción con la pasta.

Magnetita: diminutos cristales subhedrales. Opaco.

Pasta: Está constituida por microlitos de plagioclasa y clinopiroxeno que son euhedrales, están orientados y entre los mismos se ubica abundante vidrio volcánico de color castaño.

Texturas: microporfírica, microlítica fluidal, intersertal.

Clasificación: andesita basáltica.

Observación: mediante el corte petrográfico no pudo discriminarse si la roca es un basalto o una andesita, para ello es necesario realizar análisis químicos de roca total.

MUESTRA N°3: roca color de gris verdoso con grano grueso y textura homogénea.

Fenocristales:

Plagioclasa: subhedral a euhedral con fuerte sericitización en forma de parches que se distribuyen irregularmente en los cristales. Maclas según la ley de Albita. Individuos enteros y fragmentos rotados por una marcada laminación por flujo.

Cuarzo: anhedral, límpido y con engolfamientos pronunciados.

Mafito: probable anfíbol totalmente reemplazado por cloritas y una mezcla hidratada de aluminosilicatos (bastita).

Mátrix:

Vitroclastos: de pómez y trizas vítreas parcialmente colapsadas y algunas sin colapsar (tipo bastones y pared de burbuja), que están totalmente recristalizadas y reemplazadas por esferulitas secundarias. Abundante vidrio volcánico intersticial está totalmente reemplazado por un agregado cuarzo-feldespático de naturaleza felsítica.

Litoclastos: muy escasos, pequeños. Redondeados y de origen volcánico.

Texturas: porfírica, eutaxítica.

Clasificación: ignimbrita dacítica.

MUESTRA N° 4: roca de color rojo con grano fino y textura homogénea.

Fenocristales:

Mafito: probable ortopiroxeno, de pequeño tamaño, anhedral y fresco. Tiene extinción recta y fuertemente birrefringente.

Plagioclasa: escasa, subhedral y leve sericitización

Cuarzo: fragmentos límpidos y anhedrales.

Mátrix: Tiene abundantes óxidos de hierro intersticiales que le dan el color rojo a la muestra.

Vitroclastos: abundantes trizas vítreas (tipo bastones, estrellas y parde de burbuja) y agregados pumíceos totalmente recristalizados a un agregado cuarzo-feldespático.

Textura: vitrocristalina.

Clasificación: toba vitrocristalina.

MUESTRA N° 5: roca de color marrón amarillento con grano fino y textura homogénea.

Roca silícea que está constituida por un agregado de ópalo y ftanita que están fuertemente laminados. En la masa de la mátrix flotan cristales o clastos angulosos y fragmentos de cuarzo y feldespatos fuertemente reemplazados por un agregado felsítico no determinable.

Clasificación: origen dudoso. Puede corresponder a una roca volcánica ácida, casi afírica (sin fenocristales) o a un vitrófiro recristalizado.

Otro posible origen podría corresponder a una roca sedimentaria de origen químico del tipo de los chert silícicos o chertilititas.

Observaciones: habría que realizar análisis de rayos X para poder determinar exactamente si la roca es sílice.

MUESTRA N° 6: roca de color rojo grano fino y textura homogénea.

Mátrix: La roca tiene una abundante mátrix vítrea que está totalmente recristalizada y lleva, además, abundantes óxidos de hierro.

Litoclastos: son de naturaleza volcánica, de pequeño tamaño, de abundancia moderada y están fuertemente recristalizados.

Vitroclastos: trizas vítreas con formas irregulares y estrelladas y pómez subredondeados con una fuerte recristalización a un mosaico de cuarzo y feldespatos.

Cristaloclastos: plagioclasas subhedrales con una moderada argilización y leve zonalidad. Acompañan cristales de cuarzo anhedral o en fragmentos angulosos y límpidos.

Textura: vitrocristalina.
Clasificación: toba dacítica / ignimbrita dacítica no soldada.

MUESTRA N° 7: roca de color castaño rojizo con grano fino y textura homogénea.
Fenocristales:
Plagioclasa: individuos subhedrales a euhedrales con maclas según la ley de Albita. Alteración argílica moderada y algunos cristales tienen un incipiente sericitización.
Mátrix:
Vitroclastos: de pómez (con canalículos de escapes de gases) y trizas vítreas parcialmente colapsadas y algunas sin colapsar (tipo bastones y pared de burbuja), que están totalmente recristalizadas y reemplazadas por agregados de cuarzo, adularia y plagioclasa albítica. Abundante vidrio volcánico intersticial está totalmente reemplazado por un agregado cuarzo-feldespático de naturaleza felsítica.
Litoclastos: escasos, pequeños y angulosos. Origen volcánico con composición andesítica y fenocristales euhedrales de plagioclasa rodeados por una pasta traquítica de tablillas de la misma composición (plagioclasa).
Texturas: Primarias (de origen ígneas) de tipo porfírica y eutaxítica. Además secundarias (de recristalización) de tipo felsítica.
Clasificación: ignimbrita dacítica.

MUESTRA N° 8: roca de color verde oscuro con grano grueso y textura homogénea.
Fenocristales:
Plagioclasa: tablillas subhedrales a euhedrales, con bordes corroídos por la pasta, levemente zonales y orientadas por una fina laminación por flujo. Los individuos más grandes tienen inclusiones de vidrio recristalizado de la pasta. Alteración argílica y epidótica pistacítica.
Sanidina: tablillas euhedrales, con bordes corroídos por la pasta. Límpidas o con alteración argílica leve.
Cuarzo: cristales subhedrales con engolfamientos, corrosión de los bordes e inclusiones redondeadas de la pasta felsítica.
Magnetita: diminutos cristales subhedrales. Opaco.
Pasta: Está constituida por microlitos de feldespatos (alcalinos y plagioclasas) y cuarzo definiendo una textura felsítica. También laminación por flujo ígneo.
Atravesada por venillas rellenas con óxidos de hierro y agrupamientos de granos de epidoto pistacítico.
Texturas: porfírica, microlítica fluidal y felsítica.
Clasificación: dacita / riodacita.

PRIMEROS ANÁLISIS DE LA DISTRIBUCIÓN DE SITIOS EN LA LOCALIDAD DE PUNTA GUANACO, COSTA NORTE DE SANTA CRUZ

Miguel Ángel Zubimendi, Lucia Cecilia Mazzitelli y Pablo Ambrústolo

RESUMEN

El objeto de este trabajo es explicar el uso del espacio y de los recursos, disponibles o no, en Punta Guanaco, un sector particular de la Costa Norte de Santa Cruz (Patagonia Argentina). En ésta área se realizó una prospección intensiva donde se registraron todos los sitios hallados, su ubicación, relación espacial y distancia del mar. Cada uno fue categorizado en función de características estructurales (tipo, cantidad, densidad de restos arqueológicos, y sus relaciones contextuales). Estos análisis fueron contextualizados e interpretados en función de la presencia y distribución de ciertos recursos económicos en el área de estudio y sus adyacencias. Discutiremos los resultados en relación a la distribución de recursos, tratando de relacionar todas las variables y explicar el uso del espacio en el caso particular de Punta Guanaco, teniendo en cuenta las particularidades del caso. A partir de este caso particular es posible avanzar en la generación de modelos aplicables para el resto de la Costa Norte de Santa Cruz.

Palabras claves: *Punta Guanaco, Distribución espacial, Agrupamiento de sitios, Estructura de sitio y Disponibilidad de materias primas.*

ABSTRACT

The aim of this paper is to explain the use of the space and of the resources, whether their were available or not, in Punta Guanaco, a particular area of the North Coast of Santa Cruz (Patagonia Argentina). There was made an intensive prospection in this area, and all of founded sites, their ubication, spatial relationships and sea distance were registered. Each one was categorized taking into account structural characteristics (type, amount, density and structural relationships), and the presence of certain specific archaeological remains such as shells of marine invertebrates, lithics artefacts and bones. These analyses were contextualized and interpreted considering the presence and distribution of certain economic resources from this area and its adjacencies, specially the availability of raw material and of marine resources. This economic resources are considerered to be important in the space structuration and use. We discuss the results from the resources distribution analysis, as an intent to relate all the variables and to explain the use of the space in Punta Guanaco´s case, taking into account its particularities and the elements which allowed us to generate applicable models for the rest of North Coast of Santa Cruz.

Key words: *Punta Guanaco, Spatial distribution, Site agrupation, Site structure and Raw material availability.*

INTRODUCCIÓN

El objeto de este trabajo es explicar el uso del espacio en la localidad de Punta Guanaco, Costa Norte de Santa Cruz, a partir de análisis de distribución de sitios y de análisis intrasitio. Se ha tenido en cuenta a los fines anteriores la presencia y distribución de recursos económicos considerados gravitantes en las decisiones de ocupación humana, como los bancos de moluscos y la disponibilidad de materias primas. De esta manera, se pretende avanzar en la interpretación del patrón de distribución de sitios y explicar el uso de este espacio específico, como modelo para otras áreas de la Costa Norte de Santa Cruz y como generador de hipótesis para otras escalas espaciales de análisis.

En tal sentido, se analizó la presencia y tipo de recursos, alimenticios y líticos, presentes en el sector de Punta Guanaco, partiendo de la premisa de que son dos variables relacionadas con la distribución de los sitios e influyen en las estrategias de uso del espacio. Se estudiaron de manera particularizada los conjuntos artefactuales conformados a partir de las recolecciones, a fin de establecer sus variaciones tecnológicas.

El área de Punta Guanaco se halla ubicada al Sur de la ciudad de Puerto Deseado (Santa Cruz), en la margen Sur de la ría homónima. En este trabajo se denomina así a una paleobahía, con sistemas costeros marinos holocénicos claramente identificables a través de la fotointerpretación, la cual se halla hacia el Norte de la Punta Guanaco propiamente dicho (Figura 1). Este trabajo se encuadra en el Proyecto marco acreditado en la Universidad Nacional de La Plata "La resolución temporal del uso de la Costa Norte de Santa Cruz por parte de cazadores recolectores", dirigido por la Dra. Alicia Castro.

METODOLOGÍA

En el marco de las investigaciones que se vienen llevando a cabo en la Costa Norte de Santa Cruz, se eligió un área acotada del espacio para ser trabajada de manera intensiva respondiendo a premisas metodológicas del proyecto que tienen que ver con el cambio de escala de análisis para contrastar hipótesis. Mediante la fotointerpretación, y teniendo en cuenta la textura y el color de la imagen, la ubicación respecto a la línea actual de costa, la vegetación y otros factores, se diferenciaron distintos subsectores del espacio. Se definieron tres sistemas distintos de cordones marinos, numerados de 1 a 3 a partir de la actual línea de playa. Esta sectorización se corroboró mediante la prospección sistemática sobre el terreno. Estos sistemas se utilizaron para dirigir el muestreo en el campo y para resolver hipótesis planteadas en otros trabajos (ver Andolfo y Gómez 2004).

El área de trabajo es de 5 km^2, cubriéndose el total de la misma por medio de transectas contiguas. Un equipo de trabajo, compuesto de entre 4 y 6 personas separadas entre sí por 10 m, prospectó aproximadamente el 100% de la superficie del área definida. Se registró la posición geográfica de cada sitio hallado, considerando como sitios a la concentración de tres o más artefactos líticos o las concentraciones de valvas asociadas a artefactos líticos (Castro *et al.* 2003). Los sitios fueron clasificados *a priori* a partir de los tipos de restos presentes en:

Figura 1. Ubicación de Punta Guanaco, Santa Cruz, Patagonia Argentina

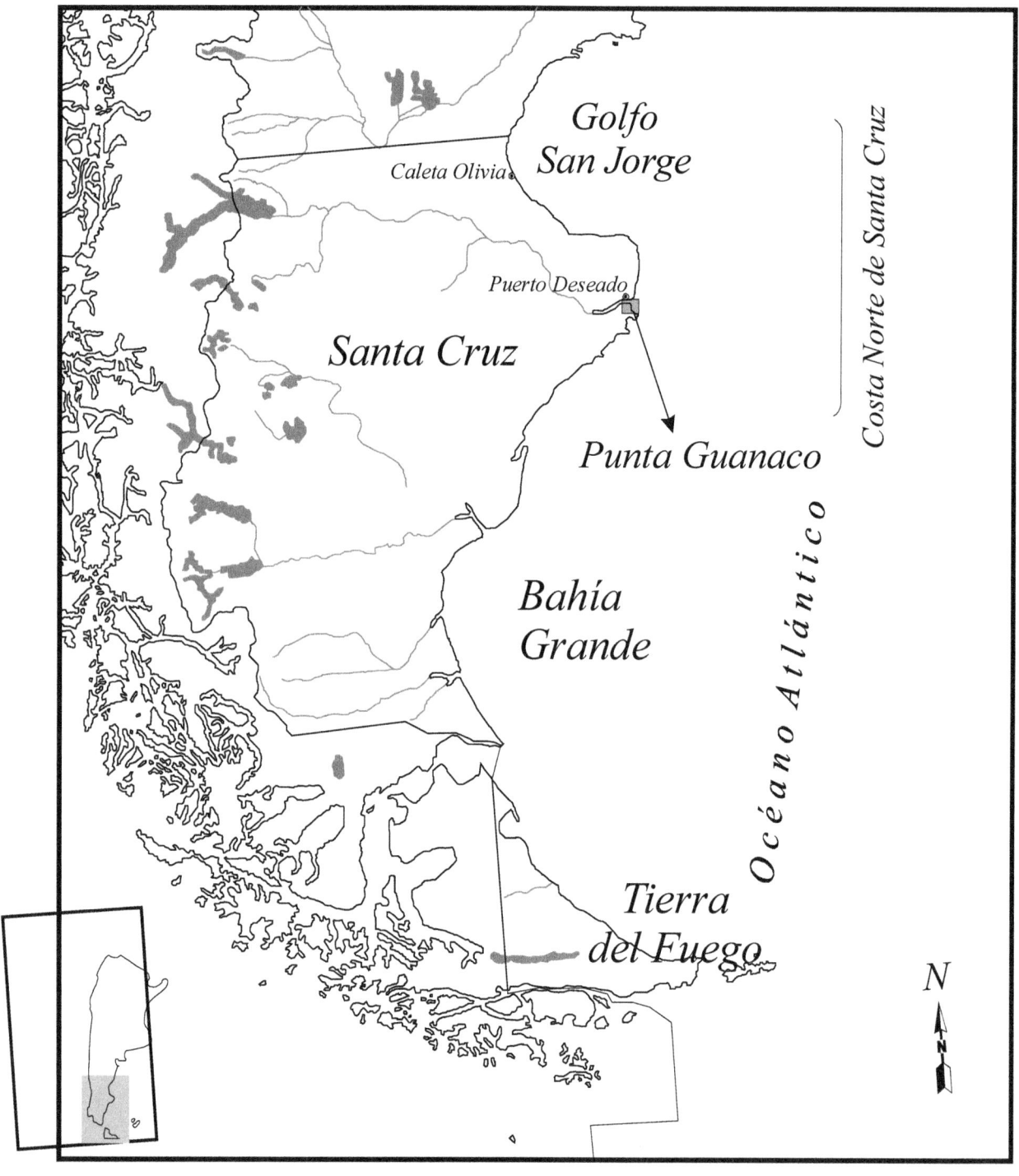

a) *concheros*: caracterizados por la presencia de restos de valvas de invertebrados, principalmente lapas (*Nacella* (*Patinigera*) sp.), mejillones (*Mytilus edulis*) y cholgas (*Aulacomya ater*), así como artefactos líticos y restos óseos; y

b) *no concheros*: caracterizados por la presencia de artefactos líticos y/o restos óseos (ver Zubimendi *et al.* 2005).

Otro equipo, compuesto de 3 personas, realizó muestreos intrasitios sobre aproximadamente el 30% de la muestra registrada por el primer equipo (ver Tabla 1). Se definieron los límites en aquellos sitios en los que la distribución de restos arqueológicos lo permitieron, por medio de un

Vernouil y cinta métrica, creando un polígono que representaba la superficie del sitio. Los límites fueron fijados allí donde se dejaba de observar material arqueológico en superficie.

El muestreo intrasitio propiamente dicho, se realizó a lo largo del eje mayor del polígono definido como sitio, por medio de una grilla de 1 x 1 m, cada 3 m, denominada Grilla o Unidad de Recolección (UR), siguiendo dicho eje mayor. En todas las UR se recolectaron todos los artefactos líticos y arqueofaunísticos presentes, mientras que las valvas se recolectaron en todas las UR cuando el sitio presentaba una baja densidad de este tipo de restos. En los sitios con una alta densidad sólo se tomaron muestras de valvas en las UR impares.

94

Figura 2. Ubicación de los recursos económicos analizados y sectores nombrados en el área de Punta Guanaco

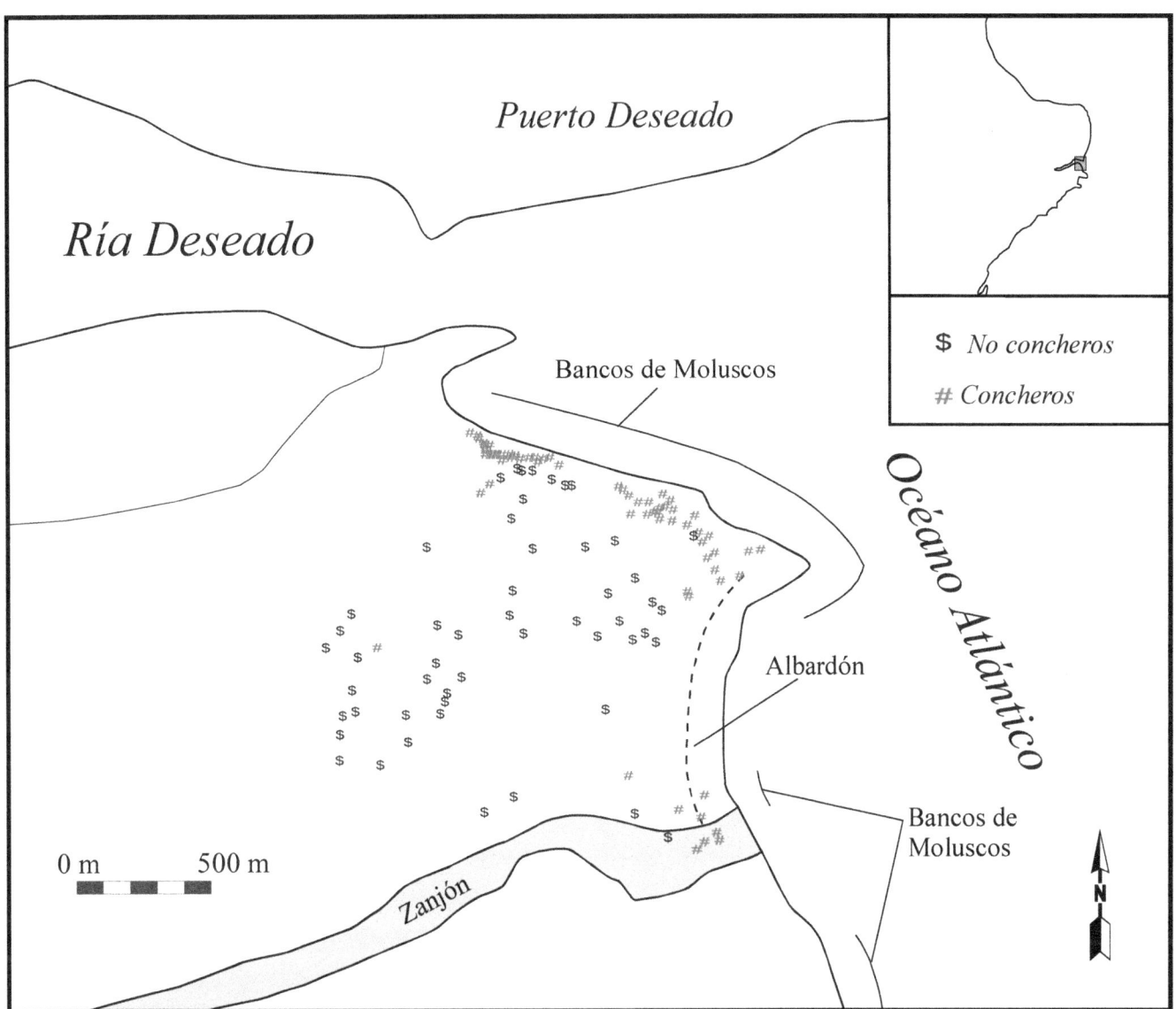

Tipo de Sitios	Totales	Muestreados
concheros	65	21 (32%)
no concheros	51	14 (22%)
chenques	6	-
Total	122	35 (29%)

Tabla 1. Tipos de sitios registrados, cantidad y porcentaje de sitios muestreados

En aquellos sitios con muy baja densidad de restos arqueológicos, o en los cuales no se pudieron establecer sus límites, se procedió a realizar una recolección total del material arqueológico presente en un círculo de aproximadamente 20 m de diámetro alrededor de la posición GPS registrada. En general esta metodología se llevó a cabo en sitios no concheros, los cuales eran muy extensos y poco densos o cuyo tamaño era menor a 1 m².

Se registraron en total 122 sitios, incluyéndose 6 posibles chenques. Fueron muestreados 35 sitios, de los cuales a 13 se les pudo definir límites para la dispersión de artefactos, y por lo tanto obtener su superficie, mientras que 22 sitios fueron muestreados por medio de una recolección superficial asistemática.

Se analizó la *distribución de los sitios* según su *grado de agrupamiento*. Para definirlo se tomaron radios de 50 m en relación con cada sitio. Si los radios de dos o más sitios se interceptaban se los consideraba *agrupados*, de lo contrario se los consideraba como *no agrupados*. También se consideró su *distancia al mar*, analizada según categorías de 200 m hacia el interior a partir de la línea de costa actual.

A partir de las valvas de invertebrados recolectadas en los concheros, se identificaron las especies presentes en cada sitio, para así inferir los horizontes del intermareal aprovechados y explotados.

A su vez, para obtener muestras que permitan tratar temas como la variabilidad y la disponibilidad de las materias primas se realizaron transectas asistemáticas de prospección en los alrededores de los sitios muestreados, en el albardón que divide los sistemas 1 y 2 y en el zanjón, que limita el área de estudio hacia el sur (ver Figura 2).

Figura 3. Agrupaciones de sitios en el área de Punta Guanaco

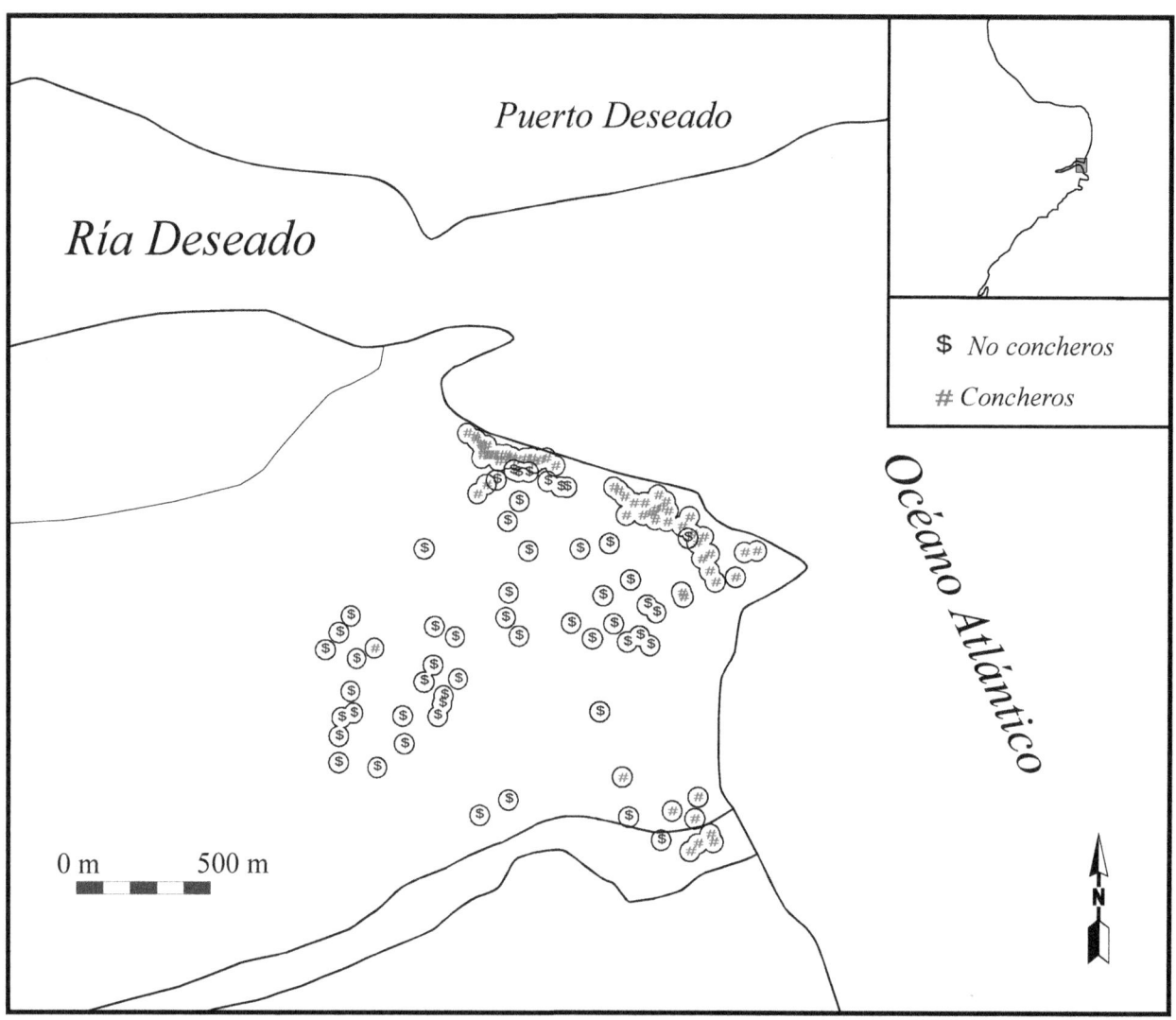

Para los análisis de materias primas se tomó en cuenta la disponibilidad espacial en el área de estudio. A partir de esto se definieron dos categorías:

- las *inmediatamente disponibles*, son aquellas que están muy próximas al lugar de utilización y/o descarte (*sensu* Meltzer 1989 en Franco 2002:28); y

- las *no inmediatamente disponibles*, son aquellas que no se encuentran en el área de estudio y que aún no conocemos su procedencia.

Las materias primas consideradas como *inmediatamente disponibles*, son: pórfiro, riolita, ignimbrita, toba y basalto. Si bien todas son consideradas dentro de esta categoría, hay que resaltar que la única que se presenta como fuente primaria es el pórfiro, aflorando al Norte del área. El resto de estas materias primas provienen de fuentes secundarias, como mantos de rodados, parcialmente cubiertos por la vegetación en casi toda el área, teniendo mayor visibilidad en el albardón de deposición marina cercano a la playa actual. En el zanjón ubicado al Sur estas materias primas están disponibles en forma de bloques y rodados de mayor tamaño (ver Figura 2).

Consideramos como materias primas *no inmediatamente disponibles* a la calcedonia, cuarcita, obsidiana, ópalo, sílex y toba silicificada. Todas corresponden a materias primas que

no hemos observado en el área de estudio y de las cuales aún no conocemos sus fuentes primarias y/o secundarias, aunque es probable que existan estas fuentes a nivel regional dadas las características geológicas de la misma.

Otro aspecto analizado fue la *calidad para la talla por percusión* de las diferentes materias primas, teniendo en cuenta criterios macroscópicos y siguiendo los lineamientos de Aragón y Franco (1997), según los cuales a partir de la textura de la matriz (el agregado microcristalino homogéneo o heterogéneo de la roca), junto con el contenido de cristales de las rocas observados a nivel macroscópico, es posible determinar la calidad de las mismas para la talla por percusión. Así se formuló una escala nominal para la calidad de talla de las materias primas presentes en los sitios muestreados:

1. buenas: aquellas de matrices finas o muy finas; sílex, toba silicificada, obsidiana, calcedonia;

2. regulares: de matriz intermedia; cuarcita, ópalo, basaltos; y

3. malas: de matriz gruesa a muy gruesa; pórfiro, toba, riolita e ignimbrita.

96

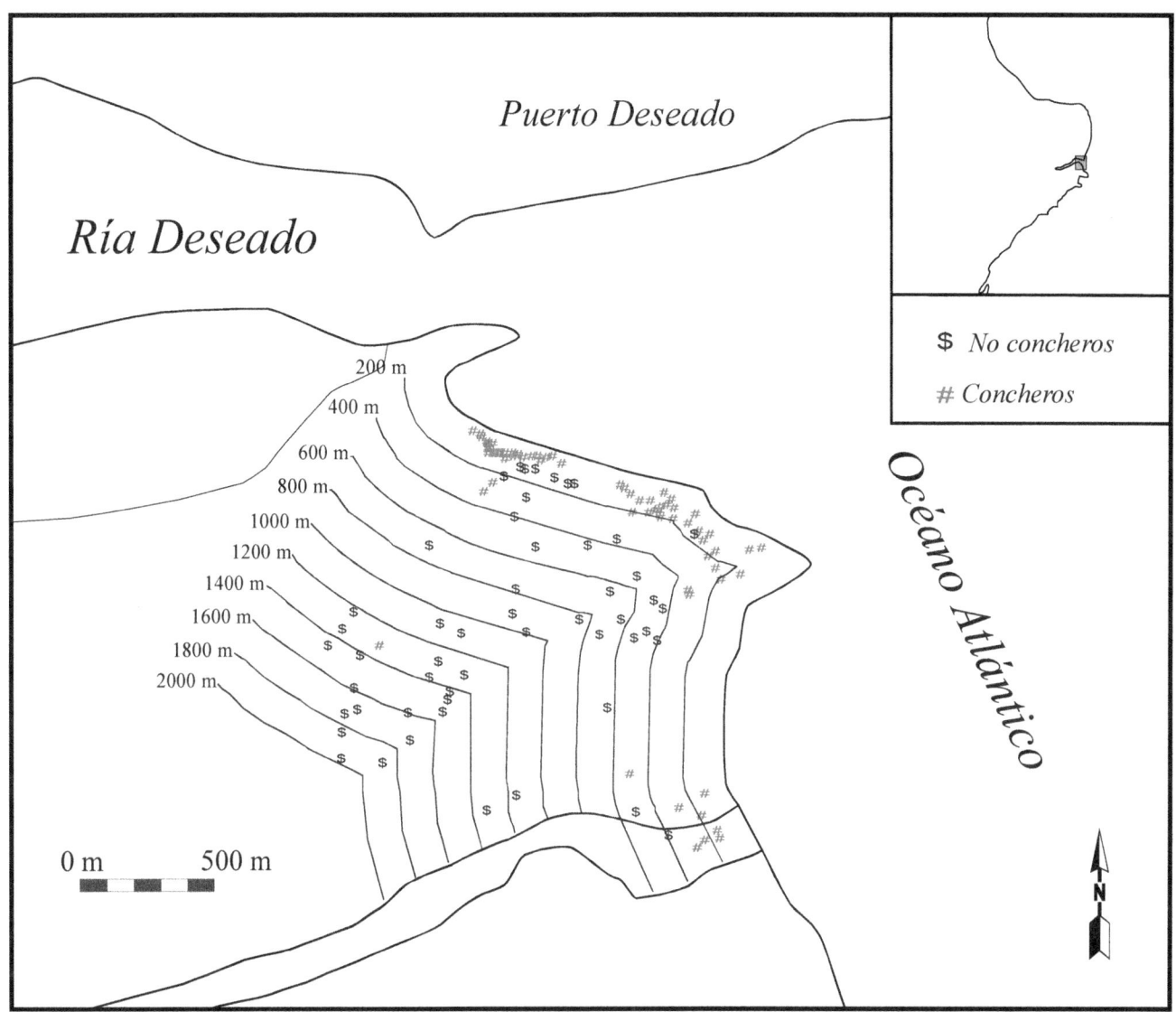

Figura 4. Rangos de distancia al mar y sitios arqueológicos registrados en el área de Punta Guanaco

Si bien el basalto fue considerado como regular, hay que resaltar que es muy variable, ya que se encuentran algunos de matriz fina, que podrían ser considerados como muy buenos para la talla (Reyes *et al.* 2004).

A su vez, se analizaron las correlaciones entre la proporción de materias primas inmediatamente disponibles y no inmediatamente disponibles, el tipo de sitio y la distribución de los mismos; así como también su relación respecto a la manufactura de artefactos considerados como grupos tecnológico basados según criterios funcionales en (Castro com. pers.):

- *Núcleos*: se incluyen los núcleos y restos de núcleos;

- *formas base potenciales* (F.B.P.): se incluyen lascas y láminas (considerando estas en base a un criterio dimensional);

- *desechos*: se incluyen a los desechos propiamente dichos, esquirlas, lascas chicas y microlascas (ver más abajo);

- *instrumentos*: se incluyen instrumentos formatizados (enteros y fragmentados).

Se entiende por formas base potenciales todos aquellos restos que pueden ser utilizados directamente, o sea, que poseen características de tamaño y morfología que les permiten ser tomadas con la mano y cumplir una función determinada, aún sin estar formatizadas; así como también aquellas formas que previo trabajo de talla, retalla y/o formatización, pueden ser transformadas en un instrumento.

Mientras que por desechos consideramos aquellos productos que por forma o tamaño no podrían actuar como las formas base potenciales arriba definidas (Paunero y Castro 2001; Castro 2004). Estos conceptos derivan de un enfoque funcional y se refiere a aquellos productos de la talla que por sus características y tamaño no son factibles de ser utilizados ya que, aun con prensión manual, no poseen superficies o filos libres para ser usados. Se identifica así dentro de este grupo también a las lascas chicas y microlascas (considerando a estas como productos que poseen todas los atributos reconocidos como lascas) importantes para discutir procesos de formatización. Los desechos propiamente dichos incluyen fragmentos de núcleos o restos de núcleos, de lascas indeterminadas u otros litos reconocibles como productos de la talla. Mientras que las esquirlas serían desechos propiamente dichos cuyo tamaño es igual o menor a 1 cm^2. (Castro com. pers.).

En un primer *análisis tecnológico* del conjunto se evaluó el nivel de fractura de los artefactos líticos recolectados. Esta característica nos es de gran importancia, ya que sería indicativo de que la mayor parte de los artefactos cuentan con la información necesaria para realizar los análisis de nuestro interés. Es decir, que la mayor parte de los atributos a analizar se encuentran en los artefactos líticos registrados, y que además no habrían actuado procesos de alteración postdepositacionales de gran importancia (*sensu* Espinosa 1998:336 y Carballo Marina y otros 2000-2002:93-94).

En el *análisis tecnológico* se trabajó en base a criterios tecnológicos, morfológicos y funcionales (Castro com. pers.), con el objeto de asignar cada pieza en una clase. Se registró en cada caso la materia prima, el grado de conservación de la pieza, la presencia de corteza; y se tomó en cuenta su pertenencia a un sitio ubicado específicamente en el espacio; su asociación a otros restos arqueológicos, así como su relación espacial con otros sitios. También se tomó como referencia la clasificación de las materias primas por disponibilidad, tal como fue definido más arriba y se trabajó informatizando los datos por medio de hojas de cálculo y tablas dinámicas.

Fueron definidas operativamente tres etapas dentro de una secuencia de talla que va desde el trabajo inicial del núcleo, hasta la formatización/reactivación de instrumentos y su descarte y/o pérdida. Así, los artefactos se agruparon dentro de cada una de ellas a partir de los atributos seleccionados, lo que nos permitió analizar los conjuntos artefactuales de cada sitio.

Es necesario aclarar que cuando nos referimos a etapas, éstas no serían estrictas, o sea, no se definen forzosamente por productos inequívocos; cualquier etapa puede incluir las piezas que tomamos como diagnósticas para otra. Partimos de un esquema ideal y de indicadores diagnósticos básicos e imprescindibles.

Las etapas son:

1) de rebaje del núcleo: definida por presencia de núcleos o restos de núcleos; por presencia de lascas, laminas o desechos con corteza;

2) de talla inicial: definida por presencia de formas bases potenciales (lascas y laminas y desechos de talla sin corteza); y

3) de formatización y retalla: definida por presencia de lascas chicas y microlascas; y por presencia de instrumentos.

Estas etapas fueron analizadas para cada sitio, en relación con su ubicación espacial, su nivel de agrupamiento y sus asociaciones arqueológicas (tipo de sitios). Así como también, y en especial, con el tipo de materia prima según su disponibilidad y calidad para la talla[1].

RESULTADOS

Con respecto al grado de agrupamiento de los sitios, se observó la existencia de dos grandes agrupaciones hacia el norte con 25 y 24 sitios cada una, una única agrupación con 4 sitios; tres agrupaciones de 2 sitios cada una, y 6 sitios aislados (o sea no agrupados). Por lo tanto, el 90% de los

concheros se encuentran agrupados en algún grado (ver Tabla 2 y Figura 3).

Cantidad de Sitios Agrupados	Concheros		No concheros	
	Agrup.	N° y % de Sitios Agrupados	Agrup.	N° y % de Sitios Agrupados
1	6	6 (9 %)	33	33 (63 %)
2	3	6 (9 %)	2	4 (8 %)
3	-	-	5	15 (29 %)
4	1	4 (6 %)	-	-
más de 4	2	49 (75 %)	-	-
Total	-	65	-	53

Tabla 2. Agrupaciones de sitios concheros

Mientras que los no concheros presentan una situación inversa. En este caso, el 63% estaban aislados o no agrupados, mientras que el 37% restante estaba agrupado en algún grado, siendo seis los sitios agrupados de a 2 (3 agrupaciones) y cinco agrupaciones de 3 sitios cada una (ver Tabla 2 y Figura 4).

Distancia	Concheros	No concheros	Total
0-200	51 (78%)	7 (14%)	58 (50%)
200-400	12 (18%)	3 (6%)	15 (13%)
400-600	1 (2%)	11 (22%)	12 (10%)
600-800	0	6 (12%)	6 (5%)
800-1000	0	3 (6%)	4 (3%)
1000-1200	0	3 (6%)	3 (3%)
1200-1400	1 (2%)	6 (12%)	6 (5%)
1400-1600	0	5 (10%)	5 (4%)
1600-1800	0	4 (8%)	4 (3%)
1800-2000	0	3 (6%)	3 (3%)
Total	65	51	116

Tabla 3. Número y porcentaje de sitios concheros y no concheros según rangos de distancia a la línea de costa actual

Respecto a la relación entre los sitios y la distancia a la línea de la costa actual, en los concheros se observa que el 78% se halla dentro de los primeros 200 m; dentro del rango de los 200-400 m se halla una cantidad que sumada a la primera conforman el 96% de la muestra, mientras que el conchero más alejado a la costa está a aproximadamente 1250 m de la misma. Los sitios no concheros se distribuyen de manera más uniforme dentro de los rangos de distancia al mar considerados (ver Tabla 3 y Figura 5).

En cuanto a la distribución de las especies de moluscos en los sitios muestreados (ver Tabla 4) se observa que en casi todos dominan ampliamente las lapas (90%, excepto en los sitios 16 y 72, este último compuesto únicamente por distintas especies de caracoles). Muy por debajo, en el porcentaje, le siguen los mejillones y las cholgas con un 3.7%, por último los mejillines (*Brachiodontes purpuratus*) con un 2.3%, pero hay que tener en cuenta que estos últimos no son una especie comestible dado su muy bajo tamaño promedio. Estos valores se relativizarían al considerar que los mejillones y las cholgas son bivalvos, por lo que sus valores serían menores aún (Zubimendi *et al.* 2005). Dentro de las especies que por su tamaño pueden ser consideradas *a priori* como comestibles están los caracoles grandes (*Adelomelon brasiliana*) aunque en muy bajo porcentaje (0.4%).

Para los análisis tecnológicos, primeramente se determinó que un alto porcentaje de la muestra correspondía a artefactos enteros (aproximadamente 72% tanto para concheros como no concheros). Por otro lado, en 23 sitios el porcentaje de artefactos enteros es mayor al 60%, mientras que hay 3 sitios con entre 40 y 60% y 5 con menos de 40% de artefactos enteros. Estos últimos corresponden a sitios con pocos artefactos líticos, o de muy baja densidad de los mismos.

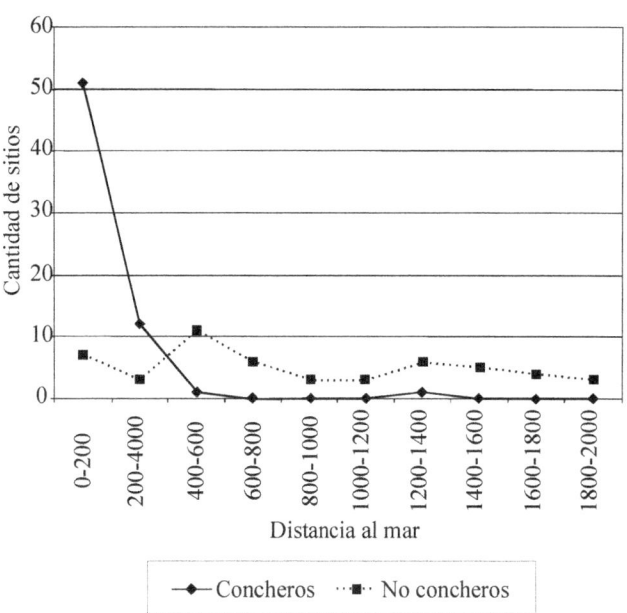

Figura 5. Distancia al mar de los sitios concheros y no concheros

Sitio	Tipo de Muestreo / Número de Grillas	Superficie	Densidad por m²	Valvas															Total de restos
				la	ch	me	mi	ab	om	tr	pa	ba	cr	th	si	fi	hu	r v	
2	10	602.98	130.80	1222	7	31	40	0	0	0	3	1	1	1	2	0	x	9	1308
4	5	381.08	71.60	332	3	1	10	0	1	2	2	3	4	0	0	0	-	8	358
6	5	169.45	23.20	80	28	0	0	1	1	0	2	1	3	0	0	0	-	6	116
10	7	275.97	10.29	72	0	0	0	0	0	0	0	0	0	0	0	0	-	1	72
11	5	143.12	4.20	21	0	0	0	0	0	0	0	0	0	0	0	0	-	1	21
16	rec. sup.	-	-	18	1	6	0	0	1	0	0	0	0	0	0	0	x	4	26
30	15	1800.45	9.13	109	17	5	0	1	0	0	0	0	4	0	0	1	-	6	137
43	rec. sup.	-	-	57	0	2	0	0	0	0	0	0	0	0	0	0	-	2	59
58	2	19.68	12.50	25	0	0	0	0	0	0	0	0	0	0	0	0	x	1	25
60	24	60.00	2.63	57	1	2	3	0	0	0	0	0	0	0	0	0	-	4	63
63	1	5.19	67.00	33	2	29	3	0	0	0	0	0	0	0	0	0	-	4	67
72	rec. sup.	-	-	0	0	0	0	8	0	2	0	0	0	0	0	0	-	2	10
85	10	843.62	1.00	8	0	1	0	0	0	0	0	1	0	0	0	0	-	3	10
90	8	406.75	1.88	14	0	1	0	0	0	0	0	0	0	0	0	0	-	2	15
91	4	40.59	4.25	17	0	0	0	0	0	0	0	0	0	0	0	0	-	1	17
108	5	460.78	25.00	115	1	4	4	1	0	0	0	0	0	0	0	0	-	5	125
112	3	29.09	40.33	115	1	5	0	0	0	0	0	0	0	0	0	0	-	0	121
116	3	63.65	48.00	129	2	12	1	0	0	0	0	0	0	0	0	0	-	4	144

Tabla 4. Especies de invertebrados registrados en los sitios concheros
Referencias: la: *Nacella* (*Patinigera*) sp.; ch: *Aulacomya ater*; me: *Mytilus edulis*; mi: *Brachiodontes purpuratus*; ab: *Adelomelon brasiliana*; om: *Odontocyambola magellanica*; tr: *Trophon* sp.; pa: *Paraeuthria plumbea*; ba: *Balanus* sp.; cr: *Crepidula* sp.; th: *Trochita pilens*; si: *Siphonaria lessoni*; fi: *Fissurella* sp.; hu: Presencia de restos óseos; r v: Riqueza de especies malacológicas

Con respecto a los análisis de materias primas, se correlacionaron las variables de disponibilidad y calidad para la talla por percusión. Los resultados de estos análisis sugieren que las materias primas clasificadas como no inmediatamente disponibles presentes en estos sitios son de calidad regular a buena para la talla. Mientras que las materias primas inmediatamente disponibles se caracterizan por ser de calidad regular a mala (ver Tabla 5).

Disponibilidad de la Materia Prima	Calidad para la Talla		
	Buena	Regular	Mala
Inmediatamente Disponible		basalto	porfiro, riolita, ignimbrita y toba
No Inmediatamente Disponible	calcedonia, obsidiana, sílex y toba silicificada	cuarcita y ópalo	

Tabla 5. Materias primas, disponibilidad y calidad para la talla

Tomando en cuenta la calidad para la talla de las materias primas en relación con el tipo de sitio, se observa que: en los concheros un 62% de los artefactos líticos están confeccionados con materias primas de buena calidad para la talla; y un 23% de mala calidad, el menor porcentaje corresponde a aquellas de calidad regular (15%).

Dentro de los grupos tecnológicos presentes en este tipo de sitios, en relación con las calidades de las materias primas para la talla se observa que, para las materias primas de buena calidad, los porcentajes según los grupos tecnológicos son similares para todos los casos.

Para las materias primas de mala calidad, casi todos los grupos tienen también porcentajes similares, salvo los instrumentos (n= 1). Mientras que las materias primas regulares tienen porcentajes similares, donde sobresalen los instrumentos (n= 2), que presentan un mayor porcentaje que las materias primas malas, entre los que no se registraron núcleos (ver Tabla 6).

Grupo Tecnológico	Calidad para la Talla			
	Buena	Regular	Mala	Total
Núcleo	4 (66.6%)	0	2 (33.3%)	6
F.B.P.	54 (57.4%)	13 (13.8%)	27 (28.7%)	94
Desecho	69 (65.0%)	17 (16.0%)	20 (18.8%)	106
Instrumento	9 (75.0%)	2 (16.6%)	1 (8.3%)	12
Total general	136 (62.3%)	32 (14.6%)	50 (22.9%)	218

Tabla 6. Calidad para la talla de las materias primas según grupos tecnológicos en los concheros

Con respecto a los no concheros, predominan las materias primas de buena calidad para la talla, aunque en un porcentaje menor que en los concheros (43%), le siguen en un porcentaje levemente menor las materias primas regulares (36%) y luego las malas (21%), por lo que estos valores no difieren entre si de manera tan marcada como en los concheros (ver Tabla 7).

Dentro de las materias primas de buena calidad para la talla hay un bajo porcentaje de núcleos (n= 2), y sobresalen los instrumentos (n= 24). En el caso de las materias primas de regular calidad sobresalen los núcleos, que tienen el porcentaje mayor de los no concheros (n= 10), mientras que

las demás categorías se presentan en porcentajes similares. Las materias primas malas, nuevamente se presentan con un bajo porcentaje de instrumentos (n= 1), y las demás categorías se presentan en porcentajes similares (Tabla 8).

Grupo Tecnológico	Calidad para la Talla			
	Buena	Regular	Mala	Total
Núcleo	2 (10.5%)	10 (52.6%)	7 (36.8%)	19
F.B.P.	110 (41.0%)	100 (37.3%)	58 (21.6%)	268
Desecho	50 (43.1%)	39 (33.6%)	27 (23.2%)	116
Instrumento	24 (75.0%)	7 (21.8%)	1 (3.1%)	32
Total general	186 (42.7%)	156 (35.8%)	93 (21.3%)	435

Tabla 7. Calidad para la talla de las materias primas según grupos tecnológicos en los no concheros

En el Figura 6 se observan que las materias primas, sean éstas inmediatamente disponibles o no, se presentan en diferentes proporciones, según el tipo de sitio. En los concheros hay un 65% de materias primas no inmediatamente disponibles y el restante 35% inmediatamente disponible. Mientras que en los no concheros esta diferencia no es tan marcada, presentándose porcentajes de 47% y 53% respectivamente.

Figura 6. Proporciones de materias primas por disponibilidad según tipo de sitios

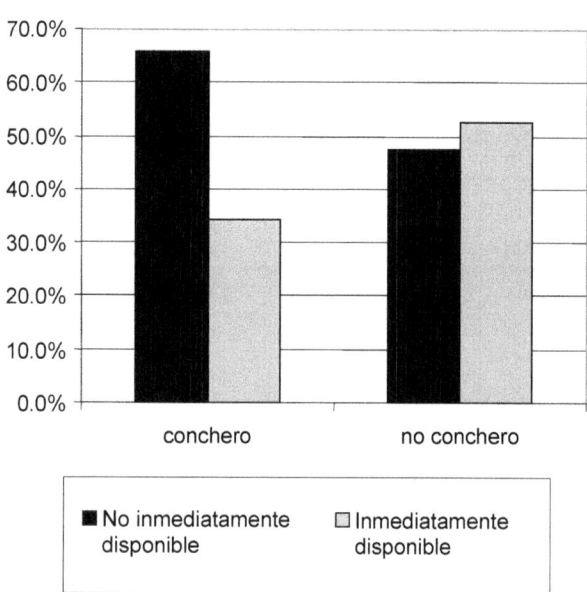

En las Tablas 8 y 9 se visualizan las etapas de talla presentes según el tipo de sitio. Es claro para el caso de los sitios concheros, que existe una variedad de combinaciones mucho mayor que en el caso de los sitios no concheros.

Así, para los concheros, el 53% presenta las 3 etapas, mientras que en una proporción igual (13%) se encuentran representadas 2 de las 3 etapas en sus diferentes combinaciones. En un único caso se presenta sólo una de las etapas, que es la 3 o de formatización y retalla.

100

En el caso de los sitios no concheros, se distribuyen en proporciones iguales aquellos que presentan las 3 etapas de talla, y aquellos que presentan sólo las 2 primeras (Tabla 10).

Figura 7. Etapas de talla según disponibilidad de la materia prima para sitios concheros

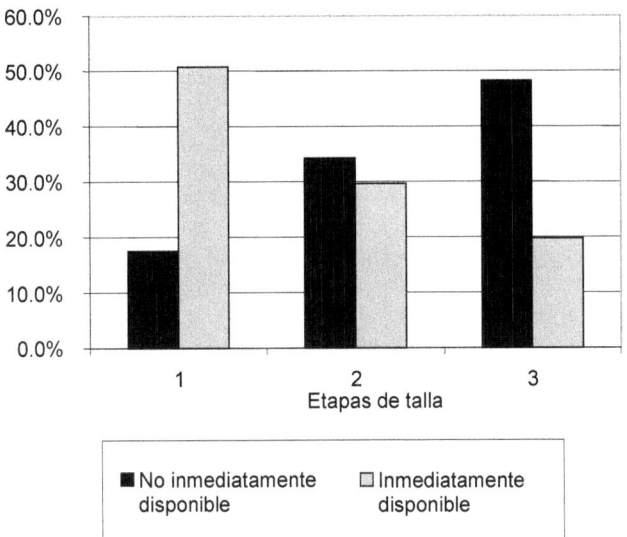

corresponde a la etapa 1, mientras que las etapas 2 y 3 aparecen en proporciones bajas.

Sitio	Etapas de Talla		
	1	2	3
13	X	X	X
17	X	X	
20	X	X	X
22	X	X	
23	X	X	X
27	X	X	X
33	X	X	
34	X	X	X
38	X	X	
44	X	X	X
46	X	X	
47	X	X	X
52	X	X	X
53	X	X	
70	X	X	
98	X	X	

Tabla 9. Etapas de talla en sitios no concheros

Ahora bien, si analizamos el comportamiento de las etapas de talla en función de las materias primas y del tipo de sitio, nos encontramos con un panorama proporcionalmente similar para el caso de los no concheros (Figura 7). Pero para el caso de los sitios concheros, la materia prima no inmediatamente disponible, presenta una proporción mucho más alta para la etapa 3, de formatización y retalla, mientras que la materia prima inmediatamente disponible mantiene las proporciones anteriores (Figura 8).

Sitio	Etapas de Talla		
	1	2	3
2	X	X	X
4	X	X	X
5	X	X	X
6		X	X
10	X	X	X
11	X		X
16	X		X
30	X	X	X
60	X	X	
85		X	X
90	X	X	X
91			X
108	X	X	X
112	X	X	
116	X	X	

Tabla 8. Etapas de talla en sitios concheros

Tipo de Sitio	Etapa Representada				
	1, 2 y 3	1 y 2	2 y 3	1 y 3	3
Conchero	53%	13%	13%	13%	7%
No conchero	50%	50%	0	0	0

Tabla 10. Porcentaje de sitios concheros y no concheros según etapas de la cadena tecnológica presentes

Teniendo en cuenta todo el conjunto artefactual, se observa en la Tabla 11 cómo aparecen representadas las etapas de talla según disponibilidad de la materia prima. Para el caso de la materia prima no inmediatamente disponible, el porcentaje más alto aparece en la etapa 2 (de talla inicial), seguida por la 3 (de formatización y retalla), mientras que la etapa 1 (de rebaje del núcleo), es la que presenta la menor proporción.

En cambio, en el caso de la materia prima inmediatamente disponible, el porcentaje mayor, con una gran diferencia,

DISCUSIÓN

Como dijimos en la introducción, a partir de la distribución y composición estructural de los sitios, trataremos de plantear una discusión sobre el uso del espacio en la localidad de Punta Guanaco.

Para los análisis de los restos presentes en los sitios arqueológicos se tuvieron en cuenta cuatro variables principales que nos permitieron observar la existencia de un patrón de distribución, y de uso del espacio en el área de Punta Guanaco. Las variables que tendremos en cuenta en esta discusión son: la materia prima (tipo, disponibilidad y calidad para la talla), la tecnología (etapas dentro de la secuencia de talla), el tipo de sitio (según los restos arqueológicos asociados) y la distribución de los sitios en el espacio (nivel de agrupamiento y distancia al mar).

Figura 8. Etapas de talla según disponibilidad de materia prima para sitios no concheros

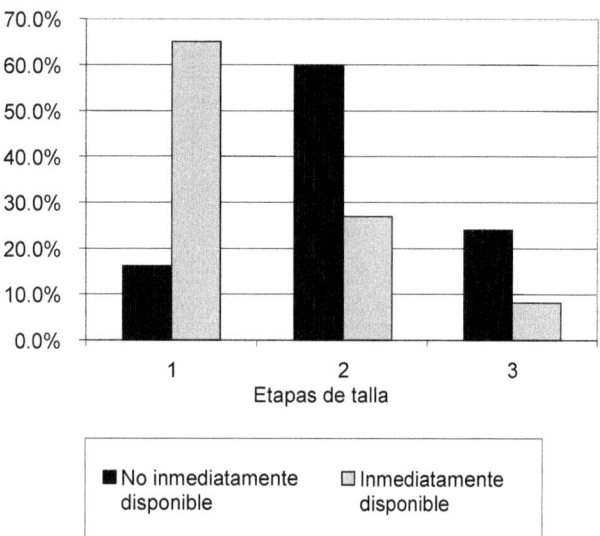

Etapas	Disponibilidad de la Materia Prima		Total General
	No Inmediatamente Disponible	Inmediatamente Disponible	
1	17%	62%	37%
2	49%	27%	39%
3	34%	11%	24%

Tabla 11. Porcentaje de las etapas de talla según la disponibilidad de las materias primas

Como resultado de un análisis que interrelaciona estas variables podemos observar una serie de relaciones simples, a partir de las cuales inferimos un uso probable de diferentes sectores del espacio en el área de estudio.

Desde el punto de vista tecnológico las diferencias que se presentan en y entre los conjuntos artefactuales se vinculan directamente con el tipo de materia prima, sea ésta inmediatamente disponible o no.

Dentro de esta clasificación basada en la disponibilidad de las materias primas líticas se acoplan características respecto a la calidad para la talla del material lítico. Así, observamos que las materias primas no inmediatamente disponibles probablemente transportadas deliberadamente al área de estudio, son en general de calidades buenas o regulares. Mientras que las materias primas inmediatamente disponibles son de calidades regulares a malas. Así, cuando decimos materia prima inmediatamente disponible estamos haciendo referencia también a una materia prima de baja calidad para la talla.

Teniendo en cuenta los tipos de sitios, ya sean concheros o no concheros, ambos contienen materias primas de distinto origen, aunque en desigual proporción. En los concheros el 67% de los artefactos líticos están confeccionados en materia prima no inmediatamente disponible, mientras que el 33% restante en materia prima inmediatamente disponible. Mientras que en los no concheros, el 48% de los artefactos están confeccionados en materia prima no inmediatamente disponible y el 52% restante en inmediatamente disponible.

Las diferencias tecnológicas observadas entre los tipos de sitio son el reflejo directo de la proporción diferencial presente de las materias primas según su disponibilidad. Como se ve en el acápite "Resultados", las proporciones de las etapas de talla representadas no varían en función del tipo de sitio, o sea con respecto a su distribución espacial, ya que las diferencias significativas surgen si se analizan las etapas de talla según la materia prima por disponibilidad.

Estas diferencias nos hablan de un uso diferencial de las materias primas disponibles o no en el espacio de Punta Guanaco. En este caso en los concheros hay una mayor presencia de materia prima no inmediatamente disponible, por lo que inferimos mayores actividades de formatización y retalla, y menos de rebaje de núcleo sobre éstas, mientras que en los no concheros ocurriría lo contrario.

Por otro lado, como se ve en la Tabla 10 las combinaciones de etapas representadas en los distintos tipos de sitios nos sugieren que se llevaron a cabo distintos tipos de actividades de talla en cada caso. Se observa que en los concheros se llevaron a cabo todas las combinaciones posibles de actividades de talla, incluyendo las tres etapas completas, lo que implica una mayor variedad de combinaciones. Mientras que en los sitios no concheros, sólo se dan dos opciones: sitios donde están representadas todas las etapas y sitios donde sólo están representadas las etapas 1 y 2. Esto podría estar sugiriéndonos una mayor variedad de actividades desarrolladas en el espacio asociado a los concheros. Y si tenemos en cuenta que el espacio asociado a los no concheros es mucho mayor que el asociado a los concheros, observamos que la mayor parte del espacio ha sido utilizado para un número más restringido de actividades, vinculadas al trabajo de las materias primas inmediatamente disponibles y al descarte (uso) de instrumentos.

Tecnológicamente en todos los sitios se realizaron las mismas actividades de talla, aunque en una intensidad diferencial, que quedaría evidenciada por las proporciones de artefactos diagnósticos.

Es de resaltar además que, en general, es baja la representación de instrumentos sobre el total de artefactos líticos registrados (6.7%). Sin embargo encontramos que, aún representadas todas las etapas de una cadena tecnológica y la mayor proporción de desechos relativos a la talla y formatización de instrumentos en los concheros, la mayor representación de instrumentos no se halla en éstos sino en los sitios no concheros. Esto sugiere que los instrumentos se habrían descartado fuera de los lugares donde se tallaron. A este respecto debe tenerse en cuenta el problema de la funcionalidad de los sitios en donde los sitios concheros podrían no corresponderse con los espacios de habitación, sino con basureros. No descartamos, a su vez, la existencia de un problema de muestreo como causa de estas diferencias.

Hay que resaltar que se registraron pocos núcleos, sólo el 3.8% (n= 25) del total de artefactos para el total de sitios, y de éstos, el porcentaje mayor corresponde a materias primas inmediatamente disponibles (n= 19). Los pocos núcleos o restos de núcleos registrados en los concheros (n= 6) estarían indicando que las primeras etapas de formatización se habrían llevado a cabo, en la mayoría de los casos, en otros sectores del espacio y que se han agotado los núcleos como producto de uso intensivo de la materia prima no inmediatamente disponible. El número de núcleos de esta materia prima, registrado en los sitios concheros es bajo (n= 1) en relación con el número de productos de talla observados. Por lo tanto, podría haber ingresado a los concheros como formas bases potenciales, lascas nodulares, u otros.

Los núcleos de materias primas inmediatamente disponibles se distribuyen en su mayor proporción en los sitios no concheros (n= 17), y están muy poco representados en los concheros (n= 1). Esto estaría indicando que esta materia pirma habría sido trabajada inicialmente en aquellos sectores específicos del espacio donde estaba, de hecho, disponible. Por ejemplo, en el albardón, que limita los sistemas 1 y 2, se observó una importante densidad de basaltos y en los sitios cercanos a éste un alto porcentaje de núcleos de esta materia prima.

Analizando los sitios según otras variables (no referidas a la tecnología), como distribución y agrupamiento en el espacio y estructura de su registro, es decir tipo de sitio, se observan comportamientos diferentes. Por ejemplo, el 75% de los sitios tipo conchero se distribuyen en forma agrupada, es decir de manera no aleatoria, en el paisaje. Se destacan dos concentraciones de sitios concheros, al norte, cerca de los bancos de moluscos asentados sobre rocas volcánicas ignimbritas de la formación Bahía Laura. Cada una está asociada a una serie de médanos fijos, vegetados o en erosión, separados por un bloque de ignimbritas que aflora en la superficie. También observamos una asociación espacial entre este tipo de sitios y los bancos de moluscos actuales. Por otro lado, hacia el sur observamos otra agrupación menos numerosa y más dispersa de sitios tipo concheros, los cuales están asociados a la desembocadura del "zanjón", donde se halla un pequeño banco de moluscos (ver Figura 2).

En el caso de los sitios tipo no concheros, éstos se distribuyen aleatoriamente en el paisaje y sin una agrupación clara (el 63% se encuentra no agrupados), y se distribuyen por una superficie muchísimo mayor del área de estudio que los sitios tipo conchero (ver Figura 3). En términos distribucionales esto podría interpretarse como una mayor intensidad de uso en el sector costero, y una menor intensidad en el interior, hasta los 2 km.

Teniendo en cuenta la distancia de los sitios al mar, no se observan sitios concheros a más de 400 m de la línea de costa actual (ver Figuras 4 y 5). Para los sitios no concheros el patrón es distinto. Como ya dijimos, se encuentran distribuidos de manera aleatoria en el espacio, destacándose una mayor presencia de este tipo de sitio en el rango de los 400-600 m de la costa actual.

A partir del patrón espacial de sitios concheros, se indica que los moluscos fueron explotados y consumidos en un radio no mayor a los 200-400 m de su fuente de recolección. La excepción lo constituye el sitio 43, que esta a aproximadamente 1250 m de la línea de costa actual. Esta es la primera contrastación en la Costa Norte de Santa Cruz de un patrón que parece obvio pero que no lo es necesariamente. Hasta el momento sabíamos en qué sectores de la costa se observaban sitios concheros, ahora podemos afirmar hasta qué distancia desde la línea de marea se distribuyen estos sitios. Habría que avanzar en las investigaciones siguientes en las posibles causas que provocarían variaciones en la distancia entre la recolección y el procesamientos de los moluscos, o si esta distancia está mediada por cambios en la morfología litoral de los bancos de moluscos.

En relación con la zonación vertical de los moluscos en las cercanías de Puerto Deseado (Callebaut Cardu y Borzone 1979; Otaegui 1974, Otaegui y Zaixso 1974; Ringuelet et al. 1962; Zaixso 1975; ver también Aguirre 2003 y Zubimendi et al. 2005), las lapas se distribuyen tanto en el supralitoral, como en el mesolitoral y el infralitoral. Mientras que los mejillones y cholgas se distribuyen en el mesolitoral e infralitoral; donde es posible encontrar más individuos y de mayor tamaño. Los caracoles grandes se ubican en el infralitoral, por fuera del alcance humano, aunque sí son accesibles en casos de mareas de tormentas, momentos en que son arrojados a las playas.

Las lapas son la especie dominante en el registro arqueológico de Punta Guanaco, superando ampliamente en número a los restos correspondientes a otras especies, no así en los sitios 2, 16 y 63 donde los restos de mejillones son muy numerosos. El sitio 2 en particular es el que posee el mayor número de mejillones, no obstante porcentualmente éstos tienen una representación muy baja respecto a las otras especies identificadas en el mismo. Además observamos que esta especie se halla muy concentrada en forma de lentes superficiales a lo largo de la transecta de muestreo.

En los sitios 16 y 63 los mejillones son numéricamente importantes y su porcentaje relativo en el conjunto malacológico es alto: 23% en el sitio 16 y 43% en el 63. Algo similar ocurre con las cholgas, las cuales están concentradas en el sitio 6, donde representan el 24% de las valvas. Estos sitios representarían eventos específicos dentro de las estrategias de recolección de moluscos centradas en la explotación casi exclusiva de lapas. Estas particularidades podrían estar expresando tanto fenómenos de selección azarosa como forzosa. La selección azaroza estaría dada por una elección a favor de determinada especie. Mientras que la forzosa estaría determinada por la disponibilidad diferencial de ciertas especies en momentos específicos, producto de variaciones ecológicas o a cambios ambientales en los mesolitorales.

El resto de las especies presentes: mejillines, *Odontocyambola magellanica*, *Trophon* sp., *Parauthria plumbea*, *Balanus* sp., *Crepidula* sp., *Trochita pilens*, *Siphonaria lessoni*, y *Fissurella* sp. no pueden ser consideradas como alimenticias. Estas especies son de pequeño tamaño (menos de 30 mm), y suelen vivir en el mesolitoral e infralitoral. Su incorporación a los sitios arqueológicos sería accidental o casual. Por ejemplo, los mejillones se asientan en el mejillinar, junto con otras especies de moluscos y gasterópodos, así como de numerosas algas. Las lapas suelen estar cubiertas de algas, en espacios libres dejados por el mejillinar. En el proceso de recolección de las lapas se pueden haber incorporado accidentalmente la recolecta de otras especies, las cuales pueden servir como indicadoras del horizonte donde se realizó la recolección.

A partir de estos datos podemos inferir la explotación intensiva de lapas en los tres horizontes. La explotación de los mejillones y las cholgas se realizó en el mesolitoral e infralitoral, pero de manera menos intensa y puntual, registrándose por ello en pocos sitios.

Además se observa una clara selección en el tamaño de las lapas recolectadas. Si tomamos de manera preliminar el largo de todas las valvas medidas hasta el momento, sólo 3 (el 0.9%) tiene un largo menor a los 30 mm, considerado como el tamaño mínimo comestible (Orquera y Piana 1999:71).

Otro dato a tener en cuenta es el bajo número de restos óseos registrados en los muestreos intrasitio (n de sitios= 5) y observados en el área, que corresponden a lobo marino, guanaco, ñandú, liebre, oveja y caballo. Teniendo en cuenta el alto grado de meteorización que presentan, es probable que la acción de diferentes agentes haya aportado a su destrucción, y consecuente desaparición del registro arqueológico, transformado estos sitios en acumulaciones exclusivamente de valvas y artefactos líticos (*sensu* Borrero *et al.* 1998-1999:46). Así habrían sido preservados sólo aquellos restos óseos arqueológicos insertos en la matriz de los concheros.

Por otro lado, los restos óseos de animales domesticados, y la presencia de basura actual (latas de gaseosa, redes de pesca, botellas de plástico, etc.), evidenciarían un alto grado de contaminación en el área de Punta Guanaco.

Un caso particular y dudoso es el sitio 72, constituido por caracoles, 8 grandes (*Adelomelon* sp.) y 2 chicos (*Odontocyambola magellanica)*, donde sólo los primeros tendrían el tamaño suficiente como para ser consumidos. Esta acumulación no estaba asociada a restos arqueológicos de otro tipo, por lo que quizás su origen podría ser explicado por causas tafonómicas (consumo por parte de aves) (ver por ejemplo Erlandson y Moss 2001). También puede deberse a que los mismos hayan sido recolectados no como recursos alimenticios, sino como materias primas.

CONCLUSIÓN

A partir de los análisis realizados en este trabajo podemos decir que existe una clara asociación, entre bancos de moluscos y sitios concheros, los cuales se hallan a su vez concentrados en el litoral. En los bancos de moluscos se habrían explotado aquellos sectores que presentan mayor variedad de especies comestibles; a pesar de lo cual, se observa una dominancia en el consumo de lapas.

En estos sitios se registra un alto porcentaje de materias primas no inmediatamente disponibles, evidenciando actividades de talla muy restringidas en el espacio y vinculadas al consumo de moluscos.

La materia prima inmediatamente disponible fue trabajada de la misma manera en todo el espacio de Punta Guanaco, siendo mayor su aprovechamiento en los sitios no concheros, los cuales se distribuyen de manera no agrupada en toda el área de estudio.

Las etapas de talla aparecen representadas de manera distinta según la disponibilidad de la materia prima y en consecuencia, según las proporciones de materias primas en

cada sitio. Los sitios concheros presentan una variedad mayor de actividades de talla que los sitios no concheros.

La etapa de formatización y retalla está básicamente representada por artefactos de materia prima no inmediatamente disponible, y presentes en mayor proporción en los sitios concheros. Esto nos estaría indicando una maximización en el aprovechamiento de estas materias primas de buena calidad para la talla. Sin embargo, casi la totalidad de los instrumentos registrados aparecen en los sitios no concheros, donde se habrían descartado.

A nivel metodológico se reconoce la posibilidad de la introducción de un sesgo en el muestreo producto del uso de una metodología de recolección diferente según el tipo de sitio, teniendo en cuenta que esta metodología había sido planteada como experimental, y por lo tanto, sujeta a correcciones.

Finalmente, este trabajo nos permitió avanzar en el conocimiento de la estructuración en el uso de un sector del espacio en la Costa Norte de Santa Cruz. Previamente se postuló un uso intensivo, programado, no circunstancial de la costa, en donde los moluscos serían gravitantes en las elecciones o decisiones humanas de asentamiento, y por lo tanto podrían ser usados como elementos predictivos para determinar la presencia de sitios concheros. Esto se comprobó en el caso de Punta Guanaco. A su vez, se pudo reducir la escala espacial de modo que nos fue posible observar diferencias en el registro arqueológico, que habían quedado enmascaradas en los análisis de grano grueso (Castro *et al.* 2003; Zubimendi *et al.* 2004); y por lo tanto, poder discutir con mayor profundidad la estructuración del espacio.

Por otro lado, en esta primera aproximación metodológica para el análisis de sectores puntuales en nuestra área de estudio, fue factible generar nuevas hipótesis a partir de la observación del uso diferencial de las materias primas líticas de calidades y disponibilidades diferentes, así como de la relación entre tipo de sitio y actividades tecnológicas desarrolladas. En tal sentido las líneas de análisis aquí esbozadas deben ser profundizadas por medio de la discusión y la contrastación con otros casos de la Costa Norte de Santa Cruz, para completar y corregir los resultados alcanzados en este trabajo.

AGRADECIMIENTOS

Agradecemos a todo el equipo del proyecto Arqueológico Costa Norte de Santa Cruz. A Sergio Bogan por la ayuda brindada en el campo y a Marina Aguirre por la determinación de especies malacológicas, así como a Marta Alfaro por ayudarnos con las materias primas. A las empresas Repsol-YPF y Prosepec, a Jorge Saborido de Puerto Deseado. Estos trabajos se realizaron con subsidios de Universidad Nacional de la Patagonia Austral, Unidad Académica Caleta Olivia.

NOTAS

[1] Existen conceptos similares a los utilizados en este trabajo. Por ejemplo para Aschero *et al.* la secuencia de producción *"comprende las distintas etapas de manufactura que fueron seguidas para producir artefactos de un determinado tipo de*

diseño y en una determinada *clase de roca*"(1995: 215); o el concepto de *chaine opératoire* de Sellet que "*busca describir y entender todas las trasformaciones culturales por las que pasa una determinada materia prima. Es una segmentación cronológica de las acciones y los procesos mentales requeridos para la manufactura y mantenimiento de un artefacto, dentro de un sistema tecnológico de un grupo prehistórico*" (traducción nuestra, Sellet 1993:106). Ninguno de estos conceptos es aplicable en nuestros análisis, ya que hemos agrupado a las materias primas en dos categorías amplias, según su disponibilidad en el área. Es decir, que no analizamos de manera particularizada las secuencias de reducción para cada materia prima identificada.

BIBLIOGRAFÍA

Andolfo, M. y J. C. Gómez
2004 Implementación de Sistema de Información Geográfica como Herramienta de Análisis para el Estudio de la Resolución Temporal del Uso de la Costa. *Libro de Resúmenes. XV Congreso Nacional de Arqueología Argentina*, p. 186. Universidad Nacional de Río Cuarto, Córdoba.

Aguirre, M. L.
2003 Late Pleistocene and Holocene Palaeoenvironments in Golfo San Jorge, Patagonia: Molluscan Evidence. *Marine Geology* 194 (1-2): 3-30.

Aragon, E. y N. V. Franco
1997 Características de Rocas para la Talla por Percusión y Propiedades Petrográficas. *Anales del Instituto de la Patagonia* 25: 187-199.

Aschero, C. A.; L. Moya; C. Sotelos y J. Martínez
1995 Producción Lítica en los Límites del Bosque Cordillerano: el Sitio Campo Río Roble 1 (Santa Cruz, Argentina). *Relaciones de la Sociedad Argentina de Antropología* XX: 205-238.

Borrero, L. A.; N. V. Franco; F. Carballo Marina, y F. M. Martin
1998-1999 Arqueología de Estancia Alice, Lago Argentino. *Cuadernos del Instituto Nacional de Antropología y Pensamiento Latinoamericano* 18: 31-48.

Callebaut Cardu, J y C. A. Borzone
1979 Observaciones Ecológicas del Infralitoral de Puerto Deseado (Prov. de Santa Cruz, Argentina). I. Península foca. *Ecosur. Corrientes* 6 (11): 45-54.

Carballo Marina, F.; J. B. Belardi; S. Espinosa y B. Ercolano
2000-2002 Tecnología y Movilidad en la Cuenca Media del Río Coyle, Santa Cruz. *Cuadernos del Instituto Nacional de Antropología y Pensamiento Latinoamericano* 19: 89-107.

Castro, A.
2004 Aportes del Análisis Funcional para la Integración de Variables de Análisis de Filos Naturales en las Tipologías Líticas. Ponencia presentada al *Taller "Morfología Macroscópica en la Clasificación de Artefactos Líticos: Innovaciones y Perspectivas"*. Horco Molle, Tucumán. Inédito.

Castro, A.; E. Moreno; M. Andolfo; R. Gimenez; C. Peña; L. Mazzitelli; M. Zubimendi y P. Ambrústolo
2003 Análisis Distribucionales en la Costa Norte de Santa Cruz (Patagonia Argentina): Alcances y Resultados. *Magallania, Anales del Instituto de la Patagonia* 31: 69-94.

Erlandson, J. M. y M. Moss
2001 Shellfish Feeders, Carrion Eaters, and the Archaeology of Aquatic Adaptations. *American Antiquity* 66 (3): 413-432.

Espinosa, S. L.
1998 Desechos de Talla: Tecnología y Uso del Espacio en el Parque Nacional Perito Moreno (Santa Cruz, Argentina). *Anales del Instituto de la Patagonia* 26: 153-168.

Orquera, L. A. y E. L. Piana
1999 *Arqueología de la Región del Canal Beagle (Tierra del Fuego, República Argentina)*. Publicaciones de la Sociedad Argentina de Antropología, Buenos Aires.

Otaegui, A. V.
1974 Las Especies del Género *Patinigera* (Dall 1905) en la Provincia Magallánica (Mollusca, Gastropoda, prosobranchiata). *Physis* 33 (86): 173-184.

Otaegui, A. V. y H. E. Zaixso
1974 Distribución Vertical de los Moluscos Marinos del Litoral Rocoso de la Ría de Puerto Deseado (Santa Cruz). Una Guía para Reconocer los Diferentes Pisos y Horizontes Litorales. *Physis* 33 (86): 321-334.

Paunero, R. y A. Castro
2001 Análisis Lítico y Funcionalidad del Componente Inferior del Sitio Cueva 1, Localidad Arqueológica Cerro Tres Tetas (Provincia de Santa Cruz). *Anales del Instituto de la Patagonia* 29: 189-206.

Reyes, M.; Castro, A. y M. Alfaro
2004 Pruebas Experimentales para Evaluar la Factibilidad de Aplicación de Estudios Funcionales a Materias Primas Basálticas. *Libro de Resúmenes. XV Congreso Nacional de Arqueología Argentina*, p. 129. Universidad Nacional de Río Cuarto, Córdoba.

Ringuelet, R. A., Amor, A., Magaldi, N. H. y R. E. Pallares
1962 Estudio Ecológico de la Fauna Intercotidal de Puerto Deseado en Febrero de 1961 (Santa Cruz, Argentina). *Physis* 23 (64): 35-54.

Sellet, F.
1993 Chaine Operatoire: The Concept and Its Applications. *LithicTechnology* 18 (1-2): 106-112

Zaixso, H.
1975 Distribución Vertical de los Moluscos Marinos de la Ría Deseado (Santa Cruz, Argentina) Sustrato con Fracción Limosa. *Physis* 34 (89): 229-243.

Zubimendi, M. Á.; A. Castro y J. E. Moreno
2004 Hacia la Definición de Modelos de Uso de la Costa Norte de Santa Cruz. *Magallania* 32: 209-220.
2005 El Consumo de Moluscos en la Costa Norte de Santa Cruz. *Intersecciones en Antropología* 6: 121-137.

DISEÑO INSTRUMENTAL Y DISPONIBILIDAD DE MATERIAS PRIMAS. BUSCANDO RELACIONES EN LA MESETA CENTRAL DE SANTA CRUZ, ARGENTINA

Darío Hermo

RESUMEN

Se analizan conjuntos tecnológicos provenientes de tres sitios arqueológicos del Nesocratón del Deseado (provincia de Santa Cruz, Argentina), como parte del estudio de la organización tecnológica de los cazadores recolectores de la región. Se trata de tres sitios en estratigrafía ubicados en cuevas, con contextos que se hallan en el lapso 3500-2000 años radiocarbónicos A.P y que poseen distinta funcionalidad. Como característica relevante de los conjuntos se puede mencionar la variabilidad de materias primas utilizadas. La importante presencia de hojas como artefactos con filos naturales y como formas base de artefactos formatizados, y de núcleos de hojas en diferente estado de aprovechamiento, son rasgos distintivos de los contextos. La utilización de las diferentes materias primas, en relación a su diseño laminar y a las distancias a las fuentes de abastecimiento, no concuerdan con los modelos de optimización producidos a partir de la economía formal.

Palabras clave: *Tecnología lítica, Cazadores-recolectores, Patagonia, Tecnología de hojas, Maximización de materias primas.*

ABSTRACT

The technological assemblages from three archaeological sites will be analysed as part of the broader study of the hunter gatherer technological organisation at the Deseado Nesocratón region (Santa Cruz province, Argentina). The three sites are located in caves with stratigraphy, containing contexts from 3500-2000 B.P. in which different functions were inferred. A distinctive aspect of these assemblages is the variability of the raw materials. The presence of blades as natural edges and as tool blanks, and the presence of blade cores from different stages of reduction, are also important aspects to be mentioned. The use of different raw materials, related to the blade designs and to the quarries' distances, do not fit with the optimisation models produced by formal economy.

Key words: *Lithic technology, Hunter-gatherers, Patagonia, Blade technology, Raw material maximization.*

INTRODUCCION

El presente trabajo forma parte de investigaciones de carácter regional orientadas al estudio de la distribución, circulación y uso de las materias primas líticas en el Nesocratón del Deseado (Figura 1). Para ello se enfatiza la búsqueda de potenciales fuentes de aprovisionamiento en diferentes unidades geológicas, con el fin de referenciar la procedencia de las rocas utilizadas por las sociedades cazadoras-recolectoras que ocuparon la región. El objetivo final y a largo plazo es el de producir un cuadro interpretativo sobre los criterios de selección de rocas y diseño artefactual.

Tradicionalmente, la manufactura de hojas es vista como una estrategia de maximización de las materias primas, puesto que permite obtener una mayor relación de filos por volumen de roca extraído, atenuando los posibles estrés de abastecimiento (Hayden 1989; Jeske 1989; Nelson 1991, entre muchos otros). Esta visión es congruente con ciertos modelos explicativos generales, con una adherencia generalizada por parte de arqueólogos con diferentes posiciones teóricas, aunque generados desde un marco teórico evolutivo y basados principalmente en el supuesto de optimización de los recursos, entre ellos el tiempo y la energía. La forma de los artefactos y la distancia a la fuente de materia prima con la cual fueron confeccionados son variables que juegan un importante rol explicativo.

En el presente trabajo se pretende evaluar la aplicación de estos supuestos en el área de estudio a través del análisis de ciertas variables en una muestra de artefactos de los sitios arqueológicos Cueva de la Hacienda (CH) y Cueva Moreno (CM) -de la localidad arqueológica Aguada del Cuero- y Cueva Maripe (MA) -localidad arqueológica La Primavera- (Figura 2). Esta contribución pretende un acercamiento a la problemática de la utilización de materias primas líticas en la región, que permita realizar preguntas orientadoras en la investigación de las estrategias de utilización de estas rocas tallables. Para ello se realizará una aproximación a la funcionalidad de los sitios arqueológicos mencionados, ubicados el lapso 3500-2000 años A.P.; en primer lugar, se buscó establecer una ajustada diferenciación de materias primas bajo una aproximación macroscópica y relacionarla con las variables tecnomorfológicas en estudio.

Figura 1. Principales localidades arqueológicas en la región de estudio

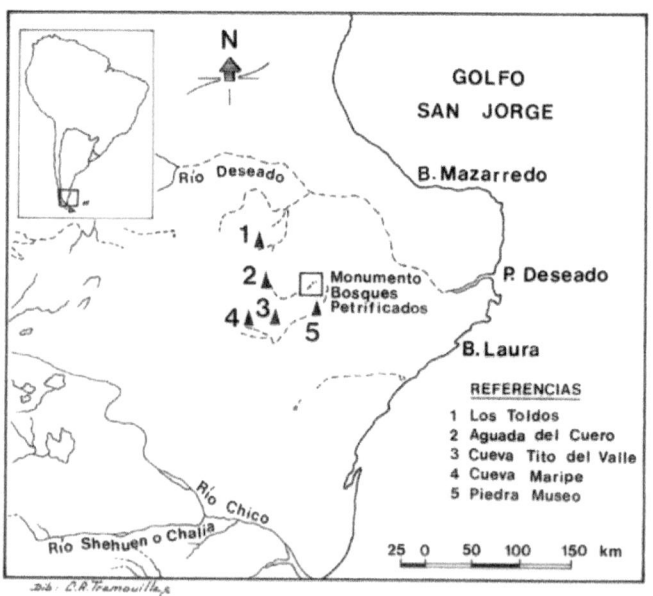

Figura 2[1]. Mapa con la ubicación de los sitios arqueológicos nombrados en el texto

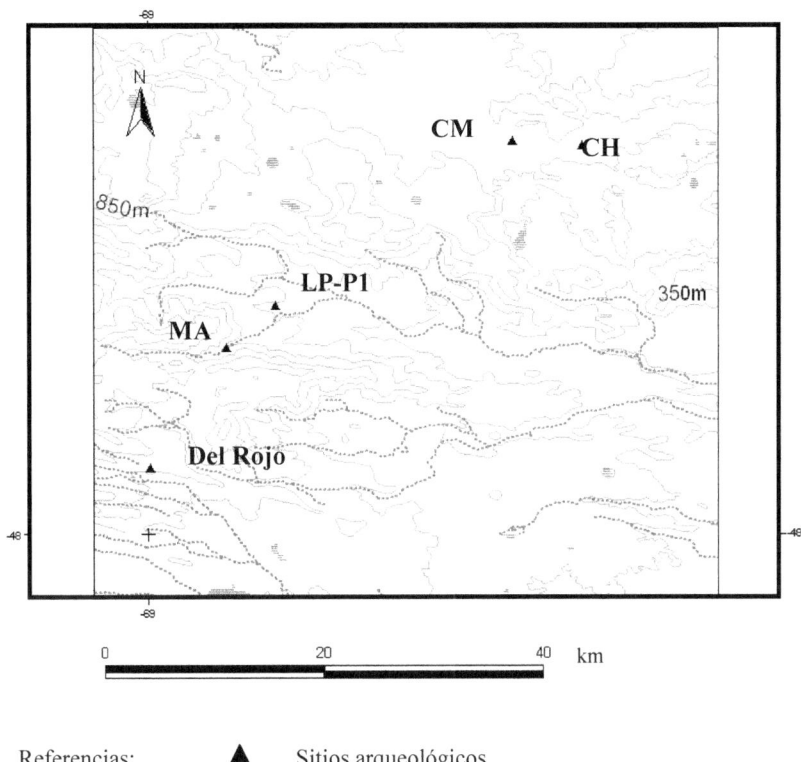

Referencias: ▲   Sitios arqueológicos
                          Curvas de nivel de 100m de equidistancia
                          Afluentes temporarios
                          Lagunas

Sitio	ANF		AF		Totales
	Enteros	Fracturados	Enteros	Fracturados	
CM	10 (45.45)	3 (16.64)	7 (31.82)	2 (9.09)	22 (100)
CH	3 (37.5)	2 (25)	3 (37.5)	0	8 (100)
MA	14 (16.47)	26 (30.59)	26 (30.59)	19 (22.35)	85 (100)
Totales	27 (23.48)	31 (26.96)	36 (31.30)	21 (18.26)	115 (100)

Tabla 1. Frecuencias de artefactos no formatizados (ANF)
y formatizados (AF) analizados para cada sitio. Entre paréntesis figuran los valores porcentuales para cada sitio

Materia prima	MA		CM		CH	
	Cantidad de Variedades	Frecuencia Artefactual	Cantidad de Variedades	Frecuencia Artefactual	Cantidad de Variedades	Frecuencia Artefactual
Basalto	0	0	0	0	1	2
Calcedonia	5	7	2	3	2	2
Obsidiana	1	2	1	2	2	1
Ópalo	2	2	2	3	0	0
Sílice	22	60	12	14	0	2
Toba silicificada	0	0	0	0	2	2
Xilópalo	5	9	3	5	1	1
Indiferenciada	0	5	0	0	0	0
Totales	35	85	20	27	8	10

Tabla 2. Variabilidad de materias primas y frecuencia artefactual para cada conjunto analizado

DISPONIBILIDAD DE MATERIAS PRIMAS Y DISEÑO ARTEFACTUAL

Además de la ya tradicional visión en la que la producción de hojas es tomada como una forma de maximizar la materia prima, existen otras explicaciones que la relacionan con la disponibilidad y calidad para la talla de las rocas, basadas en principios de relaciones costo-beneficio provenientes de la microeconomía (Bettinger 1991:83) y aplicados a sociedades no industriales.

Andrefsky (1994) ve la disponibilidad de materias primas como un importante factor en la organización de la tecnología lítica. La calidad de las rocas sería el otro factor de importancia. El modelo es expresado en una tabla de contingencia en la que se ubican diferentes tipos de producción artefactual preponderante según la relación entre abundancia y calidad de materias primas líticas. En su desarrollo, se considera el esfuerzo aplicado en la manufactura de instrumentos como atributo para la definición de dos grupos de herramientas (*tools*): formales e informales; involucrando un mayor costo las primeras. De esta manera, "*formal core technology (…) tends to be practiced in areas where high-quality raw materials occur in low amounts. When high-quality raw materials occur in great abundance both formal and informal core technology will be used*" (Andrefsky 1998:152).

Otro modelo explicativo de amplio uso acerca de cuáles variables influyen en el diseño artefactual es el de Bamforth (1986), en el que la distancia a las fuentes de aprovisionamiento y la calidad de las materias primas son los factores determinantes.

Estos modelos, entonces, consideran que el diseño artefactual estaría estipulado por los costos en la adquisición de las materias primas, siendo la maximización del tiempo, de la energía y del recurso el factor preponderante influyente en la forma de los artefactos (Binford 1979; Torrence 1989; Brantingham y Olsen 2000).

Este trabajo no pretende ser una exégesis sobre el tema. Tales autores sólo son tomados como ejemplos paradigmáticos, dada su amplia utilización, de toda una tendencia explicativa generada desde los países centrales (en el sentido de Miotti 2003). Este enfoque, basado en los preceptos ya mencionados, que busca explicaciones generales del comportamiento de sociedades no occidentales, y dada la importante producción a escala internacional, se presenta como línea de pensamiento hegemónica dentro del análisis de los conjuntos líticos.

Sin embargo, los conjuntos artefactuales son generados bajo condiciones particulares de distribución, calidad de y accesibilidad a las materias primas; en diferentes momentos históricos, por sociedades con diferentes formas de organización social. En consecuencia, los modelos antes mencionados ¿pueden explicar la totalidad de los conjuntos generados por el resto de la humanidad en condiciones ambientales y sociales específicas?

Mi propuesta es, entonces, exponer los datos generados desde los conjuntos trabajados, para ver si se adecuan o no a dichos modelos, desde una mirada crítica que permita evaluar su validez para tales casos e intentar visualizar vías analíticas alternativas que complementen las posibles falencias de las explicaciones que pueden desprenderse de una mirada generalizadora y hegemónica sobre la organización de la tecnología lítica.

SITIOS Y CONJUNTOS

Aguada del Cuero (Miotti *et al.* 2001) y La Primavera (Miotti *et al.* 2004) son localidades arqueológicas que se sitúan en la Meseta Central Santacruceña (ver Figura 2), por sobre los 500 msnm, en un paisaje volcánico integrado por un conjunto de rasgos geomorfológicos, entre los que se destacan las mesetas aterrazadas y los cañadones (Miotti y Hermo 2000).

Las cuevas de La Hacienda -CH- y Moreno -CM- son abrigos rocosos de pequeñas dimensiones en relación con los demás de la región, ubicadas en cañadones de baja altura, que se abren en la discordancia entre los estratos que coronan los cerros en los que se ubican y los estratos subyacentes. Sus ocupaciones fueron definidas como de actividades específicas.

CH es un sitio unicomponente, en el que se excavó una cuadrícula de 1.5 m de lado y que arrojó un fechado $_{14}$C mediante AMS de 2250 ± 70 años A.P. (NSRL-11165). En CM se excavaron tres cuadrículas de 2 m de lado, obteniéndose un fechado de 3000 ± 110 años A.P. (NSRL-11166).

La Cueva Maripe -MA- es un abrigo rocoso de grandes dimensiones (24 m de boca, 26 m de profundidad) que se ubica a 4 m por sobre el cauce del cañadón La Primavera. Se divide en dos cámaras denominadas Norte y Sur, y se caracteriza por la disponibilidad inmediata de agua. A partir de los actuales trabajos de excavación, se distinguieron tres pulsos ocupacionales. El más reciente datado en 3210 ± 60 años A.P. (LP-1497) ha sido clasificado como un *locus* de actividades múltiples (Miotti *et al.* 2004), teniendo en cuenta los elementos hallados en la totalidad de las excavaciones[2]. Sin embargo, aquí me referiré casi con exclusividad a los materiales de la cuadrícula E11, sólo mencionando oportunamente ítems pertenecientes a otras cuadrículas.

Estas ocupaciones se pueden relacionar tanto tecnológica como espacial, aunque en menor medida temporalmente, con los componentes de las cuevas 2 y 3 de la localidad arqueológica Los Toldos, agrupados bajo la denominación de "Casapedrense". En esta localidad, la cronología para tales ocupaciones es de entre 7200 y 4850 años A.P., a partir de los estudios en la Cueva 3 (Cardich *et al.* 1973, 1993-94).

GEOLOGÍA REGIONAL Y RECURSOS LÍTICOS

La geología de la región en estudio está caracterizada como un paisaje volcánico, predominando las formaciones tobáceas y las coladas basálticas (Panza 2001), característica compartida por el resto del Nesocratón del Deseado. Las rocas aptas para la talla se hacen presentes en diferentes tipos de afloramientos primarios, así como en depósitos secundarios generados a partir de esas formaciones rocosas.

	MA			CM			CH		
Materia prima	ANF	AF	Total	ANF	AF	Total	ANF	AF	Total
Basalto	0	0	0	0	0	0	0	2	2
Calcedonia	1	6	7	3	0	3	2	0	2
Obsidiana	1	1	2	2	0	2	1	0	1
Ópalo	1	1	2	2	1	3	0	0	0
Sílice	32	28	60	9	5	14	2	0	2
Toba silicificada	0	0	0	0	0	0	1	1	2
Xilópalo	4	5	9	2	3	5	1	0	1
Indiferenciada	1	4	5	0	0	0	0	0	0
Total general	40	45	85	18	9	27	7	3	10

Tabla 3. Frecuencia artefactual por materia prima para MA, CM y CH

La estructura regional de recursos líticos (Ericson 1984) responde a esta distribución de unidades geológicas, entendiéndose la región como una zona con gran disponibilidad y variabilidad de materias primas de utilidad para la manufactura de instrumentos de piedra. Esta caracterización es coherente con lo propuesto por Miotti (1998:276) donde comenta que "... *al norte* [del río Santa Cruz] *las formaciones de tobas que contienen materiales silíceos de excelente fractura para la confección de instrumental, afloran sobre las capas sedimentarias y su disponibilidad es abundante y frecuente en el entorno inmediato de los grandes sitios de actividades múltiples (...) Esta disponibilidad se presenta desde los contrafuertes cordilleranos hasta los acantilados costeros*".

Hasta el momento, estas aseveraciones se han visto confirmadas mediante procedimientos de campo no sistemáticos, aunque actualmente se están aplicando técnicas de muestreo que permitan cuantificar de estas observaciones preliminares.

En el caso de los sitios de Aguada del Cuero, las fuentes potenciales de abastecimiento detectadas hasta el momento son los depósitos de troncos fosilizados de la Formación Baqueró, las coladas de basaltos Alma Gaucha y depósitos secundarios de ésta y otras rocas; todos ubicados dentro de un radio de 5 km de las cuevas.

Los lugares de abastecimiento de materias primas cercanos a MA son varios, incluyendo el mismo cañadón en el que se ubica, que actúa como depósito de basalto Las Mercedes. El sitio cantera-taller Del Rojo se encuentra ubicado a 10 km en línea recta hacia el sur de MA, se trata de un afloramiento de rocas silíceas de unos 200 m de longitud y con gran variabilidad interna en cuanto a colores (aunque prevalecen las tonalidades de rojo y marrón), calidad para la talla, presencia de inclusiones y demás atributos macroscópicos.

Frente a la cueva, sobre un afloramiento de ignimbritas en los cerros que conforman el cañadón La Primavera, se ubica Rocky, una cantera taller de pequeñas dimensiones. Se localiza sobre un "escalón" en la ladera del Cañadón La Primavera, opuesta a la Cueva Maripe; la distancia entre estos dos sitios es de escasos 100 m. Aunque la roca es de baja calidad para la talla, debido al tamaño grande de los granos y a su dureza, existen evidencias de aprovisionamiento.

A 5 km hacia el NE de MA, donde el cañadón se abre hacia el Bajo Grande, también existen evidencias de aprovisionamiento en una unidad geológica definida como "*sedimentos que cubren niveles de pedimento*" (Panza 2001: 77); caracterizada como una fuente secundaria de aprovisionamiento de nódulos de diferente litología y tamaño. En esta unidad, denominada como LP-P1, se ha detectado la mayor variabilidad de materias primas aptas para la talla (ignimbritas y brechas silicificadas, ópalos, calcedonias).

METODOLOGÍA

La muestra analizada corresponde a la totalidad de los artefactos no formatizados (ANF) de módulo laminar y artefactos formatizados (AF) de los sitios CH y CM y de la cuadrícula E11 de MA (Tabla 1), y presenta las siguientes particularidades:

1- Los elementos provenientes de MA pertenecen a una pequeña porción de superficie de la cueva, comprometiendo solamente 4 m^2; por lo que su representación para el total de la población será seguramente escasa.

2- Por otro lado, existe un sesgo en el tamaño de las piezas analizadas, ya que la muestra está compuesta únicamente por los artefactos tridimensionados, no incluyendo aquellos recuperados, por ejemplo, mediante el uso de zaranda.

Sin embargo, y dado el carácter preliminar de las investigaciones en el sitio (ver Miotti *et al.* 2004), la caracterización a la que aquí se intenta arribar permitirá formular hipótesis de trabajo que serán contrastadas a futuro. A pesar de esta aclaración, se entiende que esta muestra sí será operativa para relacionar los conjuntos tecnológicos mencionados.

Se consideraron grupos de variables referidas a las medidas absolutas y módulos de longitud-anchura, características de la materia prima y atributos morfológicos para definir series técnicas y grupos tipológicos (según Aschero 1975).

El análisis morfológico de los núcleos y de los negativos de lascado complementará el cuadro de utilización de las materias primas en los sitios en cuestión. En este caso las variables tenidas en cuenta fueron las dimensiones máximas absolutas de núcleos y de los negativos de lascado, la cantidad mínima de lascados y de plataformas, además de otras variables cualitativas referentes a la morfología tanto de los núcleos como de los lascados.

Para la discriminación del conjunto lítico en subgrupos por materia prima se consideraron todas aquellas características macroscópicas que fueran de utilidad para tal fin. De esta manera se obtuvo una alta variedad de tipos de rocas, aunque en algunos casos, las distintas variedades que se notaron a nivel artefactual podrían corresponder a un mismo afloramiento o fuente secundaria de aprovisionamiento. Tal es el caso de algunas variedades de sílice que provienen de la cantera Del Rojo, que muestran diferencias en color, presencia de inclusiones y granulometría.

RESULTADOS

Consideraciones Generales

En los tres conjuntos se observa una alta variabilidad de materias primas (Tablas 2 y 3). Al relacionarla con la frecuencia artefactual, las muestras provenientes de las cuevas CH y CM muestran índices altos para esta relación[3] (0.9 y 0.74, respectivamente) entre los AF y ANF. Considerando la baja frecuencia artefactual y la superficie excavada (2.25 m^2 y 8 m^2, respectivamente), en MA se da la situación inversa (variabilidad de materias primas 0.34 en 4 m^2 muestreados). Sin embargo, también en relación a la superficie muestreada, la frecuencia artefactual es mayor en MA, siendo éste uno de los elementos que permitió la caracterización funcional de estas ocupaciones detalladas más arriba.

En todos los sitios es importante la presencia de artefactos formatizados y no formatizados con módulos laminares (ver Figuras 3, 4 y 5), y particularmente en MA adquiere relevancia la cantidad de hojas con filos formatizados y naturales. Las frecuencias totales y parciales de cada uno de estos sitios puede observarse en la Tabla 1.

La proveniencia de las materias primas se encuentra determinada en algunos casos, pudiéndose establecer para otros sólo de manera estimativa. Esto se debe por un lado, a que el relevamiento de la estructura regional se encuentra en proceso y, por el otro, a la presencia de afloramientos en diferentes puntos del paisaje según la distribución de las formaciones geológicas en las que se encuentran.

Artefactos No Formatizados

Como se ha dicho, la muestra de los ANF está conformada por aquellos con módulo laminar con el fin de ver qué representación tienen en las distintas materas primas, es decir, para determinar en qué medida las variedades de rocas han sido utilizadas para la manufactura de elementos laminares, en especial hojas.

En MA los 40 ANF fueron elaborados en 22 variedades de materia prima, en CM se utilizaron 13 variedades y 7 en CH.

Resulta relevante destacar que esta utilización de las materias primas no se ve relacionada con algún o algunos tipos de roca en particular o con su proveniencia; sino que esta importante variedad de rocas utilizadas en cada caso, es interpretada como respondiendo a la distribución y amplia disponibilidad de las rocas tallables en la región. En el acápite *Estandarización* se detallarán otras observaciones realizadas.

Figura 3. Artefactos formatizados (línea superior) y no formatizados (línea inferior) de Cueva Moreno

Figura 4. Artefactos no formatizados de Cueva Maripe

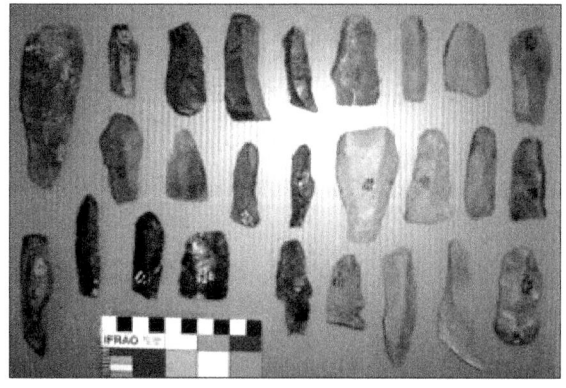

Artefactos Formatizados

La variabilidad de grupos tipológicos en relación a la frecuencia de AF en los sitios de Aguada del Cuero es mayor que en Maripe como se puede observar en la Tabla 4.

Sitio	Cantidad de Grupos Tipológicos	Frecuencia de Artefactos Formatizados
CH	2 (15.38)	3 (5.26)
CM	6 (46.15)	9 (15.79)
MA	5 (38.46)	45 (78.95)
Totales	13 (100)	57 (100)

Tabla 4. Variabilidad Instrumental en los sitios de Aguada del Cuero (CH y CM) y de Cueva Maripe (MA). En paréntesis los valores porcentuales para cada columna

El material aquí examinado presenta cierta homogeneidad en cuanto a los grupos tipológicos, siendo el de los raspadores el mejor representado (Tabla 5). En las cuevas Moreno y de La Hacienda, constituyen el 44.4% y el 66.67% respectivamente, mientras que en Maripe, el grupo tipológico de los raspadores alcanza el 75.56% de los AF, siendo el subgrupo tipológico de los raspadores de filo corto –frontal- el de mayor presencia dentro de los AF (41%). Para este subgrupo las formas base, en su totalidad, son hojas.

Grupos Tipológicos	CH	CM	MA	Totales
Limaces	0	0	3	3
Muescas	0	1	0	1
Raclettes	0	0	1	1
Raederas	1	2	7	10
Raspadores	2	4	34	40
Unifaces	0	2	0	2
Totales	3	9	45	57

Tabla 5. Frecuencias de artefactos formatizados según grupo tipológico

Los valores porcentuales de formas base laminares supera el 30% en todos los casos analizados, aunque los datos deben tomarse como aproximados en el caso de CH y CM dado el pequeño tamaño de las muestras (n=3 y n=8 respectivamente). Sin embargo, en MA, donde la muestra adquiere mayor confiabilidad por su tamaño, los módulos laminares representan casi la mitad del conjunto, tratándose en su mayor parte de hojas (Tabla 6).

Sitio	Forma Base (Módulos)	N (%)
CM	Hoja	3 (37.5)
	Lasca	5 (62.5)
Total CM		8 (100)
CH	Hoja	1 (33.33)
	Lasca	2 (66.67)
Total CH		3 (100)
MA	Hoja	16 (45.71)
	Lasca	19 (54.29)
Total MA		35 (100)

Tabla 6. Frecuencias absolutas y porcentuales de formas base de AF según módulo de longitud-anchura agrupados. Se calcula a partir de instrumentos tanto enteros como fracturados y se excluyen aquellos con forma base indiferenciada

Otros indicadores del aprovechamiento de las materias primas son la presencia y morfología de los instrumentos compuestos (Tabla 7). A excepción de CH, en donde no se han hallado artefactos formatizados compuestos, se ha detectado la presencia de este tipo de instrumentos en los otros dos conjuntos, estando representados de manera importante (30% en CM y 42.22% en MA). Para estos cálculos se han excluido aquellos artefactos con solamente filos formatizados y aquellos compuestos por un filo formatizado y otro/s natural/es.

Sitio	Complementariedad	N
CM	Rbo	1
	rbo+mu+rbo	1
	rd+rd	1
Total CM		3
MA	mu+rd	1
	rd+rd	3
	rd+rp	4
	rd+rp+rd	1
	rp+rp	10
Total MA		19

Tabla 7. Artefactos formatizados con filos complementarios para CM y MA. Referencias: mu: Muesca; rd: Raedera; rp: Raspador; rbo: Retoque de bisel oblicuo

Figura 5. Artefactos formatizados de Cueva Maripe

Núcleos

Los núcleos hallados en CM (n=3, ver Tabla 8 y Figura 6) evidencian la utilización del xilópalo que porta la Fm Baqueró, la misma que conforma el techo de estas cuevas. Es decir que la materia prima es accesible a muy pocos metros de las cuevas. En general, tienen alrededor de 5 cm de medida máxima y las extracciones poseen tanto módulos laminares (como en el caso de un núcleo de hojas extraídas a partir de dos plataformas de percusión) como no laminares y, en otros casos, mixtas. Se puede ver un uso intensivo de estos núcleos, habiendo sido descartados prácticamente agotados.

En MA (Tabla 8 y Figura 7) los núcleos son numerosos (n=7) y existe variabilidad en las materias primas y en el volumen de los mismos. Es importante la extracción de hojas y la presencia de una plataforma de percusión (71.43% n=5). Es destacable que los de materia prima de calidad regular para la talla, posiblemente provenientes de entre 5 km (LP-P1) y 10 km (cantera Del Rojo) se caracterizan por estar agotados o con un alto grado de reducción. De la Cámara Norte se cuenta con un ejemplar (Figura 7 [A] y Figura 8) de la misma materia prima evidenciando un aprovechamiento similar, pero con atributos que permiten inferir un uso extenso desde hojas largas en un primer momento de extracción, hasta otras más pequeñas luego de la remoción de una lasca sobrepasada que redujo considerablemente el volumen del núcleo, siendo depositado prácticamente agotado.

		Ópalo	Sílice	Xilópalo	Total
CM	Láminas	0	0	1	1
	Lascas	0	0	1	1
	Mixtas	0	0	1	1
Total CM		0	0	3	3
MA	Hojas	0	3	0	3
	Lascas	1	2	0	3
	Mixtas	0	1	0	1
Total MA		1	6	0	7
Total		1	6	3	10

Tabla 8. Frecuencia de núcleos según tipo de extracciones y materia prima

Figura 6. Núcleos de xilópalo provenientes de Cueva Moreno

Figura 7. Núcleos provenientes de Cueva Maripe

Un dato de interés es la ausencia de artefactos elaborados en roca procedente del sitio cantera-taller Rocky, ubicado a 100 m de Maripe. Si bien la materia prima no es de alta calidad, se ha evaluado como positiva su aptitud para la manufactura de artefactos y la reactivación de filos, mediante experiencias de talla realizadas por el autor.

ESTANDARIZACIÓN

A partir de las medidas absolutas de los ANF y AF enteros se calculó el desvío estándar (DS) como medida de dispersión en torno a la media, que permita evaluar el grado de estandarización[4] de los conjuntos. Los resultados se muestran en la Tabla 9.

Si algún tipo de forma estandarizada estuviese siendo buscada por los talladores de estas piezas, debería verse en los casos con DS menores a 5 mm como medida arbitraria, pensada como una variación pasible de ser soportada por algún tipo de enmangue sin alterar de manera notoria su morfología. Los DS que cumplen ese requisito son los correspondientes al espesor de los AF y ANF de los tres conjuntos (a excepción de los AF de CH y ANF de CM) y el del largo de ANF en CH.

El DS del largo de los AF está determinado en gran parte por la presencia de raspadores frontales, para los que se asume que la reactivación del filo principal afectaría principalmente esta medida, lo que no permitiría realizar inferencias sobre la estandarización en la manufactura de estos artefactos, sino sobre pautas de los tamaños de descarte, excediendo los objetivos aquí propuestos.

Figura 8. Detalle de núcleo remontado de Cueva Maripe (A, en Figura 7)

Sin embargo, en el caso de los AF sólo podría verse una estandarización en el largo de las piezas en el conjunto de CH, donde la frecuencia artefactual impone irrelevancia al cálculo. En caso de que hubiera existido una búsqueda de formas estandarizadas ésta sólo podría verse en el espesor de las piezas y en especial en MA donde se observa tanto en AF como en ANF, este patrón es coherente con los requerimientos morfológicos de piezas diseñadas para su enmangue.

OBSERVACIONES SOBRE EL USO DE LA OBSIDIANA

La fuente de abastecimiento de obsidiana más cercana a estos sitios ubicada hasta el momento es el Cerro Bayo (Belardi *et al.* 2004), a más de 150 km lineales de los sitios en estudio. En las localidades arqueológicas Aguada del Cuero y La Primavera, los artefactos en obsidiana de los sitios en superficie muestran un aprovisionamiento en forma de guijarros que, en los casos en que se puede determinar, generalmente no alcanzan los 10 cm como medida máxima.

112

Sitio	Formatización	Largo (en mm)		Ancho (en mm)		Espesor (en mm)	
		Media	DS	Media	DS	Media	DS
CM	ANF (n=15)	51.68	9.47	20.99	5.63	7.34	6.13
	AF (n=7)	63.46	23.86	38.51	14.24	8.95	2.14
CH	ANF (n=4)	48.16	4.47	28.6	11.39	9.18	4.13
	AF (n=3)	76.63	13.01	40.6	7.60	16	10.14
MA	ANF (n=14)	54.49	11.73	19.89	7.39	6.7	3.88
	AF (n=26)	44.69	14.51	27.7	5.74	10.02	2.68

Tabla 9. Media y desvío estándar (DS) de medidas absolutas consideradas

La frecuencia de obsidianas en las muestras analizadas es muy baja (n=5) como para poder aplicar tests estadísticos, pero según observaciones sobre la utilización de esta materia prima, por ejemplo en otras cuadrículas de MA, permiten proponer un aprovechamiento de esta materia prima principalmente en forma de hojas. La presencia común de corteza respondería al tamaño de los guijarros, que no serían descortezados totalmente para comenzar a producir hojas, algunas de ellas utilizadas como formas base. Esta utilización de la obsidiana, evidenciaría aquí sí una maximización de la materia prima.

DISCUSIÓN

El punto de partida de este trabajo era evaluar en qué medida ciertos conjuntos tecnológicos de la Meseta Central Santacruceña podían ser explicados por modelos de utilización de materias primas de uso común en otros contextos. Aunque por desconocimiento de la ubicación de las fuentes de abastecimiento de determinadas rocas, no se puede detallar un cuadro explicativo total, sí se pueden exponer ciertas tendencias en base a la utilización de aquellas materias primas con fuente conocida. Las características de los conjuntos analizados que más llaman la atención al respecto son:

- El intenso aprovechamiento de ciertas materias primas locales. Este es el caso para MA, con rocas provenientes de la cantera Del Rojo y del nivel de pedimento LP-P1 y el xilópalo de las inmediaciones de CH y CM. Esto se evidencia en el abandono de núcleos en estado de agotamiento; frente al abandono (en un caso luego de ser reciclado en cepillo) de núcleos de materias primas -tanto locales como de fuentes desconocidas- de mejor calidad para la talla y con posibilidades de continuar el proceso extractivo.

- La importante presencia de extracciones de hojas en materias primas locales que, vista como estrategia de maximización de materia prima, también contradice el uso económico de las rocas según su procedencia.

- La ausencia de evidencia de manufactura en rocas micro-locales (de Rocky) en Maripe.

A partir del análisis expuesto surgen una serie de cuestionamientos. Si la extracción de hojas y la presencia de artefactos formatizados compuestos evidencian un comportamiento de maximización de las materias primas

líticas, ¿por qué se dan en una situación en donde las materias primas son abundantes y cercanas a los sitios arqueológicos en los que fueron depositadas, es decir donde el recurso presenta una estructura donde no se hace necesaria su maximización?

Los tres sitios se ubican en áreas en las que las rocas tallables son abundantes, algunas de esas rocas se encuentran representadas en forma artefactual en tales sitios y el aprovechamiento de estas rocas se da ampliamente en forma de hojas. La siguiente pregunta que surge es ¿qué otros factores diferentes de la disponibilidad y distribución de las materias primas líticas pudieron haber incidido en el diseño artefactual, de manera tal que fomenten la preparación de núcleos de hojas y su posterior extracción?

El nivel de estandarización en el espesor de los ANF y AF pueden considerarse un indicio de diseño de artefactos pensado en torno a los enmangues, buscando una cierta forma estándar para el recambio de filos sin alterar de manera importante la morfología de los enmangues. En este caso el diseño estaría complementando la maximización pero no de las rocas, sino de los enmangues, preservándolos mediante el recambio de las hojas en caso de rotura o imposibilidad de reactivar el/los filo/s. Esta apreciación es congruente con un diseño modular que "... *permits any order of future tasks, employing replaceable working parts...*" (Nelson 1991:70).

Una última observación permite relacionar el diseño artefactual sobre las rocas locales *versus* la obsidiana considerada hasta el momento como alóctona, ya que en ambos casos se comprueba la preferencia por extraer hojas. Esta situación no se ajusta a lo esperado por el modelo de Bamforth (1986), en el que las materias primas de mayor calidad y procedencia lejana son maximizadas (como parte de su condición de *conservadas*), que sí soporta el caso de las obsidianas, pero deja sin explicación el aprovechamiento similar de las materias primas locales.

Algunos autores han relacionado el diseño con cuestiones de tipo social como la identidad grupal y diferencias intragrupales (por ejemplo Wiessner 1983, Gero 1989 y Odess 1998), que no se descartan como factores que condicionen la selección de materias primas y el diseño aplicado a las mismas. Sin embargo, estas problemáticas exceden esta presentación y su discusión queda como agenda de trabajo.

CONSIDERACIONES FINALES

Materias primas locales y adquiridas a escasos metros de su lugar de abandono son utilizadas intensivamente en Aguada del Cuero; presencia de hojas y existencia de artefactos con diferentes filos formatizados, elaborados en distintas materias primas, tanto locales como no locales y/o con fuente de aprovisionamiento desconocidas; rocas excelentes y alóctonas (obsidiana) con un patrón de manufactura similar al de rocas locales y de menor calidad (o viceversa). Estas observaciones no se corresponden con los modelos de utilización de materias primas en base a su distribución y calidad, y que se apoyan las relaciones de costo y beneficio. La ausencia en MA de materiales tallados en roca proveniente de Rocky es un dato que estaría acentuando esta tendencia.

Según este estudio de casos, el comportamiento con respecto a las materias primas no responde siempre a una utilización económica de éstas, entonces los modelos comentados que refieren al uso económico de las materias primas, no pueden utilizarse como marco explicativo único y confiable, al menos en un paisaje y tiempo como los aquí considerados. Una salida a este embudo metodológico podría ser la implementación de un marco interpretativo que combine las variables usualmente utilizadas con otras que den cuenta de qué otros factores, además del ahorro de tiempo y energía, incidirían en los diseños artefactuales.

Si bien este trabajo no alcanza a responder las primeras preguntas formuladas (acápite *Disponibilidad de materias primas y diseño artefactual*), ni profundiza en una búsqueda de interpretaciones alternativas o se aclara cuáles podrían ser éstas, pretende iniciar una búsqueda en ese sentido, comenzando por evaluar la aplicación de pautas explicativas empleadas por los principales marcos teóricos contemporáneos.

AGRADECIMIENTOS

Gustavo Martínez, Martín Vázquez y Laura Miotti han leído borradores de este artículo, realizando aportes sustanciales. Una charla con Teresa Civalero iluminó varios aspectos tecnológicos aquí tratados, sus sugerencias fueron muy importantes. Las recomendaciones de Gabriela Guráieb y Silvana Espinosa, también han contribuido a la forma final de este trabajo. Lucía Magnín aportó los mapas, Natalia Carden una traducción y tareas logísticas, y Bruno Mosquera colaboró en la clasificación de artefactos, a todos ellos: muchas gracias por su tiempo y dedicación. Mi agradecimiento también a los organizadores del simposio por su paciencia y prolijidad. Pese a todas estas colaboraciones, lo aquí vertido es enteramente responsabilidad mía.

NOTAS

[1] Calculada como el cociente entre la cantidad de variantes de materia prima y la frecuencia artefactual.

[2] Aunque existen algunos tests estadísticos que pueden utilizarse para obtener indicadores de estandarización (ver, por ejemplo, Eerkens y Bettinger 2001), se ha utilizado el DS debido al tamaño de las muestras, en especial las de CH y CM.

[3] Por ejemplo en MA, donde se recuperaron secuencias de talla en la misma variedad de materia prima.

[4] Fuentes de los datos vectoriales de curvas de nivel, lagunas y afluentes: IGM SIG 250 - Acuerdo Complementario N° 3 entre IGM - FCNyM. Datos arqueológicos: cobertura de puntos de interés arqueológico de la base de datos general del proyecto. Datos no proyectados. Coordenadas geográficas. Marzo 2005. Autor: Lucía Magnín.

BIBLIOGRAFÍA

Andrefsky, W. Jr.
1994 Raw Material Availability and The Organization of Technology. *American Antiquity* 59 (1): 21-34.
1998 *Lithics. Macroscopic Approaches to Analysis*. Cambridge Manuals in Archaeology, Cambridge University Press, Cambridge.

Aschero, C. A.
1975 *Ensayo para una Clasificación Morfológica de Artefacto Líticos Aplicada a Estudios Tipológicos Comparativos*. Informe CONICET. Buenos Aires. Inédito.

Bamforth, D.
1986 Technological Efficiency and Tool Curation. *American Antiquity* 51: 38-50.

Belardi, J. B.; P. Tiberi; C. Stern y A. Súnico
2004 Al Noreste del Cerro Pampa: Ampliación del Radio de Disponibilidad de Obsidiana de la Pampa del Asador (Santa Cruz). *Resúmenes del XV Congreso Nacional de Arqueología Argentina*, p. 371. Universidad Nacional de Río Cuarto, Córdoba.

Bettinger, R.
1991 *Hunter-Gatherers: Archaeological and Evolutionary Theory*. Plenum Press, Nueva York.

Binford, L. R.
1979 Organization and Formation Processes: Looking at Curated Technologies. *Journal of Anthropological Research* 35: 255-273.

Brantingham, P. y J. Olsen
2000 Raw Material Quality and Prepared Core Technologies in Northeast Asia. *Journal of Archaeological Science* 27: 255-271.

Cardich, A.; L. Cardich y A. Hajduk
1973 Secuencia Arqueológica y Cronología Radiocarbónica de la Cueva 3 de Los Toldos (Santa Cruz, Argentina). *Relaciones de la Sociedad Argentina de Antropología* VII: 87-122.

Cardich, A.; R. Paunero y A. Castro
1993-94 Análisis de los conjuntos líticos de la Cueva 2 de Los Toldos (Santa Cruz, Argentina). *Anales del Instituto de la Patagonia* 22: 149-173.

Eerkens, J. y R. Bettinger
2001 Techniques for Assesing Standarization in Artifact Assemblages: Can We Scale Material Variability?. *American Antiquity* 66 (3):493-504.

Ericson, J.
1984 Toward the Analysis of Lithic Production Systems. En: *Prehistoric Quarries and Lithic Production*, editado por J. Ericson y B. Purdy, pp. 11-22. Cambridge University Press, Cambridge.

Gero, J.
1989 Assesing Social Information in Material Objects: How Well Do Lithics Measure Up? En: *Time, Energy and StoneTools*, editado por R. Torrence, pp. 92-105. Cambridge University Press, Cambridge.

Hayden, B.
1989 From Chopper to Celt: the Evolution of Resharpening Techniques. En: *Time, Energy and Stone Tools*, editado por R. Torrence, pp. 7-16. Cambridge University Press, Cambridge.

Jeske, R.
1989 Economies in Raw Material Use by Prehistoric Hunter-Gatherers. En: *Time, Energy and Stone Tools*, editado por R. Torrence, pp. 34-45. Cambridge University Press, Cambridge.

Miotti, L.
1998 *Zooarqueología de la Meseta Central y Costa de Santa Cruz. Un Enfoque de las Estrategias Adaptativas Aborígenes y los Paleoambientes*. San Rafael, Mendoza.
2003 Colonizar, Migrar, Poblar: Tres Conceptos que Evocan las Imágenes de la Apropiación Humana del Nuevo Mundo. En: *Análisis, Interpretación y Gestión en Arqueología de Sudamérica*, editado por R. Curtoni y M. Endere, pp. 91-120. Serie Teórica, Volumen 2. INCUAPA, UNICEN, Olavarría, Buenos Aires.

Miotti, L. y D. Hermo
2000 Ambientes y Paisajes del Nesocratón del Deseado. En: *Guía de Campo de la Visita a las Localidades Arqueológicas. La Colonización del Sur de América Durante la Transición Pleistoceno/Holoceno. Taller Internacional del INQUA*; editado por L. Miotti, R. Paunero, M. Salemme y G. Cattáneo. La Plata, Buenos Aires.

Miotti, L.; M. Salemme; D. Hermo; M. Vázquez; M. Giardina y L. Magnín
2001 Aguada del Cuero: Un Escalón Más en la Arqueología de la Meseta de Santa Cruz. *Actas del XIV Congreso Nacional de Arqueología Argentina*. Facultad de Humanidades y Artes, Escuela de Antropología, Universidad Nacional de Rosario. En prensa.

Miotti, L.; D. Hermo; M. Salemme; L. Magnín y L. Marchionni
2004 Cueva Maripe y su Excavación. Implicancias en los Estudios Regionales del Macizo del Deseado. *Actas del XV Congreso Nacional de Arqueología Argentina*. Universidad Nacional de Río Cuarto, Córdoba. En prensa.

Miotti, L.; M. Salemme; D. Hermo; L. Magnín; N. Carden; B. Mosquera; E. Terranova y L. Marchionni
2005 Resolución e integridad arqueológica en la Cueva Maripe (Santa Cruz, Argentina). En: *Actas de las VI Jornadas de Arqueología de Patagonia*. Punta Arenas, Chile. En evaluación.

Nelson, M.
1991 The study of Technological Organization. En: *Archaeological Method and Theory*, editado por M. Schiffer, Volumen 3, pp. 57-100. University of Arizona Press, Tucson.

Odess, D.
1998 The Archaeology of Interaction: Views from Artifact Style and Material Exchange in Dorset Society. *American Antiquity* 63 (3): 417-435.

Panza, J. L.
2001 Hoja Geológica 4769-IV Monumento Natural Bosques Petrificados. *Boletín* N° 258. Servicio Geológico Minero Argentino. Instituto de Geología y Recursos Minerales. Buenos Aires.

Torrence, R.
1989 Tools as Optimal Solutions. En: *Time, Energy and Stone Tools*, editado por R. Torrence, pp. 1-6. Cambridge University Press, Cambridge.

Wiessner, P.
1983 Style and Social Information in Kalahari San Projectile Points. *American Antiquity* 48 (2): 253-276.

LITHIC ARTIFACTS AND THE INFORMATION ABOUT HUMAN UTILIZATION OF LARGE AREAS

Nora Viviana Franco

RESUMEN

El objetivo de este trabajo es discutir la utilidad de la información lítica para evaluar la extensión del área habitualmente utilizada por un grupo humano. A partir de principios de economía de materia prima se derivan expectativas para las características de los artefactos líticos en los casos de adquisición directa versus indirecta de las mismas. Se analiza el caso de Lago Argentino. Para diferentes períodos de tiempo, se puede defender que la calcedonia con impurezas y la obsidiana gris verdosa veteada fueron adquiridas de manera directa. De esta manera, el área comprendida entre las fuentes potenciales de aprovisionamiento y los lugares de descarte de las mismas habría sido habitualmente utilizada por las poblaciones humanas que vivían en el área. En cambio, la obsidiana verde habría sido obtenida de manera indirecta, no encontrándose dentro del área de explotación habitual de las poblaciones humanas.

Palabras claves: *Grandes espacios, Materias primas líticas, Adquisición directa, Adquisición indirecta*

ABSTRACT

The purpose of this paper is to discuss the utility of lithic information in order to evaluate the extent of the area usually utilized by a human group. Theoretical expectations on the characteristics of artifacts are derived for situations of direct versus indirect acquisition of raw material, taking into account principles of economy of raw materials. The case of the south of Lago Argentino is analyzed. For different time periods, a direct acquisition can be defended for the cases of chalcedony with impurities and grey-green banded obsidian, suggesting that the area located between the sources and the places of recovery of the artifacts was habitually used by humans living in the area. An indirect acquisition can be defended in the case of green obsidian, which source was probably located outside of the area regularly exploited by human groups living at Lago Argentino.

Key words: *Large spaces, Lithic raw materials, Direct acquisition, Indirect acquisition*

INTRODUCTION

The purpose of this paper is to discuss the utility of lithic information to evaluate the extent of the area habitually utilized by a human group. Theoretical expectations are derived from principles of economy of raw material. The case of southern Lago Argentino (province of Santa Cruz, Argentina) is analyzed.

Lago Argentino is located in the western and southern part of the Santa Cruz province between approximately latitude 49° 30' and 50° 40' S, and longitude 73° 30' and 72° W (Figure 1).

It is very close to the Andean range, which peaks reach above 3000 masl. There is an extensive ice field in the area, with a width of more than 60 km, which ends at the Pacific Ocean. The basin can be subdivided in the lower areas -ca. 200 masl-, the high plateaus and the mountains -at the west and south, and with altitudes between 500 and 3000 m asl-. The climate is continental, with a strong influence of the pacific anticyclone. It is cold and wet at the west, with transition to the arid climate of the steppe (Furque 1973).

The vegetation corresponds to forest to the west, grass steppe with isolated shrubs at lower areas at the east, and the Altoandean desert at high areas (Mancini 1998) (Figures 2a and 2b).

Figure 1. Localization of Lago Argentino area

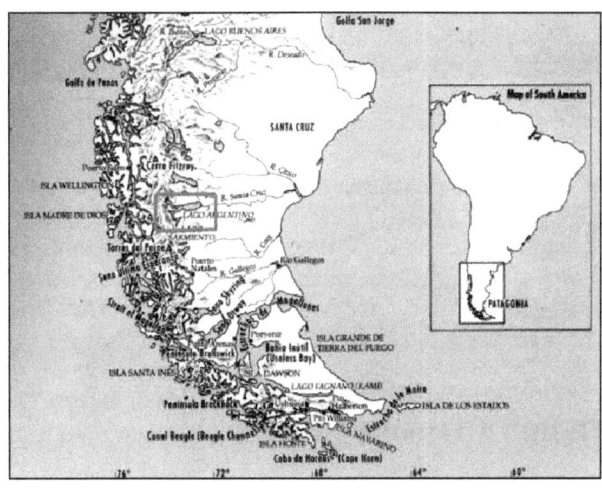

Figure 2a. Brazo Rico and Lago Roca

The first evidences of human populations at the area are dated *ca.* 9700 years B.P., though there is little evidence of use of the area until *ca.* 3800 B.P. (Carballo Marina *et al.* 1999; Franco 2002; Franco and Borrero 2003; Franco *et al.* 1999). Along this period there were changes in precipitation and temperature, and the existence of cold pulses has been supported (among others, Aniya 1995, 1996; Aniya and Sato 1995; Heusser 2003; Malagnino and Strelin 1992; Mancini 2002; Mercer 1968, 1970; Mercer and Ager 1983; Pendall *et al.* 2001).

Figure 2b. Nearby of Paso Zamora

Because of glacier activity, secondary potential raw material sources (*sensu* Luedtke 1979; Nami 1986) are abundant at the area. In order to understand human strategies of raw material utilization, a good knowledge of the regional structure of lithic resources is needed. The exploratory results obtained from the application of a regional methodology of sampling of raw material sources (Franco and Borrero 1999) along with geochemical analysis allowed the identification of a good correlation between the geochemical characteristics of the dacites and their spatial distribution, permitting also the identification of differences among the provenience of different varieties of chalcedonies and opals (Franco and Aragón 2002, 2004). On the basis of this information, changes in the home-ranges of hunter-gatherers have been postulated for the west of Lago Argentino (Franco 2002, 2004). In this case, we will discuss the way raw materials were acquired, including information from the east of the Lake and the headwaters of the Santa Cruz river. The results are considered to be exploratory.

THEORETICAL BACKGROUND

According to ethnographical and ethnohistorical information, the extent of the home-ranges of hunter-gatherers varies, not only seasonally or annually, but also according to the effective temperature (see for example Kelly 1995).

If we take into account the nature of the archaeological record -the product of repetitive activities- and the degree of resolution obtainable with C14 radiocarbon dates, we realize that we cannot obtain information of such a fine grain. We can only obtain long term information about the extent of the area usually utilized by a human group. This means periods of thousands of years in some cases (see also Roebroeks 2003). In order to evaluate the size of the home range, different kinds of evidences can be used, such as stable isotopes and trace elements on human remains and raw material origin. However, they provide different kind of evidences (among others Barberena 2002; Franco and Barberena 2004).

The frequency of raw materials alone cannot be directly used to infer the extent of home ranges in the past (i.e. Ingbar 1994; Meltzer 1989). Lithics can be acquired in a number of different ways, including direct or indirect procurement. When lithic raw materials are abundant their acquisition is probably an embedded activity (Binford 1979). Nevertheless, we believe that important clues for evaluating the extent of

home ranges can be obtained from the study of frequencies of raw materials combined with:

classes of artifacts
sizes of artifacts (both flakes and tools)
use angles of discarded tools (use angles = discarded angles minus initial angles, the last two following Aschero 1975, 1983)
degree of exploitation of cores
quantity of flake scars in the case of cores
frequencies of exhausted cores/tools

The characteristics of lithic artifacts are a result of human strategies to deal with specific problems. The existence of different technological strategies tends to confuse the picture. This would be the case, for example, in instances of strategies of economy or curation of raw materials (see Odell 1996). For these reasons, we believe it is essential to have regional information about the distribution and characteristics of lithic raw material. Here, we will summarize our expectations about the characteristics of lithic artifacts in case of acquiring raw material in different ways. They follow an organization of technology approach (sensu Nelson 1991) and principles of economy of raw material:

1. Direct Acquisition

In this case, the stones are acquired at a primary or secondary geological source by the same human group that uses them (Meltzer 1989). I expect the archaeological record will show different classes of artifacts, including cores and different kinds of flakes and tools. I also expect that, when distance to the source increases, there is:

- a decay in the frequencies of artifacts, following fall-off models (Renfrew 1977)
- a diminution in the sizes of discarded artifacts, with the presence of exhausted cores or tools far from the sources (also following fall-off models)
- an increase in the angles of discarded tools
- increasing evidences of tool resharpening
- an increase in the number of extraction blows made on cores

The value of discarded angles will vary according to the way in which different places were used, and this is why I consider it necessary to use a regional approach. Also, in cases in which some raw materials play a specific non-utilitarian role, its pattern of utilization should also be possible to be evaluated under a regional perspective.

2. Indirect Acquisition

The concept of *indirect acquisition* implies that the raw material was acquired at its source by one population/group, and then transferred to another population by one of several possible mechanisms that include, among others, exchange, movement of individuals between groups and conquest (Meltzer 1989). We can differentiate two possible alternatives:

- Acquisition of tools: in this case, only some classes of tools will be represented.

- Acquisition of nodules or cores: I expect this case to be less frequent, except in instances of especially valuable raw materials, or raw materials without internal impurities. For our area, this alternative has been suggested to explain the distribution of black obsidian (Civalero and Franco 2003). In this case, I expect the presence of nodules/cores in specific places of the area, and fall-off curves beginning at these points (including both frequency and size of artifacts, as well as increases in the discarded angles of tools, in the degree of exploitation of cores and resharpening evidences).

It is worth mentioning that stone may also be acquired from the archaeological record and be used or transferred by the same or by other group, with the same or with other function (Schiffer 1972). We believe that this form of acquisition can either be direct or indirect -taking into account if is used by the same population with a knowledge of the places where artefacts can be found, or indirect, in case it is a different population-. However, it would be almost impossible to differentiate both cases archaeologically. Only the context can give us some clues on this problem.

Taking into account these expectations, the study of the spatial distribution of lithic potential resources is a basic starting point for understanding human movement and displacement in the space. This is a problem in areas such as south Patagonia, where secondary sources predominate and are the product of different glacial and glacifluvial events that have taken place, at least, since the Pliocene. This would be easier to study in areas characterized by lithic primary sources.

THE SAMPLE

I will focus during the analysis in the area of Lago Argentino. The archaeological samples analyzed here were obtained under projects that utilized a regional and distributional perspective (Borrero and Carballo Marina 1998; Belardi *et al.* 1992). For this reason, surface and stratigraphical information is available (among others Carballo Marina *et al.* 1999; Franco *et al.* 1999). In addition, information was also obtained from the analysis of artifacts collected previously by Aschero and Gradin at the east of the area.

Detailed exploratory studies of availability of raw materials were carried out. They followed a specific methodology (Franco and Borrero 1999). As already mentioned, a good correlation between the geochemical characteristics of the dacites and their spatial distribution was identified, as well as the differences in the provenance of varieties of chalcedonies and opals (Franco and Aragón 2002, 2004). In the case of chalcedony, there are at least two varieties not distinguishable macroscopically of the translucent one (Franco and Aragón 2002, 2004). One of them comes from volcanic cavities at the Centinela basin, and the other, of sedimentary origin, from the area of Verdadera Argentina, at the east of Sierra Baguales. At the first of these areas, white opal can also be found. In addition, different secondary sources for sedimentary varieties of chalcedony were identified at the Upper Centinela basin and at the east of Lake Argentino. Unfortunately, the sources for other

varieties of chalcedonies and opals recovered archaeologically have not been located. Geochemical analysis point to their sedimentary origin, and geological information suggests that they would come from the area of Sierra Baguales, at the east and south of the area (Aragon pers. com. 2002).

Different varieties of obsidian were obtained at the area. Among them, there are a black one, a green one and a grey-green banded translucent one, all of them with different sources (see *infra*).

METHODOLOGY

Some of the raw materials are more ubiquitous than others. This is the case, for example, of the dacite. In addition, it was used mostly in an expedient way (Franco 2002). Other raw materials seem to have a more localized provenance and were curated or economized. This would be the case of different varieties of chalcedony, opal, silicified wood and obsidian. Because they are not so ubiquitous, we will focus the analysis in the different varieties of the least common rocks, i.e., chalcedonies, opals and obsidians.

We will first consider all the samples together, including both surface and stratigraphic ones. Figure 3 shows the provenance of all samples available. In the following figures the dots indicate stratigraphical samples or controlled recollection samples, while the areas account for information coming both from transects, controlled recollections and/or sites. Under this view, sites are considered to be only places with higher artifact density.

Figure 3. Archaeological samples provenance

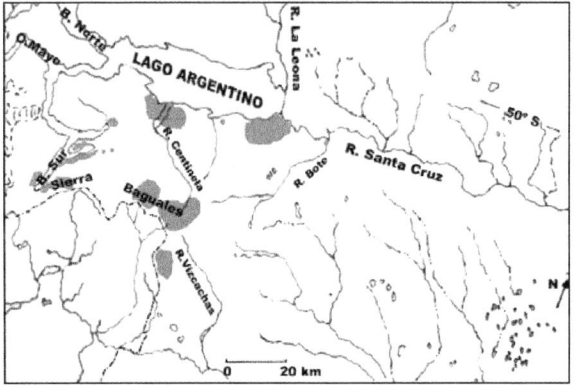

I present the case for each raw material. The Tables contain quantitative information:

- Total sample at the site/area.
- Total sample of artifacts with percussion platforms.
- Quantity of a raw material, expressed both in frequencies and percentages. Because different resistance to fragmentation can alter this measurement, both total frequencies (n total) and frequencies of artifacts with percussion platforms are shown.
- Classes of artifacts (following Aschero 1975, 1983).
- Size of artifacts: although measurements according the technological axis are available for artifacts of

more than 20 mm length, in order to facilitate the comparison, artifact size is expressed in groups of intervals of 5 mm, according to their enclosure within square grids. In this case, only whole flakes are included.

- Degree of exploitation of cores (exhausted-non exhausted). Additional data are included in the text.
- Discard and use angle (discard angle minus initial angle of tools, following Aschero 1975, 1983) of end-scrapers. Because these tools are curated in the area, at least post 3800 B.P., they are considered very useful for this kind of analysis. Side-scrapers seem to be more expediently used, with some exceptions (see Franco 2002).
- Evidences of tool resharpening. These categories include both the existence of resharpening flakes and evidences of resharpening in a tool.

The Tables show the data from west to east, and from lowlands to highlands. Stratigraphical sites are indicated with a star (*). In the Figures, the percentage of each raw material is rounded and indicated. When quantitative information is not available, the presence is recorded in the Figure.

Due to the lack of possibility to distinguish the two varieties of the translucent chalcedony and the small quantity of rare element analysis performed on this raw material, it was not included in the analysis.

THE RESULTS OF THE ANALYSIS

a. Spatial pattern

a.1. Chalcedony with impurities
As I have already mentioned, geological information points to its origin at the Baguales area. Figure 4 shows the presence of this raw material and its frequency, when the data is available. Although its general frequency is low, it can be seen that it is higher near the Baguales area, its postulated point of provenance. This raw material was used for the manufacture of end-scrapers, as can be seen in table 1.

Figure 4. Chalcedony with impurities

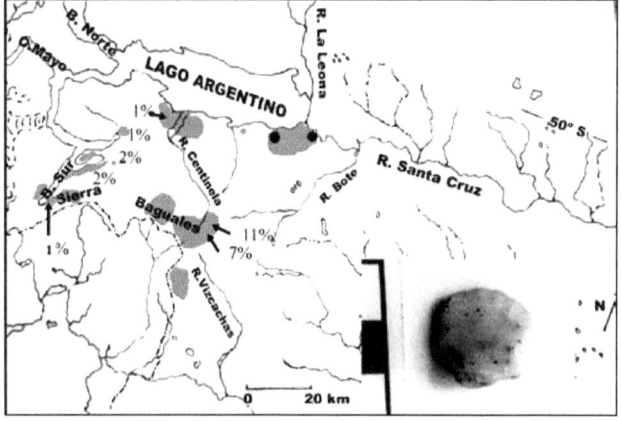

One of the end-scrapers is fragmented and exhausted, being its size 23 mm. The other three are not fractured, being their

length 18, 20 and 29 mm respectively. None of them has evidences of resharpening. Although their discard angle is variable, most of them were heavily used (with use angle between 15 and 40°).

An exhausted core was recovered at Alero del Bosque stratigraphic site (upper deposit). It has at least 18 extraction blows and hinge terminations. It still has cortex (less than 25% of the surface), which probably indicates the small size of the initial nodules of this raw material.

The biggest debitage size corresponds to Brazo Rico and to the east of Brazo Sur, where a distal fragment of a flake has a size between 60.1 and 65 mm, and a non differentiated fragment have a size between 55.1 and 60 mm (because of their fragmentation, they are not included in Table 1).

Provenance	E Brazo Sur	Alero Bosque*	Ch.Malo 2*	Alice 1	Brazo Rico	Trans. Co.Vrl.	Co.Vrl. 1*
n (total)	213	175	1856	487	142	9	552
n (artifacts with percussion platform)	160	97	1035	244	122	5	266
Frequency and % (total)	3 (1.40%)	4 (2.28%)	32 (1.72%)	3 (0.62%)	1 (0.70%)	1 (11.11%)	38 (6.88%)
Frequency and % (art.with p.p.)	2 (1.25%)	3 (2.06%)	18 (1.74%)	1 (0.41%)	1 (0.81%)	0	19 (7.14%)
Classes of artifacts	deb.(2), end-scr(1)	deb.(1), cores(1), end-scr(1)	deb.(16), end-scr.(2)	deb.	deb.	na	deb.
Size between 0,1 and 5 mm	0	0	0	0	0	0	1
Size between 5,1 and 10 mm	0	0	2	0	0	0	8
Size between 10,1 and 15 mm	0	0	3	0	0	0	2
Size between 15,1 and 20 mm	0	1	3	0	0	0	3
Size between 20,1 and 25 mm	0	1	1	0	0	0	2
Size between 25,1 and 30 mm	0	0	1	0	0	0	0
Size between 45,1 and 50 mm	0	0	0	0	1	0	0
Core exploitation	0	exhausted	na	na	na	na	na
End-scrapers discard angles	95°	85°	65°, 75°	na	na	na	na
End-scrapers use angles	40°	30°	15°, 30°	na	na	na	na
Evidencies of tool resharpening	no	na	1	no	no	no	na

Table 1. Chalcedony with impurities
Ref.: art.: artifacts; p.p.: percussion platform; *: stratigraphical site; deb.: debitage; end-scr: end-scraper; na: not applicable; E Brazo Sur (includes *Transecta Brazo Sur, Transecta Sur Brazo Sur, Istmo Norte, Concentración Istmo, N Laguna 3 de Abril, Brazo Sur proximidades lago Roca, Paso Zamora*, see Franco 2002); A. Bosque: *Alero del Bosque*; Ch.: *Chorrillo*; Trans. Co. Verl.: *Transecta Cerro* Verlika; Co. Vrl.1: *Cerro* Verlika 1

The smallest sizes of artifacts come from stratigraphical sites (Chorrillo Malo 2 and Cerro Verlika 1), which probably is related not only to the activities that took place at the site but to formation processes. For this kind of analysis, it is probably better to differentiate between the surface and stratigraphic samples.

The fall-off frequency curves of this raw material, together with the presence of different classes of artifacts (end-scrapers, cores, debitage) would suggest the direct acquisition of this raw material at some place at the Baguales range. The fact that its frequency is highest at the eastern side of the Baguales range could be related to its origin in the area, but also to a more sporadic use of the spaces with forest located to the west, especially far from the coast of the lakes (Borrero and Muñoz 1999).

The fact that the end-scrapers recovered have small sizes or were discarded when broken, together with the high values of use angles, the evidences of resharpening and the degree of exploitation of the only core recovered tend to suggest the existence of strategies of economy of this raw material. The small size of most of the debitage recovered may be related to this fact. In addition, the small size of the sample of this raw material could be related not only to the applied methodology but also to the existence of strategies of economy of this chalcedony.

a.2. Opal with impurities

Figure 5 shows the frequency and/or presence of this raw material. It was only recovered at archaeological sites. Its general frequency is low. Although its frequency is higher in Sierra Baguales (4%) than in the western part of the area (1%), the highest frequency corresponds to Alice 1 (8%). This site has also a great variety of classes of artifacts and the presence of blades made in this raw material (Table 2). There is not, in this case, a fall off decay of the frequency of this raw material in relation with its probable origin, Sierra Baguales.

The variety of classes of artifacts recovered at different sites would point to a direct acquisition of this raw material and to its transport to selected places. There is not a fall off curve of sizes of debitage in relation to the postulated source, although this can be a result of formation processes. Also, the greatest sizes correspond to Alice 1, where this raw material is most abundant. The existence of greater sizes can be an effect of the size of the sample.

Figure 5. Opal with impurities

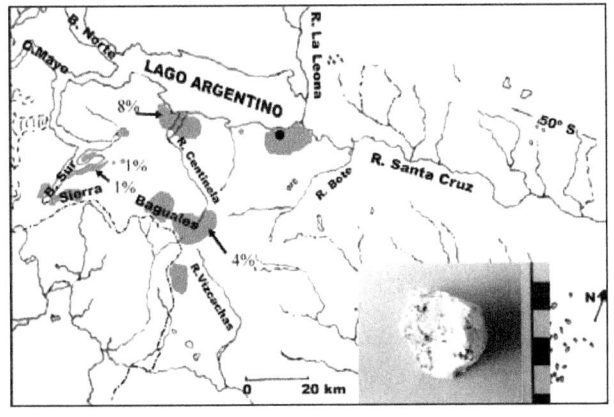

Provenance	Alero Bosque*	Ch.Malo 2*	Alice 1	Co.Vrl. 1*
n (total)	175	1856	487	552
n (artifacts with percussion platform)	97	1035	244	266
Frequency and % (total)	1 (0.57%)	12 (0.65%)	37 (7.60%)	20 (3.62%)
Frequency and % (art.with p.p.)	0	7 (0.68%)	19 (7.79%)	4 (1.50%)
Classes of artifacts	end-scr.(1)	end-scr.(3) debitage (4)	scrap.(1), frg.tool.(1) core(1), deb.(13; blades:3, flakes:13)	debitage
Size between 0,1 and 5 mm	na	0	0	0
Size between 5,1 and 10 mm	na	2	0	1
Size between 10,1 and 15 mm	na	0	0	1
Size between 15,1 and 20 mm	na	1	1	0
Size between 20,1 and 25 mm	na	0	1	0
Size between 25,1 and 30 mm	na	0	0	0
Size between 45,1 and 50 mm	na	0	0	0
Size between 100.1 and 105	na	0	1	0
Core exploitation	na	na	exhausted	na
End-scrapers discard angles	75°	110°, 80°	na	na
End-scrapers use angles	20°	55°, 20°	na	na
Evidencies of tool resharpening	no	yes(1), no(1)	no	na

Table 2. Opal with impurities
Ref.: art.: artifacts; p.p.: percussion platform; *: stratigraphical site; Ch.: *Chorrillo*; Co.Vrl.: *Cerro* Verlika; deb.: debitage; end-scr: end-scraper; scrap.: side-scrapers; frg.tool: fragmented tools; na: not applicable

End-scrapers were discarded broken or with small size (less than 20 mm). They have high discard and use angles (between 20° and 55°). There are also evidences of resharpening. This would suggest the existence of economy strategies of this raw material.

The data available would suggest the transport of this raw material to selected places in this area. However, this still needs to be proved.

a.3. Grey-green banded obsidian

According to geochemical and chronological data, this obsidian would come from Sierra Baguales area (Stern and

Franco 2000). This raw material was recovered in very low frequencies, under 1% (Figure 6), with the exception of the area close to the Baguales range (29%). Fall-off frequencies point out to its origin at the Baguales range. Debitage with sizes smaller than 10 mm was recovered in most of the places. The biggest sizes correspond to the area close to its postulated origin (Altas Cumbres 1 and 6). At Alice 1 a nodule was recovered, and at Charles Fuhr 2 a stem of projectile point recovered was found (Table 3). The size of the debitage suggests the existence of strategies of economy of this raw material.

Fall-off frequencies of this raw material, as well as the existence of nodules would point out to the existence of strategies of direct acquisition.

Figure 6. Presence (indicated with a dot) and percentage of grey-green banded obsidian

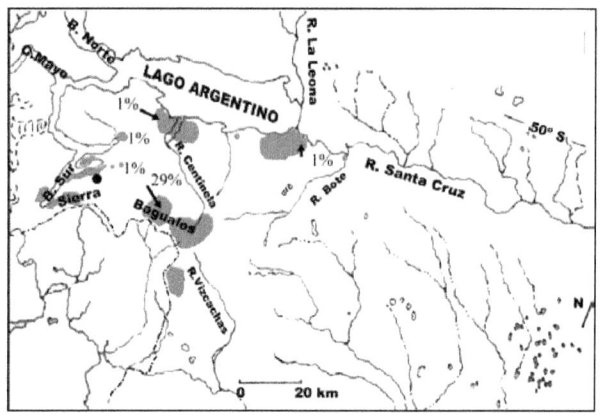

Figure 7. Presence (indicated with a dot) and percentage of black obsidian

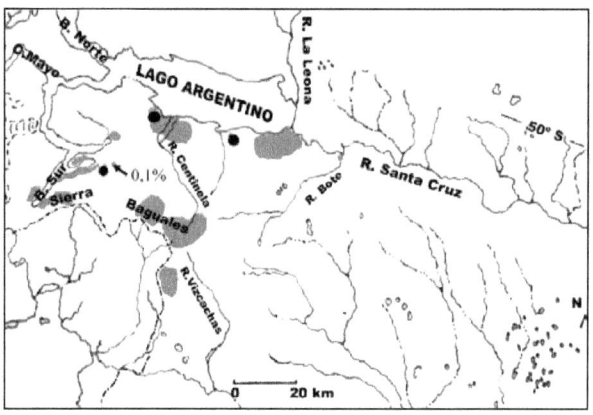

a.5. Green obsidian

The source of this raw material would be at the Otway Sound, according to its geochemical characteristics and the higher frequencies of archaeological artefacts recovered at that area (Morello *et al* 2001, 2004, Stern 2000). At Lake Argentino, the only findings are two fragments of bifacially stemmed projectile points (Figure 8). The scarcity of the findings as well as its recovery only as projectile points would suggest an indirect acquisition of this raw material, which is in accordance to extra-regional information (see Morello *et al.* 2004).

Provenance	Alero Bosque*	Ch. Malo 2*	Tr.Br. Rico	Altas Cumbr. 1	Altas Cumbr. 6	Alice 1	Co.Vrl. 1*	ChF2*
n (total)	175	1856	142	31	s.d.	487	552	182
n (artifacts with percussion platform)	97	1035	122	s.d.	s.d.	244	266	s.d.
Frequency and % (total)	3 1.71%	9 0.48%	1 0.70%	9 29.03%	2	2 0.41%	2 0.36%	1 0.55%
Frequency and % (art.with p.p.)	0	6 0.58%	0	n.d.	n.d.	0	1 0.40%	n.d.
Classes of artifacts	deb.	deb.	deb.	deb.	deb.	deb. nodule	deb.	proj. point
Size between 0,1 and 5 mm	na	0	na	0	0	na	na	0
Size between 5,1 and 10 mm	na	4	na	0	0	na	na	0
Size between 10,1 and 15 mm	na	0	0	2	0	na	na	0
Size between 15,1 and 20 mm	na	0	0	1	0	0	0	0
Size between 20,1 and 25 mm	na	0	0	4	1	0	0	0
Size between 35,1 and 40 mm	na	0	0	1	0	0	0	0
Evidencies of tool resharpening	na	na	na	na	na	na	na	no

Table 3. Grey-green banded obsidian
Ref.: art.: artifacts; p.p.: percussion platform; *: stratigraphical site; Ch.: Chorrillo; Tr.Br.: *Transecta Brazo*; Cumbr.: *Cumbres*, Co.Vrl.: *Cerro* Verlika; Ch.F: Charles Fuhr; deb.: debitage; frg. tool: fragmented tools; na: not applicable; nd: no data; proj. point: projectil point

a.4. Black obsidian

Geochemical analysis point out to its provenance from Pampa del Asador, located more than 260 km to the north (Stern 1999, 2000; Stern *et al* 1995). Secondary sources of this raw material are located to the northeast of Pampa del Asador (Belardi *et al.* 2004).

Black obsidian has only been recovered at archaeological sites in lowlands (Figure 7), always in percentages of less than 1%. Only debitage was recovered. The pattern is not clear in order to suggest the way of acquisition of this raw material.

a.6. General spatial pattern

The available data suggest direct acquisition of chalcedony with impurities and grey-green banded obsidian, that where recovered at maximum distances of 45 km from their postulated source of origin. The same would have probably been the case of the opal with impurities, although this raw material seems to have been transported to selected places. At the moment, no pattern for its distribution can be proposed. The sources of these raw materials would be within the area generally utilized by human populations inhabiting the area. On the contrary, green obsidian would have been acquired in an indirect way, probably through contacts with other groups (see Morello *et al.* 2004). Its postulated source is located more than 260 km to the south of the area.

Figure 8. Presence (indicated with a dot) and percentage of green obsidian

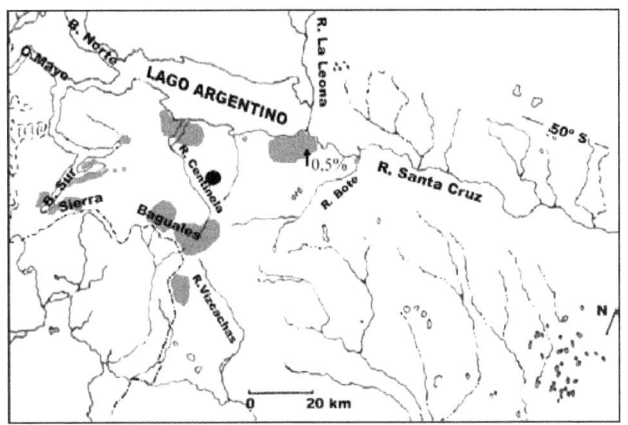

b. Temporal pattern

We will now analyze the information available for the following temporal segments: 9700 to 6100 years B.P., 6100 to 3800 years B.P., 3800 to 3100 years B.P. and 3100 to 1100 years B.P. The duration of the temporal segments is in accordance with the information available. After 1000 years B.P. there are few archaeological sites in the area, which may reflect an abandonment of the area and/or a process of human resettlement, probably related to the Medieval Climatic Anomaly (Borrero & Franco 2000).

b.1. 9700 to 6100 years B.P.

The initial occupation of the area dates from *ca.* 9700 years B.P. (Franco and Borrero 2003; Franco *et al.* 1999). The only site with evidences of occupation is Chorrillo Malo 2. Raw materials that probably come from the Baguales range are already present (Tables 4 and 5). Chalcedony with impurities is present in low frequencies, being the grey-green obsidian more frequent. Only debitage was recovered. In the case of the chalcedony, it has a size between 15.1 and 20 mm, while the obsidian flakes have sizes between 5.1 and 10 mm. The fact that these raw materials are present by this time would imply that early inhabitants already knew these sources. Taking into account that time is needed in order to acquire information of an habitat, this would mean an early exploration of the Baguales range, much earlier than the dates already obtained, that are *ca.* 3400 years B. P. (Franco *et al.* 1999).

The frequency of black obsidian is lower. This raw material was probably part of the tool kit transported by early inhabitants. However, we do not know the life history of the recovered artifact (Civalero and Franco 2003; Franco 2002).

b.2. 6100 to 3800 years B.P.

Chorrillo Malo 2 continues to be the only site occupied at Lake Argentino. To the east, there are evidences of occupation of Cerro León. Raw materials probably coming

from the Baguales range (chalcedony with impurities and grey-green banded obsidian) are present at Chorrillo Malo 2. As can be seen in Tables 4 and 5, there is a decrease in the percentage of both raw materials. There is also a decrease in the frequency of black obsidian (from 6.94% to 0).

A resharpening flake was recovered on chalcedony with impurities. It has a size of less than 10 mm.

Grey-green banded obsidian continues to be present in sizes of less than 10 mm.

b.3. 3800 to 3100 years B.P.

Starting at this time, there are evidences of the presence of hunter-gatherers both in the lowlands and in the highlands. Prepared cores, called pseudo-levallois by Nami (1992, 1997), flakes and side-scrapers made on them are recovered at both areas, suggesting that the area was within the home-range of the same population (Franco 2002, 2004).

Figure 9. 3800 to 3100 years B.P.: frequency of different raw materials

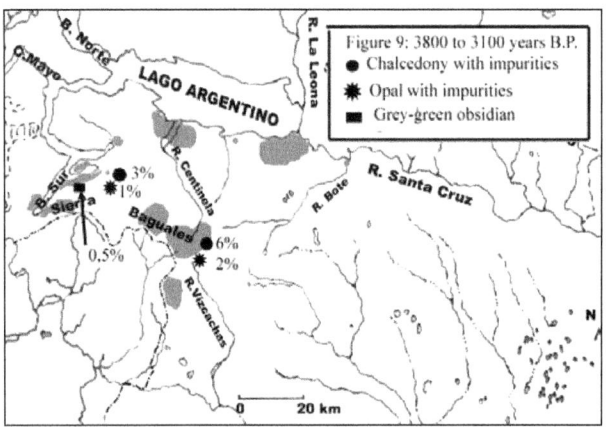

Opal with impurities appears for the first time in the archaeological record, with its highest frequencies near the Baguales range, its postulated source (Figure 9). Its latter appearance in the archaeological record would suggest that it has a more localized source. The chalcedony shows the same distributional pattern.

Although the sample is small, in both cases direct acquisition can be defended. While only debitage was recovered in chalcedony with impurities (with sizes of less than 15 mm, probably corresponding to last stages of manufacture), two end-scrapers were recovered in opal with impurities. One of them is fractured and has been resharpened. Its discard angle is 110°, while the use angle is 55°. Unfortunately the other end-scraper was accidentally destroyed during geochemical analysis.

b.4. 3100 to 1000 years B.P.

Around 3100 years B.P. both open air sites and rockshelters are occupied (Carballo Marina *et al.* 1999; Franco *et al.* 2004). As can be seen in Figure 10, the percentage of chalcedony with impurities is the highest near the Baguales range, where its source is probably located. End-scrapers were recovered in this raw material, without evidences of reactivation. The size of the debitage is bigger. However, this can be related to the bigger size of the sample. It is worth mentioning that a bipolar core was recovered in this raw material. All the evidences would suggest direct acquisition of this raw material and the existence of strategies of economy of it.

Figure 10. 3100 to 11000 years B.P.: Presence and frequency of different raw materials

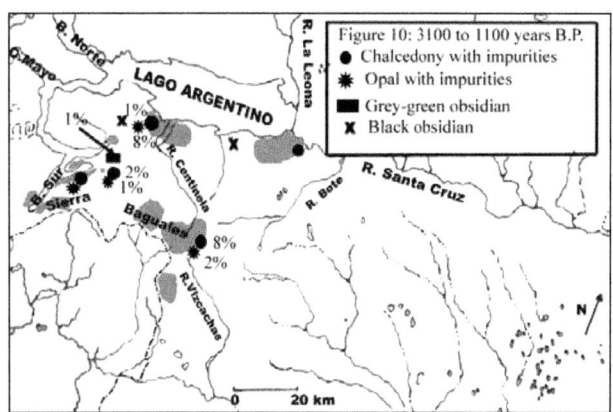

The highest frequency of opal with impurities is at Alice 1, at the coast of the Lake. The percentage of this raw material, however, is higher at the Baguales range than at the other sites of the area. Alice 1, with dates of *ca.* 1400 years B.P. (Borrero *et al.* 1998-99) seems to have different characteristics than other sites recovered for this time period. The reason for this difference remains to be explained. However, opal with impurities seems to have been introduced directly to the site.

Grey-green obsidian is recovered as artefacts at the coast of the lake. Its frequency is lower than in previous time blocks. Taking into account that information for previous time periods suggests direct acquisition of this raw material - probably coming from the Baguales range-, we can argue that this continues to be the case.
Only one finding was made on green obsidian. It is a stem of a bifacial projectile point, recovered at Charles Fuhr 2, at the upper Santa Cruz river. The site was dated *ca.* 1100 years B.P.

Black obsidian was recovered only in sites located close to the coast of the lake. Its low frequency would suggest its indirect acquisition and transport to specific places. However, this remains to be explored.

b.5. General temporal tendencies

Temporal information indicates that the Baguales range is known from the very beginning of human occupation of the area, at *ca.* 9700 years B.P.. Early inhabitants would have acquired grey-green banded translucent obsidian and chalcedony with impurities by direct acquisition at their postulated source, located at a minimum distance of the 18 km from the place where artefacts were recovered. They continue to be acquired directly until at least 1100 years B.P..

At *ca.* 1100 years B.P. raw materials probably coming from the Baguales range were identified at sites located at *ca.* 45 km from it.

The sources of both raw materials would be located within the area usually utilized by human populations living in the region between *ca.* 9700 and 1100 years B.P. It would include both highlands and lowlands. The lack of changes in the quantity of chalcedony discarded along the different time spans also tends to suggest that its source was known since the beginning of human occupation of this area.

The case is less clear in the instance of the opal with impurities. It is present in the archaeological record since 3800 years B.P., when both highlands and lowlands show clear evidences of occupation. This raw material seems to be directly acquired at the Baguales range. However, after 3100 years B.P. it seems to be transported to specific places within this area, because of unknown reasons.

Black obsidian is most abundant at the earliest deposit, probably related to its transport by early inhabitants. Afterwards, it appears in low frequencies and only at certain sites in the lowlands. Taking into account extra-regional information, this pattern can be related to the indirect acquisition of nodules. However, this needs to be explored in detail.

Finally, the fact that green obsidian is present only as broken projectile points suggests its indirect acquisition, which is in accordance to the information available for the south of the continent (Morello *et al.* 2004).

GENERAL CONSIDERATIONS

The exploratory patterns found here show a clear contrast between the acquisition of grey-green banded obsidian and chalcedony with impurities on the one side, and green obsidian on the other. The first two were probably obtained through direct procurement, at minimum distances of 18 to 45 km from the places where artefacts were recovered. The procurement of green obsidian, which source is located more than 260 km from the area, was probably indirect. In this way, the analysis of the characteristics of the artifacts in relation to the distance to the source was useful to evaluate the extent of the area regularly exploited by hunter-gatherers living at Lake Argentino,

Some of the raw materials show no changes in their utilization through time. This would be the case of the chalcedony with impurities. In other cases, such as the grey-green obsidian, there is a decrease in its utilization through time. Finally, some raw materials probably have a more localized provenance. It would be the case, for example, of the opal with impurities, that was only incorporated to the archaeological record after *ca.* 3,800 years B.P.

I believe that the analysis of lithic artifacts in relation to the source was useful in order to evaluate the way in which different raw materials were acquired. It is also useful to obtain data about the area regularly exploited by a human group. Furthermore, the acquisition of extra-regional information about the availability of different raw materials would be useful in order to understand human behaviour in large scales.

ACKNOWLEDGEMENTS

Figure 1 is a modification of a map of Mc Culloch, Clapperton, Rabassa and Currant (1997). I wish to thank the authors. To Eugenio Aragon, for his help with the identification of raw materials. To Luis Borrero, who encouraged research with the lithic resource base at the area. To Carlos Aschero and Carlos Gradin, who provided information and encouraged the study of the raw materials ot the artefacts they collected. Data base was obtained in projects financed by different projects the CONICET and the University of Buenos Aires. The new analysis were done under projects "Magallania III" and "Variaciones regionales y diseños artefactuales compartidos en el extremo sur de Patagonia y norte de Tierra del Fuego" (UBACyT F140).

REFERENCES

Aniya, M.
1995 Holocene Glacial Chronology in Patagonia: Tyndall and Upsala Glaciers. *Arctic and Alpine Research* 27:311-322.
1996 Holocene Variations of Ameghino Glacier, Southern Patagonia. *The Holocene* 6:247-252.

Aniya, M. and H. Sato
1995 Holocene Glacial Chronology of Upsala Glacier at Peninsula Herminita, Southern Patagonia Icefield. *Bulletin of Glacier Research* 13, 83-96.

Aschero, C. A.
1975 *Ensayo para una Clasificación Morfológica de artefactos líticos Aplicada a Estudios Tipológicos Comparativos*. Report presented to the CONICET. MS.
1983 *Ensayo para una Clasificación Morfológica de Artefactos Líticos Aplicada a Estudios Tipológicos Comparativos*. Cátedra de Ergología and Tecnología, University of Buenos Aires. MS.

Barberena, R.
2002 *Los Límites del Mar. Isótopos Estables en Patagonia meridional*. Sociedad Argentina de Antropología, Buenos Aires.

Belardi, J. B., P. Tibero, C. Stern and A. Súnico
2004 Al Noroeste de Cerro Pampa: Ampliación del Radio de Disponibilidad de Obsidiana de la Pampa del Asador (Santa Cruz*). In: Publicación de Resúmenes del XV Congreso Nacional de Arqueología Argentina. Arqueología e Integración Conceptual. Fronteras del Conocimiento*, comp. by M. Tamagnini, M and O. Mendonca, p. 371. Universidad Nacional de Río Cuarto, Córdoba.

Belardi, J.; L. Borrero; P. Campan; F. Carballo Marina; N. Franco; M. García; V. Horwitz; J. Lanata; F. Martín; F. Muñoz & F. Savanti
1992 Archaeological Research in the Upper Santa Cruz Basin, Patagonia. *Current Anthropology* 33 (4): 451-454.

Binford, L. R.
1979 Organization and Formation Processes: Looking at Curated Technologies. *Journal of Anthropological Research* 35: 255-273.

Borrero, L. A. and F. Carballo Marina
1998 Proyecto Magallania. La Cuenca Superior del Río Santa Cruz. In: *Arqueología de Patagonia Meridional (Proyecto "Magallania")*, comp. L. A. Borrero, pp. 11-27. Ed. Búsqueda de Ayllu, Concepción del Uruguay.

Borrero, L. A. and N. V. Franco
2000 Cuenca Superior del Río Santa Cruz: Perspectivas Temporales. In: *Desde el País de los Gigantes. Perspectivas Arqueológicas en Patagonia*, pp. 345-356. Universidad Nacional de la Patagonia Austral, Río Gallegos.

Borrero, L. A., N. Franco, F. Carballo Marina y F. Martin
1998-1999 Arqueología de Estancia Alice, Lago Argentino. *Cuadernos del Instituto Nacional de Antropología y Pensamiento Latinoamericano* 18: 31-48.

Borrero, L. A. and A. S. Muñoz
1999 Tafonomía en el Bosque Patagónico. Implicaciones para el Estudio de su Explotación y Uso por Poblaciones Humanas de Cazadores-recolectores. In: *Soplando en el Viento. Actas de las III Jornadas de Arqueología de la Patagonia*, pp. 43-56. Instituto Nacional de Antropología y Pensamiento Latinoamericano and Facultad de Humanidades - Universidad Nacional del Comahue. Neuquen - Buenos Aires.

Carballo Marina, F.; L. Borrero; N. Franco; J. Belardi; D. Horwitz; A. Muñoz; P. Campan; F. Martin; F. Botella; F. García; F. Muñoz; F. Savanti & J. Lanata
1999 Arqueología de la Costa de Lago Argentino, Río La Leona y pampas altas intermedias. *Praehistoria* 3: 13-33.

Civalero, M. T. and N. V. Franco
2003 Early Human Occupations in Western Santa Cruz Province, Southernmost South America. *Quaternary International* 109-110:77-86.

Franco, N. V.
2002 *Estrategias de Utilización de Recursos Líticos en la Cuenca Superior del río Santa Cruz*. PhD thesis. University of Buenos Aires.
2004 Rangos de Acción, Materias Primas y Núcleos Preparados al Sur de Lago Argentino. In: *Contra Viento y Marea. Arqueología de la* Patagonia, compiled by M. T. Civalero, P. Fernández and A. G. Guráieb, pp. 105-116. Instituto Nacional de Antropología y Pensamiento Latinoamericano and Sociedad Argentina de Antropología, Buenos Aires.

Franco, N. V. and E. Aragón
2002 Muestreo de Fuentes Potenciales de Aprovisionamiento Lítico: un caso de Estudio. In: *Del Mar a los Salitrales. Diez mil Años de Historia Pampeana en el Umbral del Tercer* Milenio, edited by D. Mazzanti, M. Berón and F. Oliva, F, pp. 243-250. Universidad Nacional de Mar del Plata and Sociedad Argentina de Antropología, Mar del Plata.

Franco, N. V. and E. Aragón

2004 Variabilidad en Fuentes Secundarias de Aprovisionamiento lítico: El caso del sur de Lago Argentino (Santa Cruz, Argentina). *Estudios Atacameños* 28: 71-85.

Franco, N. V. and R. Barberena

2004 Stones and Isotopes: Exploratory Evaluation of Hunter-gatherer Home-ranges in Patagonia and Tierra del Fuego. Paper presented at the *69th Annual Meeting of the Society for American Archaeology*, Montreal. Inédito.

Franco, N. V. and L. A. Borrero

1999 Metodología de Análisis de la Estructura Regional de Recursos Líticos. In: *En los Tres Reinos: Prácticas de Recolección en el Cono Sur de América*, edited by C. A. Aschero, M. A. Korstanje and P. M. Vuoto, pp. 27-37. Instituto de Arqueología y Museo, Tucumán.

2003 Chorrillo Malo 2: Initial Peopling of the Upper Santa Cruz Basin. In: *Where the South Winds Blow. Ancient Evidences of Paleo South Americans*, edited by R. Bonnichsen, L. Miotti, M. Salemme and N. Flegenheimer, pp. 149-152. Center for the Studies of the First Americans (CSFA) and Texas A&M University Press, Texas.

Franco, N.; L. Borrero; J. Belardi; F. Carballo Marina; F. Martin; P. Campan; C. Favier Dubois; N. Stadler; M. Hernández Llosas; H. Cepeda; A. Muñoz; F. Botella; F. Muñoz and I. Cruz.

1999 Arqueología del Cordón Baguales y Sistema Lacustre al Sur del Lago Argentino. *Praehistoria* 3: 65-86.

Franco, N.; L. Borrero and M. Mancini

2004 Environmental Changes and Hunter-gatherers in Southern Patagonia: Lago Argentino and Cabo Vírgenes (Argentina). *Before Farming: the Archaeology and Anthropology of Hunter-gatherers* 2004/3, article 3: 1-17.

Furque, G.

1973 Descripción Geológica de la Hoja 58b, Lago Argentino. Provincia de Santa Cruz. Carta Geológica de la hoja 58 b, Lago Argentino. *Boletín Servicio Nacional Minero Geológico* 140.

Heusser, C.

2003 *Ice Age Southern Andes. A Chronicle of Paleoecological Events*. Elsevier.

Ingbar, E. E.

1994 Lithic Material Selection and Technological Organization. In: *The Organization of North American Prehistoric Chipped Stone Tool Technologies*, edited by P. J. Carr, pp. 45-56. International Monographs in Prehistory. Ann Arbor, Michigan.

Kelly, R. L.

1995 *The Foraging Spectrum. Diversity in Hunter-Gatherer Lifeways*. Smithsonian Institution Press, Washington - Londres.

Luedtke, B. E.

1979 The Identification of Sources of Chert Artifacts. *American Antiquity* 44: 744-756.

Malagnino, E. C. and J. A. Strelin

1992 Variations of Upsala Glacier in Southern Patagonia since the late Holocene to the present. In: *Glaciological Researches in Patagonia*, ed. R. Naruse and M. Aniya, pp. 61-85.

Mancini, M. V.

1998 Análisis Polínico de Secuencias Arqueológicas en el Area de Lago Argentino. In: *Arqueología de la Patagonia Meridional (Proyecto "Magallania")*, edited by L. A. Borrero, pp. 111-132. Búsqueda de Ayllu, Concepción del Uruguay.

2002 Vegetation and Climate during the Holocene in Southwest Patagonia, Argentina. *Review of Paleobotany and Palynology* 122: 101-115.

McCulloch, R.; C. Clapperton; J. Rabassa and A. Currant

1997 The Natural Setting. The Glacial and Post-Glacial Environmental History of Fuego-Patagonia. In: *Patagonia. Natural History, Prehistory and Ethnography at the Uttermost End of the Earth*, edited by C. McEwan, L. A. Borrero and A. Prieto, pp. 12-31. British Museum Press, London.

Meltzer, D. J.

1989 Was Stone Exchanged Among Eastern North American Paleoindians? In: *Eastern Paleoindian lithic resource use*, edited by C. Ellis and J. Lothrop, pp. 11-39. Westview Press, Boulder.

Mercer, J. H.

1968 Variations of some Patagonian Glaciers since the Late-Glacial. *American Journal of Science* 266:91-109.

1970 Variations of some Patagonian Glaciers since the Late-Glacial: II. *American Journal of Science* 269: 1-25

Mercer, J. H. and T. Ager

1983 Glacial and Floral Changes in Southern Argentina since 14,000 years ago. *Nat. Geogr. Soc. Res.* 15, 457-477.

Morello, F.; M. San Román; A. Prieto and C. Stern

2001 Nuevos Antecedentes para una Discusión Arqueológica en torno a la Obsidiana Verde en Patagonia Meridional. *Anales del Instituto de la Patagonia* 29: 129-148.

Morello, F. M.; M. San Román and A. Prieto

2004 Obsidiana Verde en Fuego-Patagonia: Distribución y Estrategias Tecnológicas. In: *Contra Viento y Marea. Arqueología de la Patagonia*. Compiled by Civalero, M. T., P. Fernández and G. Guráieb, pp. 149-165, Buenos Aires.

Nami, H. G.

1986 Experimentos para el Estudio de la Tecnología Bifacial de las ocupaciones tardías en el extremo sur de la Patagonia Continental. *PREP: Informes de Investigación* 5.

1992 Noticia sobre la Existencia de Técnica "Levallois" en Península Mitre, extremo sudoriental de Tierra del Fuego. *Anales del Instituto de la Patagonia* 21: 73-80.

1997 Más Datos sobre la Existencia de Núcleos Preparados y Lascas Predeterminadas en la Patagonia Austral. *Anales del Instituto de la Patagonia* 25: 223-227.

Nelson, M. C.

1991 The Study of Technological Organization. In: *Archaeological Method and Theory*, vol 3, ed. by M. Schiffer, pp. 57-100. University of Arizona Press, Tucson.

Odell, G. H.

1996 Economizing Behavior and the Concept of "Curation". In: *Stone Tools. Theoretical Insights into Human Prehistory*, ed. G. H. Odell, pp. 51-80. Plenum Press, New York.

Pendall, E.; V. Markgraf; J. White and M. Dreir

2001 Multiproxy record of Late Pleistocene-Holocene climate and vegetation changes from a peat bog in Patagonia. *Quaternary Research* 55: 168-178.

Renfrew, C.

1977 Alternative Models for Exchange and Spatial Distribution. In: *Exchange systems in Prehistory*, edited by T. Earle y J. E. Ericson, pp. 71-89. Academic Press, New York.

Roebroeks, W.

2003 Landscape Learning and the Earliest Peopling of Europe. In: *Colonization of Unfamiliar Landscapes: The archaeology of adaptation*, edited by M. Rockman and J. Steele, pp. 99-115. Routledge, London and New York.

Schiffer, M.

1972 Archaeological Context and Systemic Context. *American Antiquity* 37: 157-165.

Stern, C. R.

1999 Black Obsidian from Central-South Patagonia: Chemical Characteristics, Sources and Regional Distribution of Artifacts. In: *Soplando en el viento... Actas de las III Jornadas de Arqueología de Patagonia,* edited by Instituto Nacional de Antropología y Pensamiento Latinoamericano y Facultad de Humanidades, Universidad Nacional del Comahue, pp. 221-234. Neuquén - Buenos Aires.

2000 Sources of Obsidian Artifacts from the Pali Aike, Fell's Cave and Cañadón La Leona archaeological sites in southernmost Patagonia. In: *Desde el País de los Gigantes. Perspectivas arqueológicas en Patagonia*, edited by Universidad Nacional de la Patagonia Austral, pp. 43-55. Río Gallegos.

Stern, C. R. and N. V. Franco

2000 Obsidiana Gris Verdosa Veteada de la Cuenca Superior del Río Santa Cruz, Extremo Sur de Patagonia. *Anales del Instituto de la Patagonia* 28: 265-273.

Stern, C. R., A. Prieto and N. V. Franco

1995 Obsidiana negra en sitios arqueológicos de cazadores-recolectores terrestres en Patagonia Austral. *Anales del Instituto de la Patagonia* 23: 105-109.

Lightning Source UK Ltd.
Milton Keynes UK
UKOW07f0201051017

310453UK00004B/38/P

9 781407 312651